新版 全国演出经纪人员资格认定考试教材

思想政治与法律基础

（第四版）

全国演出经纪人员资格认定专家编写组◎编

中国旅游出版社

项目策划：段向民
责任编辑：孙妍峰
责任印制：钱　宬
封面设计：武爱听

图书在版编目（CIP）数据

思想政治与法律基础 / 全国演出经纪人员资格认定专家编写组编 . -- 4 版 . -- 北京 : 中国旅游出版社，2025. 4. -- (新版全国演出经纪人员资格认定考试教材). -- ISBN 978-7-5032-7531-9

Ⅰ. D64；D920.4

中国国家版本馆 CIP 数据核字第 20251QP828 号

书　　名：思想政治与法律基础（第四版）

作　　者：全国演出经纪人员资格认定专家编写组
出版发行：中国旅游出版社
（北京静安东里 6 号　邮编：100028）
http：//www.cttp.net.cn　E-mail：cttp @ mct.gov.cn
营销中心电话：010-57377103，010-57377106
读者服务部电话：010-57377107
排　　版：小武工作室
经　　销：全国各地新华书店
印　　刷：三河市灵山芝兰印刷有限公司
版　　次：2022 年 6 月第 1 版　2025 年 4 月第 4 版
印　　次：2025 年 4 月第 1 次印刷
开　　本：720 毫米 × 970 毫米　1/16
印　　张：21.5
字　　数：320 千
定　　价：69.00 元
ISBN　978-7-5032-7531-9

第四版说明

为满足广大考生及相关专业院校学生提高应试能力的需要，并适应考试重点的调整变化和要求，中国旅游出版社作为文化和旅游部唯一直属出版社，积极组织相关专家，严格遵循文化和旅游部颁布的《2025年全国演出经纪人员资格认定考试大纲》，编写了考试教材《思想政治与法律基础（第四版）》和《演出市场政策与经纪实务（第四版）》。

教材紧扣并深挖考纲、精心提炼考点，并将考纲中的考点逐一呈现，针对性强；以便考生能够通过学习教材迅速抓住考试重点，熟练把握考试范围和深度，最大限度地提高学习效率。

《思想政治与法律基础（第四版）》分思想政治和法律基础两部分。思想政治部分包括理论知识、文化工作方针政策、“四史”和国情三章内容；法律基础部分包括宪法及宪法相关法、民法典、税收法律制度、安全法律制度、知识产权法律制度、外国人在中国就业法律制度、未成年人保护法律制度、劳动者合法权益保障法律制度、其他相关法律制度九章内容。

《演出市场政策与经纪实务（第四版）》分演出市场政策和演出经纪实务两部分。演出市场政策包括《营业性演出管理条例》及《营业性演出管理条例实施细则》、相关规范文件两章；演出经纪实务包括演出经纪人员、演出经纪业务、演出经纪行为、演出安全标准与应急、文学艺术基础知识和演出市场概况五章内容。

教材以新考纲为基础，涵盖了从事演出经纪职业的人员应具备的基本素养、基础知识和基本技能，并以国内演出经纪行业发展的实际需要为主导，突出实用性，兼顾前瞻性。教材既可以方便应试者复习备考，还可以作为职业院校、本科院校相关专业学生的教材，并为对演出经纪感兴趣的普通大众提供参考。

为了更好地为考生服务，中国旅游出版社免费为大家提供《全国演出经纪人员资格认定应试指南（第四版）》，包括2025年全国演出经纪人员资格认定考试大纲和2025年全国演出经纪人员资格认定考试事宜两部分。

教材在编写过程中，参考了新华网、人民网、学习强国等媒体平台的相关内容，在此一并表示衷心的感谢。

由于时间紧迫，不足之处在所难免，敬请广大读者批评指正！

2025年3月

目　录

上篇　思想政治

第一章　理论知识……02

第一节　习近平新时代中国特色社会主义思想……02

第二节　党的二十大和二十届三中全会精神……14

第三节　习近平文化思想……25

第四节　习近平关于文化和文艺的重要论述……39

第五节　两个确立、四个意识、四个自信、两个维护……54

第六节　中国式现代化……62

第七节　“五位一体”总体布局、“四个全面”战略布局……65

第八节　立足新发展阶段、坚持新发展理念、构建新发展格局、推动高质量发展……66

第九节　社会主义核心价值观……75

第十节　构建人类命运共同体、弘扬全人类共同价值……77

第二章　文化工作方针政策……82

第一节　习近平《在文艺工作座谈会上的讲话》……82

第二节　习近平《在中国文联十大、中国作协九大开幕式上的讲话》……82

第三节　习近平《在中国文联十一大、中国作协十大开幕式上的讲话》…85

第四节　习近平《在哲学社会科学工作座谈会上的讲话》……86

第五节　习近平《在文化传承发展座谈会上的讲话》……87

第六节　中共中央关于繁荣发展社会主义文艺的意见……93

第七节　关于实施中华优秀传统文化传承发展工程的意见……102

第八节　“十四五”文化发展规划……112

第九节 中共中央关于坚持和完善中国特色社会主义制度推进国家治理体系和治理能力现代化若干重大问题的决定……120
第十节 中共中央关于制定国民经济和社会发展第十四个五年规划和二〇三五年远景目标的建议……122
第十一节 关于推进实施国家文化数字化战略的意见……123

第三章 “四史”和国情……127
第一节 中国共产党史、新中国史、改革开放史、社会主义发展史……127
第二节 中共中央关于党的百年奋斗重大成就和历史经验的决议……174
第三节 2024 年 3 月以来国内外时政大事……182

下篇 法律基础

第一章 宪法及宪法相关法……192
第一节 宪法……192
第二节 国旗法……197
第三节 国歌法……200
第四节 国徽法……201

第二章 民法典……204
第一节 《民法典》总则编……204
第二节 《民法典》合同编……208
第三节 《民法典》人格权编……226
第四节 《民法典》侵权责任编……231

第三章 税收法律制度……234
第一节 税收征收管理法……234
第二节 个人所得税法……236
第三节 企业所得税法……237

第四章 安全法律制度……238
第一节 国家安全法……238
第二节 网络安全法……239
第三节 个人信息保护法……244
第四节 安全生产法……249
第五节 突发事件应对法……251
第六节 消防法……255
第七节 治安管理处罚法……260
第八节 大型群众性活动安全管理条例……263

第五章 知识产权法律制度……266
第一节 著作权法……266

第六章 外国人在中国就业法律制度……274
第一节 出境入境管理法……274
第二节 外国人入境出境管理条例……283
第三节 外国人在中国就业管理规定……289

第七章 未成年人保护法律制度……294
第一节 未成年人保护法……294
第二节 未成年人网络保护条例……297

第八章 劳动者合法权益保障法律制度 ……301
第一节 劳动法……301
第二节 劳动合同法……308

第九章 其他相关法律制度……321
第一节 爱国主义教育法……321
第二节 英雄烈士保护法……324
第三节 广告法……326

第四节　消费者权益保护法……332
第五节　宗教事务条例……336
第六节　公共场所卫生管理条例……338

上篇

思想政治

考试笔记

第一章　理论知识

第一节　习近平新时代中国特色社会主义思想

考点1

科学内涵

根据党的二十大报告的归纳和概括，习近平新时代中国特色社会主义思想的科学体系主要包含以下几个方面的内容。

习近平新时代中国特色社会主义思想具有鲜明突出、一以贯之的主题,即坚持和发展中国特色社会主义。主题是科学理论体系的“纲”和“魂”，能将科学理论体系的各个组成部分有效统摄起来、有力凝聚起来，发挥提纲挈领、凝神聚气的关键作用。坚持和发展中国特色社会主义，是改革开放以来党的全部理论和实践的主题，也是习近平新时代中国特色社会主义思想的主题。新时代坚持和发展中国特色社会主义，就是为人民谋幸福、为民族谋复兴，这是深刻理解和全面把握习近平新时代中国特色社会主义思想的“金钥匙”，这也是中国共产党人的初心和使命。

习近平新时代中国特色社会主义思想蕴含着系统的内容体系，即“十个明确”“十四个坚持”“十三个方面成就”。习近平新时代中国特色社会主义思想，涵盖新时代坚持和发展中国特色社会主义的总目标、总任务、总体布局、战略布局和发展方向、发展方式、发展动力、战略步骤、外部条件、政治保证等基本问题，并根据新的实践对

考试笔记

经济、政治、法治、科技、文化、教育、民生、民族、宗教、社会、生态文明、国家安全、国防和军队、“一国两制”和祖国统一、统一战线、外交、党的建设等各方面作出理论概括和战略指引。“十个明确”偏重于理论层面的高度概括和凝练，集中反映着我们党对科学社会主义在当今时代的理论思考和理论贡献。“十四个坚持”基本方略，偏重于实践层面、方略层面的展开，涵盖坚持党的领导和“五位一体”总体布局、“四个全面”战略布局，涵盖国防和军队建设、维护国家安全、对外战略，涵盖此前提出的党的基本纲领、基本经验、基本要求，是对党的治国理政重大方针、原则的最新概括，是实现“两个一百年”奋斗目标、实现中华民族伟大复兴中国梦的实践要求。“十三个方面成就”深刻总结了党的十八大以来党和国家事业取得的历史性成就、发生的历史性变革。

习近平新时代中国特色社会主义思想凸显了科学的方法论体系，即“六个坚持”的马克思主义世界观和方法论。习近平新时代中国特色社会主义思想，既集中体现了当代中国共产党人的科学世界观，又集中体现了当代中国共产党人的科学方法论，蕴含着丰富的马克思主义世界观和方法论。这些思想方法和工作方法可以概括为“六个坚持”，即必须坚持人民至上、必须坚持自信自立、必须坚持守正创新、必须坚持问题导向、必须坚持系统观念、必须坚持胸怀天下。这“六个坚持”紧密联系、环环相扣，既有观大势、揽全局的战略视野，又有强化问题意识的现实导向；既强调统筹协调、谋定后动，又强调空谈误国、实干兴邦；既是世界观、历史观，又是认识论、方法论；既讲是什么、怎么看，又讲怎么办、怎么干；既部署“过河”的任务，又指导解决“桥或船”的问题，为推进党和国家事业发展提供了锐利思想武器，为新时代坚持和发展中国特色社会主义提供了科学方法论指引。

习近平新时代中国特色社会主义思想体现了严整的思维逻辑体系，即包括战略思维、历史思维、辩证思维、创新思维、法治思维、底线思维在内的“六大思维”。战略思维，就是高瞻远瞩、统揽全局，善于把握事物发展总体趋势和方向；历史思维，就是以史为鉴、知古鉴今，善于运用历史眼光认识发展规律、把握前进方向、指导现实工作；辩证思维，就是承认矛盾、分析矛盾、解决矛盾，善于抓住关

考试笔记

键、找准重点、洞察事物发展规律；创新思维，就是破除迷信、超越常规，善于因时制宜、知难而进、开拓创新；法治思维，就是增强尊法学法守法用法意识，善于运用法治方式治国理政；底线思维，就是客观地设定最低目标，立足最低点，争取最大期望值。

习近平新时代中国特色社会主义思想反映了理论逻辑与实践逻辑的有机统一，是指导我们党治国理政、执政兴国的科学理论体系。当代中国正经历着我国历史上最为广泛而深刻的社会变革，也正在进行着人类历史上最为宏大而独特的实践创新。党的十八大以来，改革开放和社会主义现代化建设取得历史性成就，我国发展站到了新的历史起点上，中国特色社会主义进入新的发展阶段。习近平新时代中国特色社会主义思想是在这一新的时代背景和实践条件下创立并不断发展的，也正是由于这一思想的真理力量和实践伟力，开启和引领了中国特色社会主义的新时代、新发展。习近平新时代中国特色社会主义思想围绕新时代坚持和发展什么样的中国特色社会主义，怎样坚持和发展中国特色社会主义，既描绘了中华民族伟大复兴的战略蓝图，又为实现这一宏伟蓝图明确了“路线图”“时间表”；既从宏观上擘画了“五位一体”总体布局、“四个全面”战略布局，又从中观、微观层面对实现总体布局和战略布局进行周密部署，体现了理论与实际相结合、战略和战术相一致、认识论和方法论相统一的鲜明特色。

习近平新时代中国特色社会主义思想坚持思想体系与话语体系的有机统一，展现了习近平总书记马克思主义政治家、思想家、战略家和人民领袖的强大人格魅力。习近平新时代中国特色社会主义思想内涵十分丰富、博大精深，通篇闪耀着马克思主义真理光辉，是内容严整、逻辑严密的理论体系。同时，习近平新时代中国特色社会主义思想具有朴实无华、平易近人的鲜明话语风格，形成了一整套深入浅出、雅俗共赏、解渴管用、入耳入脑入心的话语体系。习近平总书记的一系列重要论述，既包含众多文辞典雅、含义深邃的中外典故、格言、警句，又包含诸多形象生动、“接地气”的群众语言；既贯穿条分缕析、丝丝入扣的理论阐释，又适时插入扣人心弦、使人喜闻乐见的故事、场景；既高屋建瓴地总结成功经验、高瞻远瞩地指明前进方向，又入木三分地为突出问题和消极现象“画像”、一针见血地

“问诊”“开方”，彰显了马克思主义理论联系实际的优良学风和“彻底”“掌握群众”的优良文风，是马克思主义中国化时代化大众化的光辉典范。

考试笔记

习近平新时代中国特色社会主义思想，贯通马克思主义哲学、政治经济学、科学社会主义，贯通历史、现实和未来，贯通改革发展稳定、内政外交国防、治党治国治军等各领域，使我们党对共产党执政规律、社会主义建设规律、人类社会发展规律的认识达到了新高度，为发展马克思主义作出了原创性贡献。在当代中国，坚持和发展习近平新时代中国特色社会主义思想，就是真正坚持和发展马克思主义，就是真正坚持和发展科学社会主义。必须高举马克思主义、中国特色社会主义伟大旗帜不动摇，必须坚持习近平新时代中国特色社会主义思想指导地位不动摇。

考点2

核心要义（“十个明确”）

习近平新时代中国特色社会主义思想内涵十分丰富，涵盖了经济、政治、法治、科技、文化、教育、民生、民族、宗教、社会、生态文明、国家安全、国防和军队、“一国两制”和祖国统一、统一战线、外交、党的建设等各个方面。其中，“十个明确”具体为：

明确中国特色社会主义最本质的特征是中国共产党领导，中国特色社会主义制度的最大优势是中国共产党领导，中国共产党是最高政治领导力量，全党必须增强“四个意识”、坚定“四个自信”、做到“两个维护”；

明确坚持和发展中国特色社会主义，总任务是实现社会主义现代化和中华民族伟大复兴，在全面建成小康社会的基础上，分两步走在本世纪中叶建成富强民主文明和谐美丽的社会主义现代化强国，以中国式现代化推进中华民族伟大复兴；

明确新时代我国社会主要矛盾是人民日益增长的美好生活需要和

考试笔记

不平衡不充分的发展之间的矛盾，必须坚持以人民为中心的发展思想，发展全过程人民民主，推动人的全面发展、全体人民共同富裕取得更为明显的实质性进展；

明确中国特色社会主义事业总体布局是经济建设、政治建设、文化建设、社会建设、生态文明建设五位一体，战略布局是全面建设社会主义现代化国家、全面深化改革、全面依法治国、全面从严治党四个全面；

明确全面深化改革总目标是完善和发展中国特色社会主义制度、推进国家治理体系和治理能力现代化；

明确全面推进依法治国总目标是建设中国特色社会主义法治体系、建设社会主义法治国家；

明确必须坚持和完善社会主义基本经济制度，使市场在资源配置中起决定性作用，更好发挥政府作用，把握新发展阶段，贯彻创新、协调、绿色、开放、共享的新发展理念，加快构建以国内大循环为主体、国内国际双循环相互促进的新发展格局，推动高质量发展，统筹发展和安全；

明确党在新时代的强军目标是建设一支听党指挥、能打胜仗、作风优良的人民军队，把人民军队建设成为世界一流军队；

明确中国特色大国外交要服务民族复兴、促进人类进步，推动建设新型国际关系，推动构建人类命运共同体；

明确全面从严治党的战略方针，提出新时代党的建设总要求，全面推进党的政治建设、思想建设、组织建设、作风建设、纪律建设，把制度建设贯穿其中，深入推进反腐败斗争，落实管党治党政治责任，以伟大自我革命引领伟大社会革命。

其中，第一个明确中的“四个意识”是指政治意识、大局意识、核心意识、看齐意识；“四个自信”是指道路自信、理论自信、制度自信、文化自信；“两个维护”是指坚决维护习近平总书记党中央的核心、全党的核心地位，坚决维护以习近平同志为核心的党中央权威和集中统一领导。

第二个明确中包含了“两个一百年”奋斗目标的基本内容，即第一个百年奋斗目标为在中国共产党建党一百年时，全面建成小康社

考试笔记

会。这个目标已经实现[1]。第二个百年奋斗目标为到新中国成立一百年时，全面建成社会主义现代化强国。

第七个明确包含了习近平经济思想的主要内容。公有制为主体、多种所有制经济共同发展，按劳分配为主体、多种分配方式并存，社会主义市场经济体制等社会主义基本经济制度，既体现了社会主义制度优越性，又同我国社会主义初级阶段社会生产力发展水平相适应，是党和人民的伟大创造。

第九个明确包括了习近平总书记关于构建人类命运共同体、弘扬全人类共同价值的重要论述。基本观点有：世界正处于大发展大变革大调整时期，和平与发展仍然是时代主题；没有哪个国家能够独自应对人类面临的各种挑战，也没有哪个国家能够退回到自我封闭的孤岛；各国人民应同心协力，构建人类命运共同体，建设持久和平、普遍安全、共同繁荣、开放包容、清洁美丽的世界；各国要同舟共济，促进贸易和投资自由化便利化，推动经济全球化朝着更加开放、包容、普惠、平衡、共赢的方向发展；中国无论发展到什么程度，永远不称霸，永远不搞扩张。“一带一路”是“丝绸之路经济带”和“21世纪海上丝绸之路”的简称，是我国高举和平发展的旗帜，构建人类命运共同体的重要载体。推进“一带一路”建设，关键是要加强“五通”，即政策沟通、设施联通、贸易畅通、资金融通、民心相通。

“十个明确”高度凝练，提纲挈领地点明了习近平新时代中国特色社会主义思想的重要内容，构成了系统完备、逻辑严密、内在统一的科学体系。

1　习近平总书记在庆祝中国共产党成立100周年大会上的讲话中明确指出：“经过全党全国各族人民持续奋斗，我们实现了第一个百年奋斗目标，在中华大地上全面建成了小康社会，历史性地解决了绝对贫困问题，正在意气风发向着全面建成社会主义现代化强国的第二个百年奋斗目标迈进。”这一宣言，标志着党的第一个百年奋斗目标已经实现。

考试笔记

考点3

重要历史地位

1. 习近平新时代中国特色社会主义思想实现了马克思主义中国化新的飞跃，在马克思主义发展史上具有十分重要的地位

党的十八大以来，以习近平同志为核心的党中央，以伟大的历史主动精神、巨大的政治勇气、强烈的责任担当，统筹国内国际两个大局，带领全党全国人民自信自强、守正创新，创造了新时代中国特色社会主义的伟大成就，迎来了中华民族从站起来、富起来到强起来的伟大飞跃。在此过程中，习近平总书记深刻回答了新时代的重大时代课题，提出了一系列原创性的治国理政新理念新思想新战略，作为主要创立者创立了习近平新时代中国特色社会主义思想，把马克思主义中国化推进到新的历史高度，实现了马克思主义中国化新的飞跃，开辟了当代中国马克思主义发展新境界。

（1）在科学解答重大时代课题中实现了马克思主义中国化新的飞跃。

一百年来，中国共产党始终坚持以马克思主义为指导，及时回答时代之问、人民之问，不断推进马克思主义中国化时代化。以毛泽东同志为主要代表的中国共产党人，把马克思列宁主义基本原理同中国具体实际相结合，在着力解决新民主主义革命、社会主义革命和建设等问题中，创立了毛泽东思想，实现了马克思主义中国化的第一次历史性飞跃。改革开放以来，以邓小平同志、江泽民同志、胡锦涛同志为主要代表的中国共产党人在提出并回答“什么是社会主义、怎样建设社会主义”“建设什么样的党、怎样建设党”“实现什么样的发展、怎样发展”等重大问题中，形成中国特色社会主义理论体系，实现了马克思主义中国化新的飞跃。在此过程中，中国共产党始终坚持以马克思主义中国化最新理论成果指导实践，进一步解决中国现实问题、解答重大时代课题，马克思主义才得以彰显出强大的生命力。

在新的历史条件下，以习近平同志为主要代表的中国共产党人坚持把马克思主义基本原理同中国具体实际相结合、同中华优秀传统文

考试笔记

化相结合，立足新时代的历史方位，统筹把握中华民族伟大复兴战略全局和世界百年未有之大变局，深刻总结并充分运用建党百年的历史经验，对关系新时代党和国家事业发展的一系列重大理论和实践问题进行深邃思考和科学判断，系统回答了新时代坚持和发展什么样的中国特色社会主义、怎样坚持和发展中国特色社会主义，建设什么样的社会主义现代化强国、怎样建设社会主义现代化强国，建设什么样的长期执政的马克思主义政党、怎样建设长期执政的马克思主义政党等重大时代课题，创立了习近平新时代中国特色社会主义思想，实现了对中国特色社会主义建设规律认识的新突破，指明了中国式现代化道路的新图景，开辟了管党治党、兴党强党的新境界。习近平新时代中国特色社会主义思想正是在立足新时代去解决特定的时代问题中，实现了马克思主义中国化新的飞跃，使得马克思主义的科学性和真理性在当代中国得到充分检验，使得马克思主义的人民性和实践性在当代中国得到充分贯彻，使得马克思主义的开放性和时代性在当代中国得到充分彰显。

（2）在实现一系列理论的原创性贡献中丰富发展了马克思主义。

以习近平同志为主要代表的中国共产党人坚持解放思想，实事求是，一切从实际出发，在实践中检验和发展真理，高度凝练了新时代中国特色社会主义事业发展的丰富实践经验，深刻回答了新时代坚持和发展中国特色社会主义的最本质特征和最大优势、总目标、总任务、总体布局、战略布局等一系列重大基本问题，形成了以“十个明确”为核心内容的科学理论体系。

这些新理念新思想新战略，在马克思主义哲学、政治经济学、科学社会主义各个领域都作出了重大的原创性贡献。例如，在马克思主义哲学方面，强调新时代我国社会主要矛盾是人民日益增长的美好生活需要和不平衡不充分的发展之间的矛盾，必须坚持以人民为中心的发展思想，发展全过程人民民主，推动人的全面发展、全体人民共同富裕取得更为明显的实质性进展。在政治经济学方面，强调必须坚持和完善社会主义基本经济制度，使市场在资源配置中起决定性作用，更好发挥政府作用，把握新发展阶段。在科学社会主义学说和中国特色社会主义方面，强调共产主义理想信念是共产党人精神上的“钙”；

考试笔记

中国特色社会主义，是科学社会主义理论逻辑和中国社会发展历史逻辑的辩证统一，是根植于中国大地、反映中国人民意愿、适应中国和时代发展进步要求的科学社会主义；中国共产党领导是中国特色社会主义最本质的特征，是中国特色社会主义制度的最大优势。在人类文明发展和现代化建设方面，提出了物质文明、政治文明、精神文明、社会文明、生态文明协调发展的全链条、全方位、全覆盖的人类文明新形态；制定了分两步走全面建成社会主义现代化强国的战略安排，强调我国现代化是人口规模巨大、全体人民共同富裕、物质文明和精神文明相协调、人与自然和谐共生、走和平发展道路的现代化。这些标志性、引领性的原创性思想，以全新视野深化了对共产党执政规律、社会主义建设规律、人类社会发展规律的认识，是马克思主义中国化的最新理论成果，是当代中国马克思主义、二十一世纪马克思主义。

2. 习近平新时代中国特色社会主义思想是中华文化和中国精神的时代精华，在中华文化发展史上具有十分重要的地位

习近平新时代中国特色社会主义思想深深植根于中华文化的沃土之中，将历史与现实贯通起来，将文化与价值统一起来，将马克思主义与中华优秀传统文化结合起来，深刻汲取了中华优秀传统文化所蕴含的哲学思想、人文精神、道德理念，把中华民族的思想水平提到了一个新高度，实现了中华优秀传统文化创造性转化、创新性发展，是中华文化和中国精神的时代精华。

（1）丰富中国特色社会主义文化体系，突出弘扬中华优秀传统文化对于增强文化自信的重要意义。

习近平新时代中国特色社会主义思想把中华优秀传统文化纳入中国特色社会主义文化的整体系统中，强调中华文化对于增强文化自信具有重要作用。中华文化生生不息、一脉相承，正是这条文化血脉，培育着中华民族共同的情感和价值、理想和追求，使得中华民族拥有坚定的民族自信和强大的修复能力。中华优秀传统文化是涵养社会主义核心价值观的重要源泉和在世界文化激荡中站稳脚跟的坚实根基，可以说，中国特色社会主义先进文化与中华优秀传统文化有着密不可分的联系，中国特色社会主义文化自信深植于中华优秀传统文化之中。习近平总书记始终从中华文化宝库中萃取精华、汲取能量，保持对自身文化理想、文化价值的高度信心，保持对自身文化生命力、创造力的高度信心，以此不断丰富完善中国特色社会主义文化体系，凝聚激励中国人民和中华民族不断前行的磅礴力量。习近平新时代中国特色社会主义思想作为马克思主义中国化的最新理论成果，以鲜明的文化自信和文化自觉彰显了中华文明持续发展的生机与活力。

（2）揭示中华民族伟大复兴的梦想和主题，发掘中华优秀传统文化的精髓要义和独特精神标识。

习近平总书记强调，中华文化“积淀着中华民族最深层的精神追求，代表着中华民族独特的精神标识，为中华民族生生不息、发展壮大提供了丰厚滋养”。中华优秀传统文化凝结着中国人民的伟大创造精神、伟大奋斗精神、伟大团结精神、伟大梦想精神，这些精神具有强大的历史穿透力、文化感染力和精神感召力，习近平总书记把它们同时代特征、同自身的初心使命结合起来，形成了具有先进性、时代性、人民性的新时代中国共产党人独特的精神标识。中华优秀传统文化体现了中国人民几千年来积累的知识智慧和理性思辨，习近平总书记把中华民族最基本的文化基因与当代文化相适应、与现代社会相协调，把跨越时空、超越国界、富有永恒魅力、具有当代价值的文化精神弘扬起来，提出了一系列体现中国立场、中国智慧、中国价值的理念、主张和方案。

（3）推动马克思主义与中华优秀传统文化深度结合，使中华优秀传统文化展现出当代价值和持久生命力。

习近平总书记在庆祝中国共产党成立一百周年大会上提出“两个结合”的重大论断，强调要坚持把马克思主义基本原理同中国具体实际相结合、同中华优秀传统文化相结合。强调实现马克思主义基本原理与中国实际、中华优秀传统文化的创造性结合，就是要在推动马克思主义在中国的具体化和中国实际的马克思主义化的“两化”互动中推进当代中国马克思主义的发展，在推动马克思主义汲取中华民族五千多年奋斗积累的文化养分和悠久的中华文化进而展现新貌、焕发青春的过程中实现二者双向转化，从而使马克思主义扎根于中华文化之中，使中华优秀传统文化上升到马克思主义的高度。

（4）提出创造性转化、创新性发展的文化发展方针，为科学传承

考试笔记

考试笔记

和发展中华优秀传统文化提供了根本指导。

习近平总书记高度重视中华优秀传统文化，强调“发展中国特色社会主义文化，就是以马克思主义为指导，坚守中华文化立场”，就是要“坚持创造性转化、创新性发展，不断铸就中华文化新辉煌”。这表明了中国共产党人对待中华优秀传统文化的立场和态度，中国共产党人始终是中华优秀传统文化的忠实继承者和弘扬者。中华文化是根本，根深才能叶茂、固本才能培元，但也需要守正创新。坚持创造性转化、创新性发展是中国共产党人对待优秀传统文化的方法遵循和原则指导，不搞简单复古，而是辩证取舍、古为今用、推陈出新，摒弃消极因素，继承积极思想，这正是中华文化焕发新的生机活力的守正创新之道。例如，习近平总书记在党的十八大以来提出的“人与自然是生命共同体”“绿水青山就是金山银山”等科学论断正是对中华优秀传统文化中“道法自然”“天人合一”等理念的创造性转化和创新性发展，是中国共产党在新时代不断推进生态文明建设的重要理念遵循。

3. 习近平新时代中国特色社会主义思想是全人类共同的思想财富，在人类思想发展史上具有十分重要的地位

习近平总书记以深邃的哲学思维、宽厚的人民情怀、强烈的时代意识和宏阔的全球视野，对当今世界和人类发展的重大问题作出科学回答，深刻揭示当今时代本质及其必然趋势，提出了一系列关乎全人类命运的重大理论观点和行动方案。

（1）对时代特征和发展趋势作出科学分析。

习近平总书记指出：“尽管我们所处的时代同马克思所处的时代相比发生了巨大而深刻的变化，但从世界社会主义五百年的大视野来看，我们依然处在马克思主义所指明的历史时代。”这表明资本主义固有的基本矛盾没有改变，人类历史发展的总趋势没有改变，资本主义社会的不合理现状以及人类摆脱这种不合理现状的追求没有改变。与此同时，当今时代呈现出许多新的阶段性特征。尤其是，中国特色社会主义进入新时代，在世界上高高举起中国特色社会主义伟大旗帜，推动世界社会主义运动开始走向新的繁荣发展，“东升西降”的新态势已经呈现。由此，旧的世界秩序终将被打破，新的世界秩序必将得到建构，世界进入一个大发展、大变革、大调整的重要历史时期，“世界百年未有之大变局”正在加速推进。对世界时与势的客观冷静分析，是习近平新时代中国特色社会主义思想形成的重要基础，也应成为世界各国作出战略判断的重要依据、成为全人类共同的思想财富。

（2）对关乎世界发展和全人类命运的重大问题作出深刻回答。

习近平总书记站在人类历史发展的高度，以宏大的全球视野和战略思维，为解决当代世界重大问题提出了一系列饱含中国智慧的思想观点和行动方案。提出以“共商共建共享”为核心内涵的新型全球治理观，推动国际秩序朝着更加公正合理的方向发展；提出构建人类命运共同体的战略思想，号召各国人民同心协力建设持久和平、普遍安全、共同繁荣、开放包容、清洁美丽的世界；强调要全面准确、辩证地看待经济全球化，提出要树立正确义利观的外交理念，树立共同、综合、合作、可持续的新安全观，建设相互尊重、公平正义、合作共赢的新型国际关系；提出共建“一带一路”倡议，打造国际合作新平台，增添共同发展新动力，寻找更多利益交汇点；强调弘扬和平、发展、公平、正义、民主、自由的全人类共同价值，引领人类进步潮流。这些重要思想，既是对重大现实问题的科学解答，也是对历史发展规律的深度把握；既看到了当今时代的阶段性特征和世界格局的变化态势，更抓住了当今时代的本质；既符合人类共同愿望，又符合历史发展大势，深化了对人类发展规律的认识。

总之，习近平新时代中国特色社会主义思想，既牢牢立足中国实际又放眼当今世界，既坚定维护中国的核心利益又推动世界的共同发展，既为中国人民谋幸福又为世界人民谋发展，既为中华民族谋复兴也为人类进步事业作贡献，既是中国人民的行动指南也是全人类共同的思想财富，具有重大的历史意义和世界意义。

第二节　党的二十大和二十届三中全会精神

考试笔记

考点1

党的二十大精神

1. 充分认识学习宣传贯彻党的二十大精神的重大意义

中国共产党第二十次全国代表大会于2022年10月16—22日在北京举行。这是在全党全国各族人民迈上全面建设社会主义现代化国家新征程、向第二个百年奋斗目标进军的关键时刻召开的一次十分重要的大会，是一次高举旗帜、凝聚力量、团结奋进的大会。大会高举中国特色社会主义伟大旗帜，坚持马克思列宁主义、毛泽东思想、邓小平理论、“三个代表”重要思想、科学发展观，全面贯彻习近平新时代中国特色社会主义思想，分析了国际国内形势，提出了党的二十大主题，回顾总结了过去5年的工作和新时代10年的伟大变革，阐述了开辟马克思主义中国化时代化新境界、中国式现代化的中国特色和本质要求等重大问题，对全面建设社会主义现代化国家、全面推进中华民族伟大复兴进行了战略谋划，对统筹推进“五位一体”总体布局、协调推进“四个全面”战略布局作出了全面部署。大会批准了习近平同志代表十九届中央委员会所作的《高举中国特色社会主义伟大旗帜，为全面建设社会主义现代化国家而团结奋斗》的报告，批准了十九届中央纪律检查委员会的工作报告，审议通过了《中国共产党章程（修正案）》，选举产生了新一届中央委员会和中央纪律检查委员会。

习近平总书记的报告，深刻阐释了新时代坚持和发展中国特色社会主义的一系列重大理论和实践问题，描绘了全面建设社会主义现代化国家、全面推进中华民族伟大复兴的宏伟蓝图，为新时代新征程党和国家事业发展、实现第二个百年奋斗目标指明了前进方向、确立了行动指南，是党和人民智慧的结晶，是党团结带领全国各族人民夺取中国特色社会主义新胜利的政治宣言和行动纲领，是马克思主义的纲领性文献。《中国共产党章程（修正案）》体现了党的十九大以来党的

考试笔记

理论创新、实践创新、制度创新成果，体现了党的二十大报告确定的重要思想、重要观点、重大战略、重大举措，对坚持和加强党的全面领导、坚定不移推进全面从严治党、坚持和完善党的建设、推进党的自我革命提出了明确要求。

党的二十届一中全会选举产生了以习近平同志为核心的新一届中央领导集体，一批经验丰富、德才兼备、奋发有为的同志进入中央领导机构，充分显示出中国特色社会主义事业蓬勃兴旺、充满活力。

学习宣传贯彻党的二十大精神是当前和今后一个时期全党全国的首要政治任务，事关党和国家事业继往开来，事关中国特色社会主义前途命运，事关中华民族伟大复兴，对于动员全党全国各族人民更加紧密地团结在以习近平同志为核心的党中央周围，高举中国特色社会主义伟大旗帜，坚定道路自信、理论自信、制度自信、文化自信，为全面建设社会主义现代化国家、全面推进中华民族伟大复兴而团结奋斗，具有重大现实意义和深远历史意义。

2. 全面准确学习领会党的二十大精神

学习领会党的二十大精神，必须坚持全面准确，深入理解内涵，精准把握外延。要原原本本、逐字逐句学习党的二十大报告和党章，学习习近平总书记在党的二十届一中全会上的重要讲话精神，着重把握以下几个方面。

（1）深刻领会党的二十大的主题。

高举中国特色社会主义伟大旗帜，全面贯彻习近平新时代中国特色社会主义思想，弘扬伟大建党精神，自信自强、守正创新，踔厉奋发、勇毅前行，为全面建设社会主义现代化国家、全面推进中华民族伟大复兴而团结奋斗。这是党的二十大的主题，明确宣示了我们党在新征程上举什么旗、走什么路、以什么样的精神状态、朝着什么样的目标继续前进的重大问题。高举中国特色社会主义伟大旗帜、全面贯彻习近平新时代中国特色社会主义思想，是要郑重宣示，全党必须坚持以马克思主义中国化时代化最新成果为指导，坚定中国特色社会主义道路自信、理论自信、制度自信、文化自信，坚持道不变、志不改，确保党和国家事业始终沿着正确方向胜利前进。弘扬伟大建党精神，是要郑重宣示，全党必须恪守伟大建党精神，保持党同人民群众

考试笔记

的血肉联系，保持谦虚谨慎、艰苦奋斗的政治本色和敢于斗争、敢于胜利的意志品质，确保党始终成为中国特色社会主义事业的坚强领导核心。自信自强、守正创新，踔厉奋发、勇毅前行，是要郑重宣示，全党必须保持自信果敢、自强不息的精神风貌，保持定力、勇于变革的工作态度，永不懈怠、锐意进取的奋斗姿态，使各项工作更好体现时代性、把握规律性、富于创造性。全面建设社会主义现代化国家、全面推进中华民族伟大复兴，是要郑重宣示，全党必须紧紧扭住新时代新征程党的中心任务，集中一切力量，排除一切干扰，坚持以中国式现代化全面推进中华民族伟大复兴。团结奋斗，是要郑重宣示，我们必须不断巩固全党全国各族人民大团结，加强海内外中华儿女大团结，形成同心共圆中国梦的强大合力。

（2）深刻领会过去 5 年的工作和新时代 10 年的伟大变革。

党的十九大到党的二十大的 5 年，是极不寻常、极不平凡的 5 年。5 年来，以习近平同志为核心的党中央，高举中国特色社会主义伟大旗帜，全面贯彻党的十九大和十九届历次全会精神，团结带领全党全军全国各族人民，统揽伟大斗争、伟大工程、伟大事业、伟大梦想，有效应对严峻复杂的国际形势和接踵而至的巨大风险挑战，以奋发有为的精神把新时代中国特色社会主义不断向前推进，攻克了许多长期没有解决的难题，办成了许多事关长远的大事要事，推动党和国家事业取得举世瞩目的重大成就。党的十八大到党的二十大召开 10 年来，我们经历了对党和人民事业具有重大现实意义和深远历史意义的三件大事：一是迎来中国共产党成立一百周年，二是中国特色社会主义进入新时代，三是完成脱贫攻坚、全面建成小康社会的历史任务，实现第一个百年奋斗目标。这是中国共产党和中国人民团结奋斗赢得的历史性胜利，是彪炳中华民族发展史册的历史性胜利，也是对世界具有深远影响的历史性胜利。10 年来，我们全面贯彻党的基本理论、基本路线、基本方略，采取一系列战略性举措，推进一系列变革性实践，实现一系列突破性进展，取得一系列标志性成果，经受住了来自政治、经济、意识形态、自然界等方面的风险挑战考验，党和国家事业取得历史性成就、发生历史性变革，推动我国迈上全面建设社会主义现代化国家新征程。新时代 10 年的伟大变革，在党史、新中国史、改革开放史、社会主义发展史、中华民族发展史上具有里程碑意义。

考试笔记

新时代10年的伟大变革，是在以习近平同志为核心的党中央坚强领导下、在习近平新时代中国特色社会主义思想指引下全党全国各族人民团结奋斗取得的。党确立习近平同志党中央的核心、全党的核心地位，确立习近平新时代中国特色社会主义思想的指导地位，反映了全党全军全国各族人民共同心愿，对新时代党和国家事业发展、对推进中华民族伟大复兴历史进程具有决定性意义。“两个确立”是党在新时代取得的重大政治成果，是推动党和国家事业取得历史性成就、发生历史性变革的决定性因素。全党必须深刻领悟“两个确立”的决定性意义，更加自觉地维护习近平总书记党中央的核心、全党的核心地位，更加自觉地维护以习近平同志为核心的党中央权威和集中统一领导，全面贯彻习近平新时代中国特色社会主义思想，坚定不移在思想上政治上行动上同以习近平同志为核心的党中央保持高度一致。

（3）深刻领会开辟马克思主义中国化时代化新境界。

马克思主义是我们立党立国、兴党兴国的根本指导思想。实践告诉我们，中国共产党为什么能，中国特色社会主义为什么好，归根到底是马克思主义行，是中国化时代化的马克思主义行。党的十八大以来，国内外形势新变化和实践新要求，迫切需要我们从理论和实践的结合上深入回答关系党和国家事业发展、党治国理政的一系列重大时代课题。我们党勇于进行理论探索和创新，以全新的视野深化对共产党执政规律、社会主义建设规律、人类社会发展规律的认识，取得重大理论创新成果，集中体现为习近平新时代中国特色社会主义思想。党的十九大、十九届六中全会提出的“十个明确”“十四个坚持”“十三个方面成就”概括了这一思想的主要内容，必须长期坚持并不断丰富发展。只有把马克思主义基本原理同中国具体实际相结合、同中华优秀传统文化相结合，坚持运用辩证唯物主义和历史唯物主义，才能正确回答时代和实践提出的重大问题，才能始终保持马克思主义的蓬勃生机和旺盛活力。不断谱写马克思主义中国化时代化新篇章，是当代中国共产党人的庄严历史责任。继续推进实践基础上的理论创新，首先要把握好习近平新时代中国特色社会主义思想的世界观和方法论，坚持好、运用好贯穿其中的立场观点方法，切实做到坚持人民至上、坚持自信自立、坚持守正创

考试笔记

新、坚持问题导向、坚持系统观念、坚持胸怀天下，在新时代伟大实践中不断开辟马克思主义中国化时代化新境界。

（4）深刻领会新时代新征程中国共产党的使命任务。

从现在起，中国共产党的中心任务就是团结带领全国各族人民全面建成社会主义现代化强国、实现第二个百年奋斗目标，以中国式现代化全面推进中华民族伟大复兴。党的二十大对全面建成社会主义现代化强国两步走战略安排进行了宏观展望，重点部署了未来 5 年的战略任务和重大举措。这是一项伟大而艰巨的事业，前途光明，任重道远。当前，我国发展进入战略机遇和风险挑战并存、不确定难预料因素增多的时期，各种“黑天鹅”“灰犀牛”事件随时可能发生。我们必须增强忧患意识，坚持底线思维，做到居安思危、未雨绸缪，准备经受风高浪急甚至惊涛骇浪的重大考验。前进道路上，必须坚持和加强党的全面领导，坚持中国特色社会主义道路，坚持以人民为中心的发展思想，坚持深化改革开放，坚持发扬斗争精神，既不走封闭僵化的老路，也不走改旗易帜的邪路，坚持把国家和民族发展放在自己力量的基点上，坚持把中国发展进步的命运牢牢掌握在自己手中，不断夺取全面建设社会主义现代化国家新胜利。全党必须牢记，坚持党的全面领导是坚持和发展中国特色社会主义的必由之路，中国特色社会主义是实现中华民族伟大复兴的必由之路，团结奋斗是中国人民创造历史伟业的必由之路，贯彻新发展理念是新时代我国发展壮大的必由之路，全面从严治党是党永葆生机活力、走好新的赶考之路的必由之路。这是我们在长期实践中得出的至关紧要的规律性认识，必须倍加珍惜、始终坚持，咬定青山不放松，引领和保障中国特色社会主义巍巍巨轮乘风破浪、行稳致远。

（5）深刻领会中国式现代化的中国特色和本质要求。

在中华人民共和国成立特别是改革开放以来长期探索和实践基础上，经过党的十八大以来在理论和实践上的创新突破，我们党成功推进和拓展了中国式现代化。中国式现代化，是中国共产党领导的社会主义现代化，既有各国现代化的共同特征，更有基于自己国情的中国特色。党的二十大概括了中国式现代化的中国特色，即中国式现代化是人口规模巨大的现代化，是全体人民共同富裕的现代化，是物质文明和精神文明相协调的现代化，是人与自然和谐共生的现代化，是走

考试笔记

和平发展道路的现代化。党的二十大对中国式现代化的本质要求作出科学概括：坚持中国共产党领导，坚持中国特色社会主义，实现高质量发展，发展全过程人民民主，丰富人民精神世界，实现全体人民共同富裕，促进人与自然和谐共生，推动构建人类命运共同体，创造人类文明新形态。这个概括是党深刻总结我国和世界其他国家现代化建设的历史经验，对我国这样一个东方大国如何加快实现现代化在认识上不断深入、战略上不断成熟、实践上不断丰富而形成的思想理论结晶，我们要深刻领会、系统把握，特别是要把这个本质要求落实到各项工作之中。

（6）深刻领会社会主义经济建设、政治建设、文化建设、社会建设、生态文明建设等方面的重大部署。

在经济建设上，要完整、准确、全面贯彻新发展理念，加快构建新发展格局，着力推动高质量发展，构建高水平社会主义市场经济体制，建设现代化产业体系，全面推进乡村振兴，促进区域协调发展，推进高水平对外开放，推动经济实现质的有效提升和量的合理增长。在政治建设上，要发展全过程人民民主，加强人民当家作主制度保障，全面发展协商民主，积极发展基层民主，巩固和发展最广泛的爱国统一战线。在文化建设上，要推进文化自信自强，建设社会主义文化强国，建设具有强大凝聚力和引领力的社会主义意识形态，广泛践行社会主义核心价值观，提高全社会文明程度，繁荣发展文化事业和文化产业，增强中华文明传播力影响力，铸就社会主义文化新辉煌。在社会建设上，要坚持在发展中保障和改善民生，扎实推进共同富裕，完善分配制度，实施就业优先战略，健全社会保障体系，推进健康中国建设，不断实现人民对美好生活的向往。在生态文明建设上，要推进美丽中国建设，加快发展方式绿色转型，深入推进环境污染防治，提升生态系统多样性、稳定性、持续性，积极稳妥推进碳达峰碳中和，促进人与自然和谐共生。

（7）深刻领会教育科技人才、法治建设、国家安全等方面的重大部署。

党的二十大把握国内外发展大势，在党和国家事业发展布局中突出教育科技人才支撑、法治保障、国家安全工作。在教育科技人才

考试笔记

上，要坚持教育优先发展、科技自立自强、人才引领驱动，加快建设教育强国、科技强国、人才强国，办好人民满意的教育，完善科技创新体系，加快实施创新驱动发展战略，深入实施人才强国战略，不断塑造发展新动能新优势。在法治建设上，要坚持全面依法治国，坚持走中国特色社会主义法治道路，建设中国特色社会主义法治体系、建设社会主义法治国家，完善以宪法为核心的中国特色社会主义法律体系，扎实推进依法行政，严格公正司法，加快建设法治社会，推进法治中国建设。在国家安全上，要坚定不移贯彻总体国家安全观，健全国家安全体系，增强维护国家安全能力，提高公共安全治理水平，完善社会治理体系，坚决维护国家安全和社会稳定。

（8）深刻领会国防和军队建设、港澳台工作、外交工作等方面的重大部署。

在国防和军队建设上，要贯彻习近平强军思想，贯彻新时代军事战略方针，坚持党对人民军队的绝对领导，全面加强人民军队党的建设，全面加强练兵备战，全面加强军事治理，巩固提高一体化国家战略体系和能力，如期实现建军一百年奋斗目标，加快把人民军队建成世界一流军队。在港澳台工作上，要坚持和完善“一国两制”制度体系，落实中央全面管治权，落实“爱国者治港”“爱国者治澳”原则，落实特别行政区维护国家安全的法律制度和执行机制，支持香港、澳门发展经济、改善民生、破解经济社会发展中的深层次矛盾和问题，发展壮大爱国爱港爱澳力量；坚持贯彻新时代党解决台湾问题的总体方略，牢牢把握两岸关系主导权和主动权，坚持一个中国原则和“九二共识”，团结广大台湾同胞共同推动两岸关系和平发展、推进祖国和平统一进程，坚定反“独”促统。在外交工作上，要始终坚持维护世界和平、促进共同发展的外交政策宗旨，致力于推动构建人类命运共同体，坚定奉行独立自主的和平外交政策，坚持在和平共处五项原则基础上同各国发展友好合作，坚持对外开放的基本国策，积极参与全球治理体系改革和建设，弘扬全人类共同价值。

（9）深刻领会坚持党的全面领导和全面从严治党的重大部署。

全面建设社会主义现代化国家、全面推进中华民族伟大复兴，关键在党。我们党作为世界上最大的马克思主义执政党，要始终赢得人

考试笔记

民拥护、巩固长期执政地位，必须时刻保持解决大党独有难题的清醒和坚定。经过党的十八大以来全面从严治党，我们解决了党内许多突出问题，但党面临的执政考验、改革开放考验、市场经济考验、外部环境考验将长期存在，精神懈怠危险、能力不足危险、脱离群众危险、消极腐败危险将长期存在。全党必须牢记，全面从严治党永远在路上，党的自我革命永远在路上，决不能有松劲歇脚、疲劳厌战的情绪，必须持之以恒推进全面从严治党，深入推进新时代党的建设新的伟大工程，以党的自我革命引领社会革命。要落实新时代党的建设总要求，健全全面从严治党体系，坚持和加强党中央集中统一领导，坚持不懈用习近平新时代中国特色社会主义思想凝心铸魂，完善党的自我革命制度规范体系，建设堪当民族复兴重任的高素质干部队伍，增强党组织政治功能和组织功能，坚持以严的基调强化正风肃纪，坚决打赢反腐败斗争攻坚战持久战，全面推进党的自我净化、自我完善、自我革新、自我提高，使我们党坚守初心使命，始终成为中国特色社会主义事业的坚强领导核心。

考点2

党的二十届三中全会精神

1. 充分认识学习宣传贯彻党的二十届三中全会精神的重大意义

中国共产党第二十届中央委员会第三次全体会议，于2024年7月15—18日在北京举行。全会听取和讨论了习近平受中央政治局委托所作的工作报告，审议通过了《中共中央关于进一步全面深化改革、推进中国式现代化的决定》。党的二十届三中全会是在以中国式现代化全面推进强国建设、民族复兴伟业关键时期召开的一次十分重要的会议，具有继往开来的里程碑意义。

党的历届三中全会都与改革开放紧密相关，推动着改革不断深化。党的二十届三中全会对进一步全面深化改革、推进中国式现代化作出全面部署，与党的十一届三中全会、十八届三中全会一起成为我国不

考试笔记

同时期改革开放的里程碑。它把改革开放和中华民族的前途、中国式现代化的进程以及每个人的命运紧密联系在一起，是一次战略集成。全会通过的相关文件是马克思主义理论宝库中的最新成果，是习近平新时代中国特色社会主义思想的重要组成部分，将党对人类社会发展规律、社会主义建设规律、共产党执政规律的认识和把握提升到新的历史高度。

全会强调通过“进一步全面深化改革”推进生产关系与生产力、上层建筑与经济基础、国家治理与社会发展的优化和“更好相适应”，丰富了历史唯物主义社会基本矛盾、发展动力学说以及马克思主义关于社会形态进步理论中国化时代化的内涵。同时，全会对改革的主题、目标、措施、路径、根本保证等重大问题的阐述，在“五位一体”总体布局和“四个全面”战略布局的总体框架下展开，在理论层面打通了“五位一体”总体布局和“四个全面”战略布局，具有重要的理论意义。

全会立足现实，坚持问题导向、效果导向，紧紧抓住当前面临的重点、难点、堵点问题，尤其是人民群众关心的问题，如共同富裕、民生兜底保障体系等，提出了具有实操性、针对性、协同性的目标任务和政策体系。其明确了进一步全面深化改革的总目标是继续完善和发展中国特色社会主义制度，推进国家治理体系和治理能力现代化，为中国式现代化提供了行动指南，有助于解决发展不平衡不充分问题，应对重大风险挑战，推动党和国家事业行稳致远。

中国的改革开放对世界产生了广泛而深远的影响。在当今世界百年未有之大变局中，党的二十届三中全会部署的改革举措受到国际社会广泛关注。中国进一步全面深化改革，推进中国式现代化，坚持完善高水平对外开放体制机制，坚持走和平发展道路，将为实现各国共同繁荣注入新动力，对世界经济复苏和发展产生重要的积极影响，为其他发展中国家提供更多借鉴。

2. 全面准确学习领会党的二十届三中全会精神

学习领会党的二十届三中全会精神，要认识到党的二十届三中全会是在以中国式现代化全面推进强国建设、民族复兴伟业的关键时期召开的一次十分重要的会议。认真学习全会审议通过的《中共中央关于进一步全面深化改革、推进中国式现代化的决定》，深入学习

考试笔记

习近平总书记关于全面深化改革的重要论述，全面把握进一步全面深化改革的战略部署，充分认识新时代以来全面深化改革取得的历史性成就，把握新时代新征程进一步全面深化改革面临的形势和任务，重点把握以下几个方面。

（1）坚持党的全面领导，确保改革始终沿着正确政治方向前进。

改革开放是有方向、有立场、有原则的。全会总结和运用改革开放以来特别是新时代全面深化改革的宝贵经验，提出进一步全面深化改革必须贯彻的重大原则，排在首位的就是“坚持党的全面领导”。必须深刻认识到，中国共产党的领导是中国特色社会主义最本质的特征，是中国特色社会主义制度的最大优势，是进一步全面深化改革、推进中国式现代化的根本保证。只有坚持党的全面领导，坚定维护党中央权威和集中统一领导，发挥党总揽全局、协调各方的领导核心作用，把党的领导贯穿改革各方面全过程，才能确保改革始终沿着正确政治方向前进。

（2）紧紧围绕推进中国式现代化进一步全面深化改革。

紧紧围绕推进中国式现代化进一步全面深化改革，要贯彻坚持党的全面领导、坚持以人民为中心、坚持守正创新、坚持以制度建设为主线、坚持全面依法治国、坚持系统观念等原则。必须深刻认识到，这些重大原则是对改革开放以来特别是新时代全面深化改革宝贵经验的科学总结，是我们党不断深化对改革的规律性认识的重大成果，对于增强进一步全面深化改革的科学性、预见性、主动性、创造性，推动改革行稳致远，具有重大指导意义。新征程上，贯彻这些重大原则，把党的领导贯穿改革各方面全过程，尊重人民主体地位和首创精神，坚持中国特色社会主义不动摇，筑牢根本制度，完善基本制度，创新重要制度，善于运用法治思维和法治方式破解改革难题，增强改革系统性、整体性、协同性，就一定能推动改革不断取得新突破。

（3）坚持人民至上谋划和推进改革。

总结和运用改革开放以来特别是新时代全面深化改革的宝贵经验，这次全会提出了进一步全面深化改革必须贯彻的“六个坚持”重大原则，“坚持以人民为中心”正是其中重要一条。必须深刻认识到，让广大人民群众共享改革发展成果，是社会主义的本质要求，是社会主义制度优越性的集中体现。改革开放在认识和实践上的每一次突破

考试笔记

和深化，改革开放中每一个新生事物的产生和发展，改革开放每一个领域和环节经验的创造和积累，无不来自亿万人民的智慧和实践。新征程上，把牢进一步全面深化改革的价值取向，坚持人民有所呼、改革有所应，做到改革为了人民、改革依靠人民、改革成果由人民共享，就能确保改革始终得到人民群众衷心拥护。

（4）更加注重突出重点，发挥经济体制改革牵引作用。

既抓重要领域、重要任务、重要试点，又抓关键主体、关键环节、关键节点，以重点带动全局，是新时代全面深化改革的一个重要方法。党的十八大以来，以习近平同志为核心的党中央紧紧围绕发展这个第一要务来部署各方面改革，发挥经济体制改革牵引作用，实现改革由局部探索、破冰突围到系统集成、全面深化的转变，各领域基础性制度框架基本建立，全面深化改革取得历史性伟大成就。实践充分证明，坚持重点突破，在整体推进的基础上抓主要矛盾和矛盾的主要方面，努力做到全局和局部相配套、治本和治标相结合、渐进和突破相衔接，实现整体推进和重点突破相统一，才能做到纲举目张。

（5）更加注重系统集成，使各方面改革相互配合、协同高效。

新时代改革开放具有许多新的内涵和特点，其中很重要的一点就是制度建设分量更重，对改革的系统性、整体性、协同性要求更强。党的十八大以来，以习近平同志为核心的党中央团结带领全党全国各族人民，以巨大的政治勇气和智慧推进全面深化改革，实现改革由局部探索、破冰突围到系统集成、全面深化的转变，许多领域实现历史性变革、系统性重塑、整体性重构。党的十八届三中全会之所以“也是划时代的”，一个重要方面就在于坚持系统观念，系统整体设计推进改革，开创了我国改革开放全新局面。

（6）更加注重改革实效，以钉钉子精神抓好改革落实。

“既当改革促进派、又当改革实干家”，新时代全面深化改革之所以取得历史性伟大成就，关键就在于以钉钉子精神抓部署、抓落实、抓督查。从中央层面总体设计、统筹协调、整体推进、督促落实，到各地区各部门明确任务、落实责任、倒排工期、压茬推进，再到有关部门深入督察，真刀真枪促进改革落地……全党上下把抓落实作为推进改革工作的重点，坚持一分部署、九分落实，抓铁有痕、踏石留印，确保改革稳步有序推进，许多领域实现历史性变革、系统性重塑、整体性重构。实践充分证明，有了好的决策、好的蓝图，关键在落实。只有抓好落实，才能推动改革不断取得新成效。

考试笔记

第三节　习近平文化思想

考点1

牢牢把握“七个着力”重大要求

习近平总书记在对宣传思想文化工作作出的重要指示中，对宣传思想文化工作提出“七个着力”的重大要求。习近平总书记的重要指示高屋建瓴、精辟深邃，具有很强的政治性、思想性、指导性，为进一步做好宣传思想文化工作指明了方向。

着力加强党对宣传思想文化工作的领导。宣传思想文化工作要体现党的意志、反映党的主张，维护党中央权威、维护党的团结。要以党的政治建设为统领，旗帜鲜明讲政治，善于从讲政治高度谋划、部署、推动宣传思想文化工作。

着力建设具有强大凝聚力和引领力的社会主义意识形态。意识形态工作是为国家立心、为民族立魂的工作。要牢牢掌握党对意识形态工作领导权，全面落实意识形态工作责任制，巩固壮大奋进新时代的主流思想舆论。健全用党的创新理论武装全党、教育人民、指导实践工作体系。充分发挥社会主义意识形态的思想引领和力量凝聚作用，巩固马克思主义在意识形态领域的指导地位，巩固全党全国人民团结奋斗的共同思想基础，更好构筑中国精神、中国价值、中国力量。

着力培育和践行社会主义核心价值观。社会主义核心价值观是凝聚人心、汇聚民力的强大力量。弘扬以伟大建党精神为源头的中国共产党人精神谱系，用好红色资源，深入开展社会主义核心价值观宣传教育，深化爱国主义、集体主义、社会主义教育，着力培养担当民族复兴大任

考试笔记

的时代新人。加强对培育和践行社会主义核心价值观的组织领导和宣传教育，开展涵养社会主义核心价值观的实践活动。

着力提升新闻舆论传播力引导力影响力公信力。要构建正确舆论导向、强化主流价值观建设。完善主流舆论发挥作用的资源体系和传播渠道，占领信息传播制高点。坚持正面宣传为主的党的新闻舆论工作的基本方针。增强吸引力和感染力。创新新闻舆论的理念、方法、手段、业态、体制、机制，增强针对性和实效性，适应分众化、差异化传播趋势，加快构建舆论引导新格局。

着力赓续中华文脉，推动中华优秀传统文化创造性转化和创新性发展。文脉是中华文明起源与演进的脉络。一个民族的强盛，总是以文化兴盛为支撑的，中华民族伟大复兴需要以中华文化发展繁荣为条件。赓续文脉需要在五千多年中华文明深厚基础上开辟和发展中国特色社会主义，把马克思主义思想精髓同中华优秀传统文化精华贯通起来，把马克思主义基本原理同中国具体实际相结合、同中华优秀传统文化相结合。坚持创造性转化、创新性发展，善于把弘扬优秀传统文化和发展现实文化有机统一起来、紧密结合起来。在继承中发展，在发展中继承，坚持古为今用、以古鉴今，坚持有鉴别的对待、有扬弃的继承，使之与现实文化相融相通，共同服务以文化人的时代任务，不断铸就中华文化新辉煌。

着力推动文化事业和文化产业繁荣发展。坚持以人民为中心的创作导向，推出更多增强人民精神力量的优秀作品，培育造就大批德艺双馨的文学艺术家和规模宏大的文化文艺人才队伍。坚持社会效益放在首位、社会效益和经济效益相统一，提升公共文化服务水平，创新实施文化惠民工程，实现好、维护好、发展好人民群众基本文化权益，为人民带来更多的文化获得感、幸福感和满足感。

着力加强国际传播能力建设、促进文明交流互鉴。要坚守中华文化立场，提炼展示中华文明的精神标识和文化精髓，加快构建中国话语和中国叙事体系，讲好中国故事、传播好中国声音，展现可信、可爱、可敬的中国形象。推动中华文化走出去，以文载道、以文传声、以文化人，向世界阐释推介更多具有中国特色、体现中国精神、蕴藏中国智慧的优秀文化。

考点2

考试笔记

深入学习领会习近平文化思想

2023年10月，党中央召开全国宣传思想文化工作会议，正式提出并系统阐述了习近平文化思想，在新征程上高举起我们党的文化旗帜。这是一个重大决策，在党的理论创新进程中具有重大意义，在党的宣传思想文化事业发展史上具有里程碑意义。

习近平文化思想是新时代党领导文化建设实践经验的理论总结，丰富和发展了马克思主义文化理论，构成了习近平新时代中国特色社会主义思想的文化篇。

习近平文化思想的形成，标志着我们党对中国特色社会主义文化建设规律的认识达到了新高度，表明我们党的历史自信、文化自信达到了新高度。

习近平文化思想熔铸古今、汇通中外，应时代之变迁、立时代之潮头、发时代之先声，充分彰显了中华民族的文化主体性，有力巩固了中国共产党的领导权，是引领新时代中国共产党人和中国人民担负文化使命、推动文化繁荣、建设文化强国的思想之旗。

深入学习领会习近平文化思想，是全党尤其是全国宣传思想文化战线的一项重要政治任务。下面从12个方面就这一思想的有关重要论述进行梳理和学习。

1. 深入学习领会关于坚持党的文化领导权的重要论述

坚持党的文化领导权是事关党和国家前途命运的大事。坚持党的文化领导权，是习近平总书记深刻总结党的历史经验、洞察时代发展大势提出来的，充分体现了对新时代文化地位作用的深刻认识，体现了对党的意识形态工作的科学把握。习近平总书记指出，意识形态关乎旗帜、关乎道路、关乎国家政治安全。“经济建设是党的中心工作，意识形态工作是党的一项极端重要的工作。面对改革发展稳定复杂局面和社会思想意识多元多样、媒体格局深刻变化，在集中精力进行经济建设的同时，一刻也不能放松和削弱意识形态工作，必须把意识形

考试笔记

态工作的领导权、管理权、话语权牢牢掌握在手中，任何时候都不能旁落，否则就要犯无可挽回的历史性错误。”党管宣传、党管意识形态、党管媒体是坚持党的领导的重要方面，要“坚持政治家办报、办刊、办台、办新闻网站”。他强调：“所有宣传思想部门和单位，所有宣传思想战线上的党员、干部，都要旗帜鲜明坚持党性原则。”“坚持党性，核心就是坚持正确政治方向，站稳政治立场，坚定宣传党的理论和路线方针政策，坚定宣传中央重大工作部署，坚定宣传中央关于形势的重大分析判断，坚决同党中央保持高度一致，坚决维护党中央权威。”“做到爱党、护党、为党。”他要求，要全面落实意识形态工作责任制，“各级党委要负起政治责任和领导责任，把宣传思想工作摆在全局工作的重要位置，加强对宣传思想领域重大问题的分析研判和重大战略性任务的统筹指导”，“宣传思想战线的同志要履行好自己的神圣职责和光荣使命，以战斗的姿态、战士的担当，积极投身宣传思想领域斗争一线”，“要牢牢掌握意识形态工作领导权”，“建设具有强大凝聚力和引领力的社会主义意识形态”。习近平总书记的这些重要论述，深刻阐明了加强党对宣传思想文化工作领导的极端重要性，明确了做好宣传思想文化工作必须坚持的政治保证。

2. 深入学习领会关于推动物质文明和精神文明协调发展的重要论述

推动物质文明和精神文明协调发展是坚持和发展中国特色社会主义的本质特征。立足中国特色社会主义事业发展全局，正确把握物质文明和精神文明的辩证关系，体现了对社会主义精神文明建设重要性和中国国情的深刻认识和全面把握。习近平总书记指出，实现中华民族伟大复兴的中国梦，物质财富要极大丰富，精神财富也要极大丰富。中国式现代化是物质文明和精神文明相协调的现代化。物质富足、精神富有是社会主义现代化的根本要求。物质贫困不是社会主义，精神贫乏也不是社会主义。他强调：“人无精神则不立，国无精神则不强。精神是一个民族赖以长久生存的灵魂，唯有精神上达到一定的高度，这个民族才能在历史的洪流中屹立不倒、奋勇向前。”“我们要继续锲而不舍、一以贯之抓好社会主义精神文明建设，为全国各族人民不断前进提供坚强的思想保证、强大的精神力量、丰润的道德滋养。”他指出，我们不断厚植现代化的物质基础，不断夯实人民幸福生活的物质条件，同时大力发展社会主义先进文化，加强理想信念教育，传承中华文明，促进物的全面丰富和人的全面发展。他要求，“加强思想道德建设，深入实施公民道德建设工程，加强和改进思想政治工作，推进新时代文明实践中心建设，不断提升人民思想觉悟、道德水准、文明素养和全社会文明程度”，“深入开展群众性精神文明创建活动”，“深化文明城市、文明村镇、文明单位、文明家庭、文明校园创建工作，推进诚信建设和志愿服务制度化，提高全社会道德水平”，“深入挖掘、继承、创新优秀传统乡土文化，弘扬新风正气，推进移风易俗，培育文明乡风、良好家风、淳朴民风，焕发乡村文明新气象”。习近平总书记的这些重要论述，站在经济建设和上层建筑关系的哲学高度，深刻阐释了社会运动规律，深刻阐明了精神文明的重要作用，具有极为重要的本体论和认识论意义，为新时代坚持和发展中国特色社会主义、推进中国式现代化提供了科学指引。

3. 深入学习领会关于“两个结合”的根本要求的重要论述

“两个结合”的根本要求拓展了中国特色社会主义文化发展道路。创造性提出并阐述“两个结合”，揭示了开辟和发展中国特色社会主义的必由之路，也揭示了党推动理论创新和文化繁荣的必由之路。习近平总书记指出，新的征程上，我们必须“坚持把马克思主义基本原理同中国具体实际相结合、同中华优秀传统文化相结合”，“中国共产党人深刻认识到，只有把马克思主义基本原理同中国具体实际相结合、同中华优秀传统文化相结合，坚持运用辩证唯物主义和历史唯物主义，才能正确回答时代和实践提出的重大问题，才能始终保持马克思主义的蓬勃生机和旺盛活力”。他指出，在五千多年中华文明深厚基础上开辟和发展中国特色社会主义，把马克思主义基本原理同中国具体实际、同中华优秀传统文化相结合是必由之路。“如果没有中华五千年文明，哪里有什么中国特色？如果不是中国特色，哪有我们今天这么成功的中国特色社会主义道路？”只有立足波澜壮阔的中华五千多年文明史，才能真正理解中国道路的历史必然、文化内涵与独特优势。他强调，历史正反两方面的经验表明，“两个结合”是我们取得成功的最大法宝。第一，“结合”的前提是彼此契合。马克思主义和中华优秀传统文化来源不同，但彼此存在高度的契合性。相互契合才能有机结合。正是在这个意义上，我们

考试笔记

才说中国共产党既是马克思主义的坚定信仰者和践行者，又是中华优秀传统文化的忠实继承者和弘扬者。第二，“结合”的结果是互相成就。“结合”不是“拼盘”，不是简单的“物理反应”，而是深刻的“化学反应”，造就了一个有机统一的新的文化生命体。“第二个结合”让马克思主义成为中国的，中华优秀传统文化成为现代的，让经由“结合”而形成的新文化成为中国式现代化的文化形态。第三，“结合”筑牢了道路根基。我们的社会主义为什么不一样？为什么能够生机勃勃、充满活力？关键就在于中国特色。中国特色的关键就在于“两个结合”。中国式现代化赋予中华文明以现代力量，中华文明赋予中国式现代化以深厚底蕴。第四，“结合”打开了创新空间。“结合”本身就是创新，同时开启了广阔的理论和实践创新空间。“第二个结合”让我们掌握了思想和文化主动，并有力地作用于道路、理论和制度。“第二个结合”是又一次的思想解放，让我们能够在更广阔的文化空间中，充分运用中华优秀传统文化的宝贵资源，探索面向未来的理论和制度创新。第五，“结合”巩固了文化主体性。任何文化要立得住、行得远，要有引领力、凝聚力、塑造力、辐射力，就必须有自己的主体性。文化自信就来自我们的文化主体性。这一主体性是中国共产党带领中国人民在中国大地上建立起来的；是在创造性转化、创新性发展中华优秀传统文化，继承革命文化，发展社会主义先进文化的基础上，借鉴吸收人类一切优秀文明成果的基础上建立起来的；是通过把马克思主义基本原理同中国具体实际、同中华优秀传统文化相结合建立起来的。创立习近平新时代中国特色社会主义思想就是这一文化主体性的最有力体现。习近平总书记的这些重要论述，充分表明我们党对中国道路、中国理论、中国制度的认识进一步升华，拓展了中国特色社会主义道路的文化根基。

4. 深入学习领会关于担负新时代的文化使命的重要论述

新的文化使命彰显了我们党促进中华文化繁荣、创造人类文明新形态的历史担当。在强国建设、民族复兴伟业深入推进的关键时刻，高瞻远瞩提出新的文化使命，具有强大感召力和引领力。习近平总书记指出，“做好新形势下宣传思想工作，必须自觉承担起举旗帜、聚民心、育新人、兴文化、展形象的使命任务”，“巩固马克思主义在意识形态领域的指导地位、巩固全党全国各族人民团结奋斗的共同思想基础”，“在新的起点上继续推动文化繁荣、建设文化强国、建设中华民族现代文明，是我们在新时代新的文化使命”。他强调，要坚持中国特色社会主义文化发展道路，发展社会主义先进文化，弘扬革命文化，传承中华优秀传统文化，激发全民族文化创新创造活力，增强实现中华民族伟大复兴的精神力量。他指出：“中国特色社会主义文化，源自于中华民族五千多年文明历史所孕育的中华优秀传统文化，熔铸于党领导人民在革命、建设、改革中创造的革命文化和社会主义先进文化，植根于中国特色社会主义伟大实践。发展中国特色社会主义文化，就是以马克思主义为指导，坚守中华文化立场，立足当代中国现实，结合当今时代条件，发展面向现代化、面向世界、面向未来的，民族的科学的大众的社会主义文化，推动社会主义精神文明和物质文明协调发展。要坚持为人民服务、为社会主义服务，坚持百花齐放、百家争鸣，坚持创造性转化、创新性发展，不断铸就中华文化新辉煌。”他强调：“对历史最好的继承就是创造新的历史，对人类文明最大的礼敬就是创造人类文明新形态。”他要求，新时代的文化工作者必须以守正创新的正气和锐气，赓续历史文脉、谱写当代华章。习近平总书记的这些重要论述，强调了新的文化使命是新时代新征程党的使命任务对文化发展的必然要求，落脚点是铸就社会主义文化新辉煌、建设中华民族现代文明。

考试笔记

5. 深入学习领会关于坚定文化自信的重要论述

坚定文化自信，是事关国运兴衰、事关文化安全、事关民族精神独立性的大问题。习近平总书记指出：“一个国家、一个民族的强盛，总是以文化兴盛为支撑的，中华民族伟大复兴需要以中华文化发展繁荣为条件。”“我们说要坚定中国特色社会主义道路自信、理论自信、制度自信，说到底是要坚定文化自信。”“文化自信，是更基础、更广泛、更深厚的自信，是更基本、更深沉、更持久的力量。”他强调：“中华文明历经数千年而绵延不绝、迭遭忧患而经久不衰，这是人类文明的奇迹，也是我们自信的底气。坚定文化自信，就是坚持走自己的路。坚定文化自信的首要任务，就是立足中华民族伟大历史实践和当代实践，用中国道理总结好中国经验，把中国经验提升为中国理论，既不盲从各种教条，也不照搬外国理论，实现精神上的独立自主。要把文化自信融入全民族的精神气质与文化品格中，养成昂扬向上的风貌和

考试笔记

理性平和的心态。”习近平总书记的这些重要论述，深刻阐明了文化自信的特殊重要性，彰显了我们党高度的文化自觉和文化担当，把我们党对文化地位和作用的认识提升到一个新高度。

6. 深入学习领会关于培育和践行社会主义核心价值观的重要论述

培育和践行社会主义核心价值观是凝魂聚气、强基固本的基础工程。坚持以德树人、以文化人，是习近平总书记始终念兹在兹、谆谆教诲的一件大事。习近平总书记指出：“人类社会发展的历史表明，对一个民族、一个国家来说，最持久、最深层的力量是全社会共同认可的核心价值观。核心价值观，承载着一个民族、一个国家的精神追求，体现着一个社会评判是非曲直的价值标准。”“核心价值观是一个国家的重要稳定器，能否构建具有强大感召力的核心价值观，关系社会和谐稳定，关系国家长治久安。”“如果没有共同的核心价值观，一个民族、一个国家就会魂无定所、行无依归。”他指出：“我们提出要倡导富强、民主、文明、和谐，倡导自由、平等、公正、法治，倡导爱国、敬业、诚信、友善，积极培育和践行社会主义核心价值观。富强、民主、文明、和谐是国家层面的价值要求，自由、平等、公正、法治是社会层面的价值要求，爱国、敬业、诚信、友善是公民层面的价值要求。这个概括，实际上回答了我们要建设什么样的国家、建设什么样的社会、培育什么样的公民的重大问题。”他强调：“核心价值观的养成绝非一日之功，要坚持由易到难、由近及远，努力把核心价值观的要求变成日常的行为准则，进而形成自觉奉行的信念理念。”“要注意把社会主义核心价值观日常化、具体化、形象化、生活化，使每个人都能感知它、领悟它，内化为精神追求，外化为实际行动，做到明大德、守公德、严私德。”他要求，弘扬以伟大建党精神为源头的中国共产党人精神谱系，用好红色资源。“要以培养担当民族复兴大任的时代新人为着眼点，强化教育引导、实践养成、制度保障，发挥社会主义核心价值观对国民教育、精神文明创建、精神文化产品创作生产传播的引领作用，把社会主义核心价值观融入社会发展各方面，转化为人们的情感认同和行为习惯。坚持全民行动、干部带头，从家庭做起，从娃娃抓起。深入挖掘中华优秀传统文化蕴含的思想观念、人文精神、道德规范，结合时代要求继承创新，让中华文化展现出永久魅力和时代风采。”习近平总书记的这些重要论述，深刻阐明了中国特色社会主义文化建设的一项根本任务，明确了推进社会主义核心价值观建设的重点和着力点。

考试笔记

7. 深入学习领会关于铸牢中华民族共同体意识的重要论述

铸牢中华民族共同体意识是民族团结之本。在漫长的历史发展过程中，我国各民族共同开拓了祖国的辽阔疆域，共同缔造了统一的多民族国家，共同书写了辉煌的中国历史，共同创造了灿烂的中华文化，共同培育了伟大的民族精神，逐渐形成血脉相融、骨肉相连，你中有我、我中有你，多元一体、不可分割的命运共同体。中华民族共同体的形成和发展是人心所向、大势所趋、历史必然。只有铸牢中华民族共同体意识，才能增进各民族对中华民族的自觉认同，夯实我国民族关系发展的思想基础，构建起维护国家统一和民族团结的坚固思想长城，推动中华民族成为认同度更高、凝聚力更强的命运共同体。习近平总书记指出："铸牢中华民族共同体意识，就是要引导各族人民牢固树立休戚与共、荣辱与共、生死与共、命运与共的共同体理念。"要立足中华民族悠久历史，把马克思主义民族理论同中国具体实际相结合、同中华优秀传统文化相结合，遵循中华民族发展的历史逻辑、理论逻辑，科学揭示中华民族形成和发展的道理、学理、哲理。习近平总书记指出，文化认同是最深层次的认同，是民族团结之根、民族和睦之魂。历史充分证明，各民族都对中华文化的形成和发展作出了贡献，各民族在文化上要相互尊重、相互欣赏，相互学习、相互借鉴，在增强对文化认同的基础上繁荣发展本民族文化，推进中华民族共有精神家园建设。

要加强对青少年的历史文化教育，全面推广普及国家通用语言文字，全面推行使用国家统编教材，把中华民族共同体意识从小就植入孩子们的心灵。要深化"一国两制"实践教育，加强港澳同内地人文交流，增强香港同胞、澳门同胞国家意识和爱国精神，维护香港、澳门长期繁荣稳定，确保"一国两制"实践行稳致远。要完善促进两岸经济文化交流合作制度和政策，推动两岸共同弘扬中华文化，促进两岸同胞心灵契合。两岸同胞要坚定中华文化自信，自觉做中华文化的守护者、传承者、弘扬者，增强中华民族的归属感、认同感、荣誉感，铸牢中华民族共同体意识。要做好海外侨胞和归侨侨眷的思想文化引领，促进海内外中华儿女团结奋斗，为全面建成社会主义现代化强国、实现中华民族伟大复兴汇聚磅礴伟力。

考试笔记

8. 深入学习领会关于掌握信息化条件下舆论主导权、广泛凝聚社会共识的重要论述

掌握信息化条件下舆论主导权、广泛凝聚社会共识是巩固壮大主流思想文化的必然要求。习近平总书记站在时代和科技前沿，对如何做好信息化条件下宣传思想文化工作进行了深邃思考。习近平总书记指出，当今世界，一场新的全方位综合国力竞争正在全球展开。能不能适应和引领互联网发展，成为决定大国兴衰的一个关键。世界各大国均把信息化作为国家战略重点和优先发展方向，围绕网络空间发展主导权、制网权的争夺日趋激烈，世界权力图谱因信息化而被重新绘制，互联网成为影响世界的重要力量。当今世界，谁掌握了互联网，谁就把握住了时代主动权；谁轻视互联网，谁就会被时代所抛弃。一定程度上可以说，得网络者得天下。他深刻指出："没有网络安全就没有国家安全，没有信息化就没有现代化，网络安全和信息化事关党的长期执政，事关国家长治久安，事关经济社会发展和人民群众福祉，过不了互联网这一关，就过不了长期执政这一关，要把网信工作摆在党和国家事业全局中来谋划，切实加强党的集中统一领导。"网络空间是亿万民众共同的精神家园。网络空间天朗气清、生态良好，符合人民利益。网络空间乌烟瘴气、生态恶化，不符合人民利益。互联网已经成为舆论斗争的主战场。在互联网这个战场上，我们能否顶得住、打得赢，直接关系我国意识形态安全和政权安全。他特别提出："管好用好互联网，是新形势下掌控新闻舆论阵地的关键，重点要解决好谁来管、怎么管的问题。"我们必须科学认识网络传播规律，准确把握网上舆情生成演化机制，不断推进工作理念、方法手段、载体渠道、制度机制创新，提高用网治网水平，使互联网这个最大变量变成事业发展的最大增量。"我们要本着对社会负责、对人民负责的态度，依法加强网络空间治理，加强网络内容建设，做强网上正面宣传，培育积极健康、向上向善的网络文化，用社会主义核心价值观和人类优秀文明成果滋养人心、滋养社会，做到正能量充沛、主旋律高昂，为广大网民特别是青少年营造一个风清气正的网络空间。""随着5G、大数据、云计算、物联网、人工智能等技术不断发展，移动媒体将进入加速发展新阶段。要坚持移动优先策略，建设好自己的移动传播平

台，管好用好商业化、社会化的互联网平台，让主流媒体借助移动传播，牢牢占据舆论引导、思想引领、文化传承、服务人民的传播制高点。”习近平总书记的这些重要论述，是我们党对信息化时代新闻传播规律的深刻总结，明确了做好党的新闻舆论工作的原则要求和方法路径。

9. 深入学习领会关于以人民为中心的工作导向的重要论述

以人民为中心的工作导向体现了我们党领导和推动文化建设的鲜明立场。新时代以来宣传思想文化改革发展历程，贯穿着以人民为中心的鲜明主线，充分展现了习近平总书记深厚的人民情怀。习近平总书记指出，“人民性是马克思主义的本质属性”，“人民立场是中国共产党的根本政治立场”，“中国共产党的根本宗旨是全心全意为人民服务”。宣传思想文化工作必须坚持以人民为中心的工作导向。他强调：“文艺要反映好人民心声，就要坚持为人民服务、为社会主义服务这个根本方向。”“以人民为中心，就是要把满足人民精神文化需求作为文艺和文艺工作的出发点和落脚点，把人民作为文艺表现的主体，把人民作为文艺审美的鉴赏家和评判者，把为人民服务作为文艺工作者的天职。”他强调，哲学社会科学研究要“坚持以马克思主义为指导，核心要解决好为什么人的问题。为什么人的问题是哲学社会科学研究的根本性、原则性问题。我国哲学社会科学为谁著书、为谁立说，是为少数人服务还是为绝大多数人服务，是必须搞清楚的问题”。他指出：“我们的党是全心全意为人民服务的党，我们的国家是人民当家作主的国家，党和国家一切工作的出发点和落脚点是实现好、维护好、发展好最广大人民根本利益。我国哲学社会科学要有所作为，就必须坚持以人民为中心的研究导向。脱离了人民，哲学社会科学就不会有吸引力、感染力、影响力、生命力。我国广大哲学社会科学工作者要坚持人民是历史创造者的观点，树立为人民做学问的理想，尊重人民主体地位，聚焦人民实践创造，自觉把个人学术追求同国家和民族发展紧紧联系在一起，努力多出经得起实践、人民、历史检验的研究成果。”习近平总书记的这些重要论述，深刻回答了文化为什么人的问题，彰显了党的性质宗旨和初心使命。

10. 深入学习领会关于加强文化遗产保护传承的重要论述

保护历史文化遗产是推动文化传承发展的重要基础。历史文化遗产承载着中华民族的基因和血脉。习近平总书记对文化遗产保护高度重视，

考试笔记

展现了强烈的文明担当、深沉的文化情怀。习近平总书记指出，中华文明探源工程等重大工程的研究成果，实证了我国百万年的人类史、一万年的文化史、五千多年的文明史。历史文化遗产“不仅属于我们这一代人，也属于子孙万代”。“革命文物承载党和人民英勇奋斗的光荣历史，记载中国革命的伟大历程和感人事迹，是党和国家的宝贵财富，是弘扬革命传统和革命文化、加强社会主义精神文明建设、激发爱国热情、振奋民族精神的生动教材。”中华文化是我们提高国家文化软实力最深厚的源泉，是我们提高国家文化软实力的重要途径。要使中华民族最基本的文化基因与当代文化相适应、与现代社会相协调，以人们喜闻乐见、具有广泛参与性的方式推广开来，把跨越时空、超越国度、富有永恒魅力、具有当代价值的文化精神弘扬起来，把继承优秀传统文化又弘扬时代精神、立足本国又面向世界的当代中国文化创新成果传播出去。要系统梳理传统文化资源，让收藏在禁宫里的文物、陈列在广阔大地上的遗产、书写在古籍里的文字都活起来。“要敬畏历史、敬畏文化、敬畏生态，全面保护好历史文化遗产，统筹好旅游发展、特色经营、古城保护，筑牢文物安全底线，守护好前人留给我们的宝贵财富。”他指出：“不忘历史才能开辟未来，善于继承才能善于创新。优秀传统文化是一个国家、一个民族传承和发展的根本，如果丢掉了，就割断了精神命脉。我们要善于把弘扬优秀传统文化和发展现实文化有机统一起来，紧密结合起来，在继承中发展，在发展中继承。传统文化在其形成和发展过程中，不可避免会受到当时人们的认识水平、时代条件、社会制度的局限性的制约和影响，因而也不可避免会存在陈旧过时或已成为糟粕性的东西。这就要求人们在学习、研究、应用传统文化时坚持古为今用、推陈出新，结合新的实践和时代要求进行正确取舍，而不能一股脑儿都拿到今天来照套照用。”他强调，要坚持古为今用、以古鉴今，坚持有鉴别的对待、有扬弃的继承，而不能搞厚古薄今、以古非今，努力实现传统文化的创造性转化、创新性发展，使之与现实文化相融相通，共同服务以文化人的时代任务，“为更好建设中华民族现代文明提供借鉴”。他要求：“各级党委和政府要增强对历史文物的敬畏之心，树立保护文物也是政绩的科学理念，统筹好文物保护与经济社会发展，全面贯彻‘保护为主、抢救第一、合理利用、加强管理’的工作方针，切实加大文物保护力度，推进文物合理适度利用，使文物保护成果更多惠及人民群众。各级文物部门要不辱使命，守土尽责，提高素质能力和依法管理水平，广泛动员社会力量参与，努力走出一条符合国情的文物保护利用之路，为实现‘两个一百年’奋斗目标、实现中华民族伟大复兴的中国梦作出更大贡献。”习近平总书记的这些重要论述，体现了马克思主义历史观，宣示了我们党对待民族历史文化的基本态度。

11. 深入学习领会关于构建中国话语和中国叙事体系的重要论述

构建中国话语和中国叙事体系体现了我们党提高国家文化软实力、占据国际道义制高点的战略谋划。习近平总书记提出增强我国国际话语权的重要任务并摆上突出位置，体现了宽广的世界眼光和高超的战略思维。习近平总书记指出，要“增强中华文明传播力影响力。坚守中华文化立场，提炼展示中华文明的精神标识和文化精髓，加快构建中国话语和中国叙事体系，讲好中国故事、传播好中国声音，展现可信、可爱、可敬的中国形象”，“要讲清楚中国是什么样的文明和什么样的国家，讲清楚中国人的宇宙观、天下观、社会观、道德观，展现中华文明的悠久历史和人文底蕴，促使世界读懂中国、读懂中国人民、读懂中国共产党、读懂中华民族”。他认为，讲故事，是国际传播的最佳方式。要讲好中国特色社会主义的故事，讲好中国梦的故事，讲好中国人的故事，讲好中华优秀文化的故事，讲好中国和平发展的故事。讲故事就是讲事实、讲形象、讲情感、讲道理，讲事实才能说服人，讲形象才能打动人，讲情感才能感染人，讲道理才能影响人。他要求，要组织各种精彩、精练的故事载体，把中国道路、中国理论、中国制度、中国精神、中国力量寓于其中，使人想听爱听，听有所思，听有所得。要创新对外话语表达方式，研究国外不同受众的习惯和特点，采用融通中外的概念、范畴、表述，把我们想讲的和国外受众想听的结合起来，把“陈情”和“说理”结合起来，把“自己讲”和“别人讲”结合起来，使故事更多为国际社会和海外受众所认同。要加强国际传播能力建设，全面提升国际传播效能，形成同我国综合国力和国际地位相匹配的国际话语权。深化文明交流互鉴，推动中华文化更好走向世界。要完善人文交流机制，创新人文交流方式，发挥各地区各部门各方面作用，综合运用大众传播、群体传播、人际传播等多种方式展示中华文化魅力。习近平总书记的这些重要

考试笔记

论述，既是思想理念又是工作方法，指明了提升国家文化软实力的关键点和着力点。

12. 深入学习领会关于促进文明交流互鉴的重要论述

促进文明交流互鉴彰显了中国共产党人开放包容的胸襟格局。习近平总书记提出弘扬全人类共同价值、落实全球文明倡议等重要理念、重大主张，着眼的就是开放包容，为推动人类文明进步、应对全球共同挑战提供了战略指引。习近平总书记指出："文明没有高下、优劣之分，只有特色、地域之别。""每一种文明都扎根于自己的生存土壤，凝聚着一个国家、一个民族的非凡智慧和精神追求，都有自己存在的价值。""历史告诉我们，只有交流互鉴，一种文明才能充满生命力。""文明因交流而多彩，文明因互鉴而丰富。文明交流互鉴，是推动人类文明进步和世界和平发展的重要动力。"推动文明交流互鉴，可以丰富人类文明的色彩，让各国人民享受更富内涵的精神生活、开创更有选择的未来。他强调："我们应该推动不同文明相互尊重、和谐共处，让文明交流互鉴成为增进各国人民友谊的桥梁、推动人类社会进步的动力、维护世界和平的纽带。我们应该从不同文明中寻求智慧、汲取营养，为人们提供精神支撑和心灵慰藉，携手解决人类共同面临的各种挑战。"坚持美人之美、美美与共。担负起凝聚共识的责任，坚守和弘扬全人类共同价值。本着对人类前途命运高度负责的态度，做全人类共同价值的倡导者，以宽广胸怀理解不同文明对价值内涵的认识，尊重不同国家人民对价值实现路径的探索，把全人类共同价值具体地、现实地体现到实现本国人民利益的实践中去。他特别指出："在各国前途命运紧密相连的今天，不同文明包容共存、交流互鉴，在推动人类社会现代化进程、繁荣世界文明百花园中具有不可替代的作用。"为此，习近平总书记提出了全球文明倡议："共同倡导尊重世界文明多样性"，"共同倡导弘扬全人类共同价值"，"共同倡导重视文明传承和创新"，"共同倡导加强国际人文交流合作"。习近平总书记的这些重要论述，深刻揭示了人类文明发展的基本规律，体现了我们大党大国的天下情怀和责任担当。

习近平文化思想是一个不断展开的、开放式的思想体系，必将随着实践深入不断丰富发展。我们必须及时跟进，不断深入学习领会和贯彻落实。

考试笔记

第四节 习近平关于文化和文艺的重要论述

考点1

习近平关于文化的重要论述

习近平总书记关于文化的重要论述博大精深、内涵丰富，涉及中国特色社会主义文化建设的指导思想，中国特色社会主义文化自信，社会主义核心价值观的引领，社会主义意识形态建设，继承和弘扬中华民族优秀传统文化，坚持中国特色社会主义文化发展道路，建设社会主义文化强国等多方面，形成了严谨、科学的理论体系。

1. 坚定文化自信

第一，深刻理解坚定文化自信的重大意义。习近平总书记指出，坚定文化自信，是事关国运兴衰、事关文化安全、事关民族精神独立性的大问题。文明，特别是思想文化，是一个国家、一个民族的灵魂。无论哪一个国家、哪一个民族，如果不珍惜自己的思想文化，丢掉了思想文化这个灵魂，这个国家、这个民族是立不起来的。

第二，坚定文化自信最根本的是坚定中国特色社会主义文化自信。习近平总书记指出，中国特色社会主义文化，源自于中华民族五千多年文明历史所孕育的中华优秀传统文化，熔铸于党领导人民在革命、建设、改革中创造的革命文化和社会主义先进文化，植根于中国特色社会主义伟大实践。

第三，文化自信的依据和根基。习近平总书记指出，在五千多年文明发展中孕育的中华优秀传统文化，在党和人民伟大斗争中孕育的革命文化和社会主义先进文化，积淀着中华民族最深层的精神追求，代表着中华民族独特的精神标识。

2. 继承和弘扬中华优秀传统文化

习近平总书记准确把握时代大势，紧密结合新的时代条件和实践要

考试笔记

求，站在坚持和发展中国特色社会主义，实现中华民族伟大复兴中国梦的战略高度，深入审视和评析了中华优秀传统文化的当代价值。

第一，弘扬中华优秀传统文化的重要性、必要性。中华优秀传统文化是实现中华民族伟大复兴的精神支柱。习近平总书记曾指出，中华民族生生不息绵延发展、饱受挫折又不断浴火重生，都离不开中华文化的有力支撑。中华优秀传统文化植根于中华民族血脉深处，是中华民族繁衍发展的文化基因，是推动中华民族伟大复兴的精神力量。

中华优秀传统文化蕴含着治国理政的经验。习近平总书记指出，治理国家和社会，今天遇到的很多事情都可以在历史上找到影子，历史上发生过的很多事情也都可以作为今天的镜鉴。中国的今天是从中国的昨天和前天发展而来的。要治理好今天的中国，需要对我国历史和传统文化有深入了解，也需要对我国古代治国理政的探索和智慧进行积极总结。

中华优秀传统文化是滋养社会主义核心价值观的活水源泉。习近平总书记指出，核心价值观是文化软实力的灵魂、文化软实力建设的重点。这是决定文化性质和方向的最深层次要素。一个民族、一个国家的核心价值观必须同这个民族、这个国家的历史文化相契合。培育和弘扬社会主义核心价值观，必须立足中华优秀传统文化。中华优秀传统文化植根于国人内心，潜移默化影响着国人的思维方式和行为方式。党的二十大报告也指出，必须“广泛践行社会主义核心价值观”，“传承中华优秀传统文化”。

中华优秀传统文化蕴含着应对人类共同难题和现实挑战的重要启示。习近平总书记指出，世界上一些有识之士认为，包括儒家思想在内的中华优秀传统文化中蕴藏着解决当代人类面临的难题的重要启示。

中华优秀传统文化作为中国历史的重要内容，是我们选择和坚持中国特色社会主义道路的重要依据。习近平总书记指出，独特的文化传统，独特的历史命运，独特的国情，注定了中国必然走适合自己特点的发展道路。

习近平总书记指出，文化自信，是更基础、更广泛、更深厚的自信。中国有坚定的道路自信、理论自信、制度自信，其本质是建立在五千多年文明传承基础上的文化自信。当前，我们要讲清楚中华优秀传统文化

考试笔记

的历史渊源、发展脉络、基本走向，讲清楚中华优秀传统文化的独特创造、价值理念、鲜明特色。

第二，中华优秀传统文化必须坚持的方针原则。坚守中华文化立场，推动中华优秀传统文化创造性转化、创新性发展。中华优秀传统文化创造性转化，就是要按照时代特点和要求，对那些至今仍有借鉴价值的传统文化加以改造，赋予其新的时代内涵和现代表达形式，激活其生命力。中华优秀传统文化创新性发展，就是要按照时代的新进步新进展，对中华优秀传统文化的内涵加以补充、拓展、完善，增强其影响力和感召力。

第三，坚持走中国特色社会主义文化发展道路，建设社会主义文化强国。习近平总书记在党的二十大报告中指出，全面建设社会主义现代化国家，必须坚持中国特色社会主义文化发展道路，增强文化自信，围绕举旗帜、聚民心、育新人、兴文化、展形象建设社会主义文化强国，发展面向现代化、面向世界、面向未来的，民族的科学的大众的社会主义文化，激发全民族文化创新创造活力，增强实现中华民族伟大复兴的精神力量。

第四，推进马克思主义中国化时代化，必须坚持将马克思主义同中华优秀传统文化相结合。只有植根本国、本民族历史文化沃土，马克思主义真理之树才能根深叶茂。中华优秀传统文化源远流长、博大精深，是中华文明的智慧结晶，其中蕴含的天下为公、民为邦本、为政以德、革故鼎新、任人唯贤、天人合一、自强不息、厚德载物、讲信修睦、亲仁善邻等，是中国人民在长期的生产生活中积累的宇宙观、天下观、社会观、道德观的重要体现，同科学社会主义价值观主张具有高度契合性。我们必须坚定历史自信、文化自信，坚持古为今用、推陈出新，把马克思主义思想精髓同中华优秀传统文化精华贯通起来、同人民群众日用而不觉的共同价值观念融通起来，不断赋予科学理论鲜明的中国特色，不断夯实马克思主义中国化时代化的历史基础和群众基础，让马克思主义在中国牢牢扎根。

3. 习近平总书记关于文化的重要论述的理论特色

（1）习近平总书记关于文化的重要论述与马克思列宁主义、毛泽东思想、中国特色社会主义理论体系的文化理论一脉相承。

第一，习近平总书记关于文化的重要论述与马克思主义文化观一脉

考试笔记

相承。

第二，习近平总书记关于文化的重要论述与马克思主义文化观的政治立场一脉相承。

第三，习近平总书记关于文化的重要论述与马克思主义文化观的基本原则和基本方向一脉相承。

第四，习近平总书记关于文化的重要论述与马克思主义文化观的理论品格一脉相承。

（2）习近平总书记关于文化的重要论述注重汲取中华优秀传统文化的精髓。

习近平总书记关于文化的重要论述十分注重汲取中华优秀传统文化的精华。习近平总书记强调，要认真汲取中华优秀传统文化的思想精华和道德精髓，大力弘扬以爱国主义为核心的民族精神和以改革创新为核心的时代精神，深入挖掘和阐发中华优秀传统文化讲仁爱、重民本、守诚信、崇正义、尚和合、求大同的时代价值，使中华优秀传统文化成为涵养社会主义核心价值观的重要源泉。

（3）坚持继承和发展相统一，守正和创新相统一。

中国特色社会主义文化是为了人民、服务人民的文化。习近平总书记关于文化的重要论述继承创新发展了马克思主义文化观。马克思主义认为，劳动创造了文化，不论物质形态的文化还是观念形态的文化，都是劳动的创造物。人民群众是文化的创造主体，社会中的一切物质文化和精神文化都是广大人民群众通过劳动创造出来的。习近平总书记指出，只要我们始终坚持为了人民、依靠人民，尊重人民群众主体地位和首创精神，把人民群众中蕴藏着的智慧和力量充分激发出来，就一定能够不断创造出更多令人刮目相看的人间奇迹。在文化建设方面也是如此。

4. 习近平总书记关于文化的重要论述的时代意义及实践价值

（1）习近平总书记关于文化的重要论述的时代意义。

第一，在全面建设社会主义现代化国家新征程的路上，我们必须以习近平总书记关于文化的重要论述为指导，以更坚定的历史主动精神，不断推进文化自信自强，大力发展文化事业、文化产业，不断激发全民族文化创新创造活力，夯实社会主义文化强国的根基，增强实现中华民族伟大复兴的精神力量。

第二，习近平总书记关于文化的重要论述深刻揭示了中国特色社会主义文化建设对促进文化繁荣发展，引领物质文明和精神文明相协调的现代化的重大意义；揭示了文化建设对推动实现全体人民共同富裕的现代化的重大意义；揭示了文化建设对促进人的现代化和人的全面发展的重大意义；揭示了文化建设对增强国家文化软实力和增强综合国力的重大意义。因此，党的二十大报告明确提出“推进文化自信自强，铸就社会主义文化新辉煌”的重大任务。

第三，坚持中国特色社会主义文化发展道路，是建设社会主义文化强国的根本路径。中国特色社会主义文化发展道路也为推进中国式现代化奠定了文化基础。

第四，坚定文化自信的重大历史意义和时代意义。习近平总书记关于文化的重要论述，突出强调坚定文化自信的重大意义，明确指出，文化是一个国家、一个民族的灵魂。文化兴国运兴，文化强民族强。没有高度的文化自信，没有文化的繁荣兴盛，就没有中华民族伟大复兴。

（2）习近平总书记关于文化的重要论述对中国特色社会主义文化建设的实践指导价值。

第一，坚持党对文化建设的全面领导，是中国特色社会主义文化根本性质的内在要求，是文化高质量发展的必要前提，是建设社会主义文化强国的根本保障。

第二，坚持马克思主义，特别是坚持习近平新时代中国特色社会主义思想对文化建设的指导地位。党的二十大报告指出，我们要坚持马克思主义在意识形态领域指导地位的根本制度，坚持为人民服务、为社会主义服务，坚持百花齐放、百家争鸣，坚持创造性转化、创新性发展，以社会主义核心价值观为引领，发展社会主义先进文化，弘扬革命文化，传承中华优秀传统文化，满足人民日益增长的精神文化需求，巩固全党全国各族人民团结奋斗的共同思想基础，不断提升国家文化软实力和中华文化影响力。

第三，坚持社会主义核心价值观对文化建设的引领。习近平总书记指出，核心价值观是文化软实力的灵魂、文化软实力建设的重点。社会主义核心价值观植根于中华文化沃土，熔铸于我们党领导人民长期奋斗的伟大实践，是社会主义先进文化的精髓，是当代中国精神的集中体现，

考试笔记

考试笔记

凝结着全体人民共同的价值追求，昭示着中国特色社会主义发展方向和光明前景。

第四，加强社会主义意识形态建设。意识形态决定文化前进方向和发展道路。我们要建设具有强大凝聚力和引领力的社会主义意识形态，使全体人民在理想信念、价值理念、道德观念上紧紧团结在一起。社会主义意识形态是中国特色社会主义文化的核心内容，为推进文化强国建设提供了坚强有力的根本思想保障，发挥着至关重要的引领作用。

第五，正确处理建设中国特色社会主义文化和弘扬中华优秀传统文化的关系。建设中国特色社会主义文化必须继承和弘扬中华优秀传统文化，以马克思主义为指导，挖掘提炼中华优秀传统文化中的民族精神、当代价值，以中华优秀传统文化为源头活水和力量之源，加强推动中国特色社会主义文化建设，坚持对中华优秀传统文化进行创造性转化、创新性发展，根据时代和人民的需要将其精华部分创造性转化为中国特色社会主义文化的有机组成部分。

第六，正确处理建设中国特色社会主义文化与外来文化的关系。习近平总书记强调，文明因交流而多彩，文明因互鉴而丰富。中华文明是在中国大地上产生的文明，也是在与其他文明不断交流互鉴的过程中逐渐丰富、成熟、壮大的文明。世界不同文化互相开放、互相交流、互相吸收、互相补充，是人类文明发展的内在要求和客观规律，大胆吸收借鉴人类创造的一切优秀文明成果，为中华文化不断提供有益养料，才能铸就中华文化新的辉煌。

第七，坚持以人民为中心的发展思想，把满足人民日益增长的精神文化需求作为文化建设的出发点和落脚点。我们党始终坚持以人民为中心的发展思想，始终坚持发展为了人民、发展依靠人民、发展成果由人民共享的方针。党的二十大报告指出，中国式现代化是物质文明和精神文明相协调的现代化。物质富足、精神富有是社会主义现代化的根本要求。

第八，建设具有主体性、原创性的中国特色哲学社会科学。中国特色哲学社会科学是中国特色社会主义文化的重要组成部分。习近平总书记指出，我们的哲学社会科学有没有中国特色，归根到底要看有没有主体性、原创性。当代中国哲学社会科学的历史使命，就是建设具有主体性、原创性的中国特色哲学社会科学。当前，我们要加快构建中国特色哲学社会科学学科体系、学术体系和话语体系，赋予哲学社会科学以新的思想内涵、时代内涵和文明内涵。

考试笔记

考点2

习近平关于文艺的重要论述

党的十八大以来，习近平总书记以深邃的历史眼光、宽广的时代视野、深厚的为民情怀、博大的天下胸襟，就做好新时代文艺工作发表了一系列重要论述，提出了一系列明确要求，深刻阐明了新时代文艺工作的一系列重大问题。习近平总书记关于做好新时代文艺工作的重要论述和要求，是指引和激励广大文艺工作者在新的历史起点上扬帆击楫的行动纲领，也是推动新时代文艺事业繁荣发展、展示中国文艺新气象、铸就中华文化新辉煌的科学指南。

深入理解习近平总书记关于做好新时代文艺工作的重要论述和重要要求，可以从时代高度、立场态度、中心任务、人才支撑四个维度具体把握。

1. 时代高度：立足新时代中国的具体实际，深刻把握实现中华民族伟大复兴的时代课题

“文变染乎世情，兴废系乎时序。”站在时代高度上，充分认识文艺与时代的关系，以历史主动精神深刻把握实现中华民族伟大复兴的时代课题，是做好新时代文艺工作的基本出发点。

（1）充分认识文艺与时代的关系。文艺来源于时代，是时代的反映。唯物史观认为，社会存在决定社会意识，社会意识是社会存在的反映。“时运交移，质文代变。”作为观念形态的文艺作品，其思想内容和艺术形式必然与特定历史时代密切相关，是所处时代的突出反映。文艺创作领域长久以来倡导的“史诗”观念，也正是从这一意义上生发而来。

正如习近平总书记所指出的，“文艺是时代前进的号角，最能代表一个时代的风貌”，“反映时代是文艺工作者的使命”。纵观人类社会的

考试笔记

每一次跃进，人类文明的每一次升华，无一不伴随着文艺的历史性进步。中外历史上的优秀文艺作品，无一不是因时而兴、与时偕行。它们之所以能够在大浪淘沙中经久不衰，正是因为记录和传达了所处时代的风云潮汐与人世悲欢，成为那个时代社会生活和精神面貌的真实写照。

习近平总书记指出，“一个民族的复兴需要强大的物质力量，也需要强大的精神力量。没有先进文化的积极引领，没有人民精神世界的极大丰富，没有民族精神力量的不断增强，一个国家、一个民族不可能屹立于世界民族之林”。因此，在实现中华民族伟大复兴的征程中，必须正确认识和充分发挥文艺引领时代的积极作用。

（2）新时代新征程是当代中国文艺的历史方位。党的十八大以来，中国特色社会主义进入新时代，这是我国发展新的历史方位。习近平总书记指出，“中国特色社会主义新时代是中国人民在新的考验和挑战中创造光明未来的时代，也是中国人民拼搏奋斗创造美好生活的时代”。在新时代，中国共产党领导全国各族人民如期实现了第一个百年奋斗目标，现在正意气风发踏上新征程，向着全面建设社会主义现代化国家、实现中华民族伟大复兴的第二个百年奋斗目标迈进。新时代新征程是当代中国文艺新的历史方位，为广大文艺工作者提供了更为广阔的舞台。广大文艺工作者拥有着充沛的灵感来源和丰富的创作素材。恰如习近平总书记所指出的，“历史变化如此深刻，社会进步如此巨大，人们的精神世界如此活跃，为文艺发展提供了无尽的矿藏”。

对于在新的历史方位上推动文艺事业繁荣发展，习近平总书记用铿锵有力的话语强调，新时代需要文艺大师，也完全能够造就文艺大师！新时代需要文艺高峰，也完全能够铸就文艺高峰！我们要坚定这个自信！

（3）树立大历史观、大时代观，心系民族复兴伟业。“登高使人心旷，临流使人意远。”新时代的文艺工作者必须胸怀“国之大者”，才能创造出无愧于时代的精品佳作。习近平总书记指出，广大文艺工作者要“眼纳千江水、胸起百万兵”，“树立大历史观、大时代观”，“心系民族复兴伟业”。大历史观、大时代观如同纵横交织的经纬线，标注出新时代文艺工作的基准坐标。

树立大历史观，需要透过长远的时段看清历史。习近平总书记高度重视历史的作用，明确指出文艺工作者必须具备“历史感”，要有“史识、史才、史德”，牢固树立大历史观。

树立大历史观，一是要从长时段中深刻认识我们的国家和民族从哪里来、到哪里去。只有知所从来，才能明所去处。习近平总书记指出，“我们对于时间的理解，不是以十年、百年为计，而是以百年、千年为计”。文艺只有在这样的长时段中与历史对话才能找准今天的位置。文艺工作者要站在党的百年奋斗史、中国近现代史、中华文明史、世界社会主义运动史、人类发展史的高度，正确认识我们的国家与民族，正确认识所处的时代，正确认识文艺的发展方向。二是要从过去、现在、未来的联系中看清历史方位。古今须臾，四海一瞬。无限的过去总是以现在为归宿，无限的未来必然以现在为渊源。大历史观要求文艺工作者运用联系的观点，用历史映照现实、远观未来，不仅看到脚下的路，还要望向历史的纵深与延长，从而清醒、清楚、清晰地认知所处的历史方位。三是要在总结历史经验、把握历史规律、顺应历史大势中开创未来，树立正确历史观。习近平总书记多次强调，“历史发展有其规律”，“要把握住历史发展大势”。他还明确指出，“只有树立正确历史观，尊重历史、按照艺术规律呈现的艺术化的历史，才能经得起历史的检验，才能立之当世，传之后人”。这就要求广大文艺工作者必须深刻把握历史发展的主题主线、主流本质，正确评价历史事件、历史人物，深刻总结历史经验、历史警示，始终站在历史正确的一边，在明晰历史大势中面向未来，在顺应历史规律中开拓前进。

树立大时代观，需要以宽阔的视野洞察时代。习近平总书记在回答当前“为什么要高度重视文艺和文艺工作”这一问题时明确指出：“这个问题，首先要放在我国和世界发展大势中来审视。”也就是说，文艺工作必须立足中华民族伟大复兴战略全局和世界百年未有之大变局，把握住民族复兴这一时代课题。

实现中华民族伟大复兴，是中华民族近代以来最伟大的梦想。100多年前，一批怀揣着救国理想的先进青年掀起的新文化运动和五四运动，点亮了民族思想启蒙的灯塔。100多年后的今天，我们比历史上任何时期都更接近实现中华民族伟大复兴的目标，比历史上任何时期都更有信心、有能力实现这个目标。然而，我们必须清醒认识到，当今世界正经历百年未有之大变局，新冠疫情全球大流行使这个大变局

考试笔记

加速变化，国际形势的不稳定性不确定性明显增加，世界进入新的动荡变革期，与此同时，实现中华民族伟大复兴也处于关键时期。机遇和挑战的并存，要求我们必须善于在危机中育先机、于变局中开新局。

广大文艺工作者只有从民族复兴的宏大视角出发，立足新时代中国的实际，才能意识到时代之新、责任之大，才能对自己的使命和任务拥有清晰的定位和自觉，才能从现实的纷繁复杂中辨析时代的足音，从生活的静水深流中窥见时代的波澜，倾心书写这伟大的时代与时代的伟大。

2. 立场态度：坚持以人民为中心的创作导向

为什么人的问题，是文艺的根本问题。社会主义文艺，从本质上讲，就是人民的文艺。习近平总书记指出："源于人民、为了人民、属于人民，是社会主义文艺的根本立场，也是社会主义文艺繁荣发展的动力所在。"做好新时代文艺工作，必须坚持人民立场，高扬人民性，坚持以人民为中心的创作导向。

（1）文艺源于人民。"问渠那得清如许？为有源头活水来。"人民就是文艺创作的"源头活水"。习近平总书记明确指出，"人民是文艺之母"，"文艺创作方法有一百条、一千条，但最根本、最关键、最牢靠的办法是扎根人民、扎根生活"。

人民生活蕴含文艺创作的宝贵矿藏。习近平总书记强调："生活就是人民，人民就是生活。"人民生活蕴藏着文学艺术取之不尽、用之不竭的丰沛源泉。在人民的壮阔奋斗中，随处可见创造历史的跃动篇章。走入生活、贴近人民，是文艺创作的基本态度。能否读懂人民生活这本大书，决定着文艺作品的视野广度、思想深度、精神厚度。一切有抱负、有追求的文艺工作者都应走出方寸天地，直面当下中国人民的生存现实，从人民火热而生动的实践中，把握生活的本质，感受人民的情感，体察生命的真谛。唯其如此，文艺创作才能具有永恒的力量。

文艺工作者必须具备提炼生活的能力。习近平总书记指出，以高于生活的标准来提炼生活，是文艺创作的基本能力。广大文艺工作者只有在吃透人民生活本质的基础上，不断运用文字、色彩、声音、图像等对人民生活中的形象、故事进行想象与加工、创造与升华，才能创作出源于生活又高于生活的优秀作品。

正如习近平总书记所言，社会的色彩有多么斑斓，文艺作品的色

考试笔记

彩就应该有多么斑斓；社会的情境有多么丰富，文艺作品的情境就应该有多么丰富；社会的韵味有多么淳厚，文艺作品的韵味就应该有多么淳厚。需要注意的是，提炼生活要尊重生活、扎根生活、客观反映生活，不能脱离生活、天马行空地凭空臆造，更不能虚构人民、调侃人民、丑化人民。

（2）文艺为了人民。文艺为了人民，是社会主义文艺的价值原点。切实做到文艺为人民的基本要求，一方面要充分满足人民需求，另一方面要真诚热爱人民。

文艺要满足人民需求。“人民的需要是文艺存在的根本价值所在。”文艺为了人民，就是文艺工作要把满足人民精神文化需求作为出发点和落脚点。文艺只有顺应人民意愿、满足人民需求、回应人民关切，才能得到广大人民的认可。习近平总书记在给内蒙古自治区苏尼特右旗乌兰牧骑队员们的回信中曾写道，乌兰牧骑的长盛不衰表明，人民需要艺术，艺术也需要人民。一代代乌兰牧骑队员之所以为人民所铭记，正是因为他们坚持以天为布、以地为台，从人民中来、到人民中去。

文艺为人民的重要前提，就是文艺要热爱人民。习近平总书记指出，有没有感情，对谁有感情，决定着文艺创作的命运。文艺工作者如果不能对人民怀抱深厚的情感，那么他就始终是一个旁观者、一个局外人，无法创作出感动当时、传之后世的经典作品。

回望我国文艺的灿烂星河，久传不息的名篇佳作都充满着对人民悲欢的深挚关切。习近平总书记强调，热爱人民不是一句口号，要有深刻的理性认识和具体的实践行动。人民不是抽象的符号，而是具体个人的集合，每个人都有梦想、有爱恨、有血肉。这就要求广大文艺工作者做到“身入”“心入”“情入”，从平凡中发现伟大，从质朴中发现崇高，创造出文质兼美的人民史诗。

（3）文艺属于人民。文艺归根结底属于人民，人民是文艺的阅卷人。文艺创作的根本指向就是让人民拥有更多幸福感、获得感。检验文艺工作的根本标准，就是人民满意不满意、赞成不赞成、答应不答应。

文艺的优劣由人民来评价。“人民既是历史的创造者，也是历史的见证者；既是历史的‘剧中人’，也是历史的‘剧作者’。”文艺作品在深刻影响人民的同时，也接受着人民的检验。人民是一切文艺作品最根

考试笔记

本的鉴赏者、评判者。习近平总书记指出，文艺批评是文艺创作的一面镜子、一剂良药，是引导创作、多出精品、提高审美、引领风尚的重要力量。广大人民群众善于运用历史的、人民的、艺术的、美学的观点来评判和鉴赏文艺作品，对文艺作品的优劣有着清晰客观的判断。因此，只有那些真正有筋骨、有道德、有温度的优秀作品，才能留在人民心中，才能在历史长河中获得应有的荣光。

3. 中心任务：用守正创新的精品力作培根铸魂

“衡量一个时代的文艺成就最终要看作品，衡量文学家、艺术家的人生价值也要看作品。”优秀文艺作品反映着一个国家和民族文化创新创造的能力。因此，习近平总书记强调，“必须把创作生产优秀作品作为文艺工作的中心环节”，“把提高质量作为文艺作品的生命线”。那么，如何创作出精品力作？重点需要把握以下三个方面。

（1）把中国精神作为社会主义文艺的灵魂。习近平总书记明确指出，中国精神是社会主义文艺的灵魂。精神是一个民族赖以长久生存的灵魂，唯有精神上达到一定高度，这个民族才能在历史的洪流中屹立不倒、奋勇向前。社会主义文艺只有以中国精神为灵魂，才能更好承担起成风化人、培根铸魂的重要使命。那么，文艺作品应如何呈现中国精神？可从中国精神的集中体现与中国精神的特质两个方面进行把握。

生动活泼地展现社会主义核心价值观。习近平总书记明确指出，社会主义核心价值观是当代中国精神的集中体现。因此，创作具有中国精神的优秀文艺作品，必须将社会主义核心价值观贯穿始终。正如习近平总书记所强调的，“要把培育和弘扬社会主义核心价值观作为根本任务，坚定不移用中国人独特的思想、情感、审美去创作属于这个时代，又有鲜明中国风格的优秀作品”。

他还特别指出，要把社会主义核心价值观“生动活泼、活灵活现地体现在文艺创作之中，用栩栩如生的作品形象告诉人们什么是应该肯定和赞扬的，什么是必须反对和否定的，做到春风化雨、润物无声”。

（2）学古不泥古，破法不悖法。“诗文随世运，无日不趋新。”创新是文艺的生命，也是文艺工作者攀登文艺高峰的不二法门。广大文艺工作者要勇于自我革命，既要有学习前人的礼敬之心，又要有超越前人的竞胜之心，在守正创新中开拓文艺事业新天地。

考试笔记

推动中华优秀传统文化创造性转化和创新性发展。中华优秀传统文化是中华民族的精神命脉，是当代中国文艺的重要根基，是中国文艺得以持续创新的独特宝藏。它所蕴含的思想观念、人文精神、道德规范对于当代文艺创作的价值导向具有重要指引作用，它所积淀的中华美学精神和审美风范可以为当代文艺的审美追求提供重要启发。

中华优秀传统文化是广大文艺工作者割舍不断的心灵故乡。文艺创作必须从中华优秀传统文化中汲取智慧和力量，才能薪火相传、行有所归。但继承传统不是故步自封、陈陈相因，而是与时俱进、推陈出新，推动中华优秀传统文化创造性转化和创新性发展。广大文艺工作者要立足中华优秀传统文化的沃土，从这一丰富矿藏中提炼素材、获取灵感，将其中与当代中国相契合、具有时代价值的优秀成分挖掘和提炼出来，并对其进行深入加工与精心创作，“以古人之规矩，开自己之生面”。

推动各种文艺表达切磋互鉴。习近平总书记指出，文艺创作是观念和手段相结合、内容和形式相融合的深度创新，是各种艺术要素和技术要素的集成，是胸怀和创意的对接。文艺创作的复杂性、多样性需要各种向上的文艺表达共存共荣、切磋互鉴。“若无新变，不能代雄。”

（3）以艺通心，弘扬全人类共同价值。文艺作为一种独特的文化交流方式，在国际交往和传播中具有不可替代的作用。中华民族自古以来就有“远人不服，则修文德以来之”的说法。习近平总书记在外交场合也经常通过谈论外国经典、引用外国名句，拉近与国外受众之间的距离。他曾明确表示，文艺是世界语言，谈文艺，其实就是谈社会、谈人生，最容易相互理解、沟通心灵。

这就要求广大文艺工作者以深远的目光、博大的胸襟、自信的态度，向着人类精神世界的更深处探寻，在坚守中华文化立场的基础上，为世界文化繁荣发展与人类文明进步提供不竭动力与精神滋养。

坚守中华文化立场。“文艺的民族特性体现了一个民族的文化辨识度。”弘扬全人类共同价值，必须以坚守中华文化立场为基础。历史和现实不断证明，一个抛弃或者背叛自己历史文化的民族，不可能发展起来。当今时代，世界范围内文化碰撞日益加剧，构成了对不同国家和民族的艰巨考验。然而，“越是全球化，越要坚守民族文化的根性和本位，越要坚持民族文化的自觉和自信，越要捍卫民族精神的团结和强健”。

考试笔记

正如习近平总书记所说，中华文化既是历史的，也是当代的；既是民族的，也是世界的。只有扎根脚下这块生于斯、长于斯的土地，文艺才能接住地气、增加底气、灌注生气，在世界文化激荡中站稳脚跟。

各个国家、各个民族都有自己独特的历史传统、文化积淀、社会心理，但它们对美好生活的向往具有高度的契合性，也最容易引起广泛共鸣。广大文艺工作者要站在构建人类命运共同体的高度，从中国式现代化道路、人类文明新形态中挖掘素材，为世界提供中国智慧、中国力量、中国价值，让中国故事成为打破国与国边界、人与人隔阂、心与心壁垒的良性助推剂。正如习近平总书记所言，中国人民不仅将为人类贡献新的发展模式、发展道路，而且将把自己在文化创新创造中取得的成果奉献给世界。

4. 人才支撑：培养造就德艺双馨的高素质文艺工作者

“功以才成，业由才广。”人才是第一资源。文艺之所以能给人以价值引导、精神引领、审美启迪，文艺工作者自身的道德水平、思想水平、业务水平，在其中起着至关重要的作用。习近平总书记深刻指出，在新的历史时期，要树立强烈的人才意识，寻觅人才求贤若渴，发现人才如获至宝，举荐人才不拘一格，使用人才各尽其能。因此，做好新时代文艺工作，必须聚焦人才队伍建设，努力锻造一支自觉坚守从艺初心，追求德艺双馨的高素质文艺人才队伍。为此，需要重点做到以下三点。

（1）树人先铸己。文艺是铸造灵魂的工程。文艺工作者要塑造人心，必先塑造自己。习近平总书记强调，立德树人的人，必先立己；铸魂培根的人，必先铸己。他还对广大文艺工作者提出了“有信仰、有情怀、有担当”的明确要求。

有信仰。“志高则言洁，志大则辞弘，志远则旨永。”理想信念是指引人生事业前进的灯塔。时代可以变迁，理想不可缺失；年华可以老去，信仰之树常青。有了坚定信仰，站位才能更高，眼界才能更宽，才情才能更盛。然而，崇高的信仰不会自然而然产生，必须有科学理论的指导。

有情怀。文艺作品是文艺工作者学养、涵养、修养的共同体现，是襟怀和学识的贯通、道德和才情的交融。德优者始能怀远，才大者始能博见。养德和修艺历来就是密不可分的。文艺工作者拥有高尚追求、博大胸怀、精湛技艺，才会创作出刚健豪迈、自信自强的文艺作品。

有担当。“铁肩担道义，妙手著文章。”高尚的人格修为，必然包含强烈的社会责任感。广大文艺工作者要自觉承担起举旗帜、聚民心、育新人、兴文化、展形象的使命任务，“自觉抵制不分是非、颠倒黑白的错误倾向，自觉摒弃低俗、庸俗、媚俗的低级趣味，自觉反对拜金主义、享乐主义、极端个人主义的腐朽思想”，涵养高尚的职业操守，树立良好的社会形象，努力做到“胸中有大义、心里有人民、肩头有责任、笔下有乾坤”。

（2）下真功夫，练真本领。文艺创作是艰辛的创造性工作。每一部优秀作品的诞生，都离不开汗水的灌溉与心血的浇筑。广大文艺工作者必须下真功夫、练真本领，才能求得真名声、留下真作品。

力戒浮躁。许多文艺工作者反映，当前文艺最突出的问题就是浮躁。一些文艺从业者受金钱利益的驱使，只想走捷径、求速成、逐虚名，这种现象不仅会误导创作，还会导致“劣币驱逐良币”。人类文艺发展史不断证明，那些叫得响、传得开、留得住的文艺精品，都是远离浮躁、不慕荣利得来的。习近平总书记在鼓励广大文艺工作者潜心创作之时指出，大凡伟大的作家、艺术家，都有一个渐进、渐悟、渐成的过程。

（3）用高尚的文艺引领社会风尚。文艺工作者的德行修养对整个文艺生态、社会风尚都具有重要影响。优秀的文艺工作者必须珍惜自己的社会影响，认真考虑作品的社会效果，努力营造山清水秀、天朗气清的文艺生态。

将文艺的社会效益放在首位。习近平总书记指出，一部好的作品，应该是经得起人民评价、专家评价、市场检验的作品，应该是把社会效益放在首位，同时也应该是社会效益和经济效益相统一的作品。优秀的文艺作品，一定是将社会价值、社会效益放在首位的作品。当经济效益和社会效益发生冲突时，经济效益要服从社会效益。

强调文艺的社会效益，不是要忽视文艺的经济效益，而是要求得二者的和谐统一。习近平总书记明确提出，优秀的文艺作品，最好是既能在思想上、艺术上取得成功，又能在市场上受到欢迎。这就要求广大文艺工作者在市场经济大潮中始终以社会效益为先，合理追求经济效益，不为一时之利而摇，不为一时之誉而惑。

考试笔记

考试笔记

“当代中国，江山壮丽，人民豪迈，前程远大。”时代的使命召唤文艺，时代的责任浇筑文艺。习近平总书记关于做好新时代文艺工作的系列重要论述和重要要求，深刻阐明了新时代新征程上文艺工作者肩负的重大使命，深刻指明了新时代文艺工作的努力方向和工作重点，丰富和发展了马克思主义文艺观。

第五节　两个确立、四个意识、四个自信、两个维护

考点1

“两个确立”的决定性意义

党确立习近平同志党中央的核心、全党的核心地位，确立习近平新时代中国特色社会主义思想的指导地位，反映了全党全军全国各族人民的共同心愿，对新时代党和国家事业发展、对推进中华民族伟大复兴历史进程具有决定性意义。当前，全面学习、全面把握、全面落实党的二十大精神，一步一个脚印把党的二十大作出的重大决策部署付诸行动、见之于成效，必须深刻领悟“两个确立”的决定性意义。

1. 新时代十年伟大变革的决定性因素

党的十八大以来，以习近平同志为核心的党中央团结带领全党全国各族人民攻克了许多长期没有解决的难题，办成了许多事关长远的大事要事，推动党和国家事业取得历史性成就、发生历史性变革。新时代十年的伟大变革，在党史、新中国史、改革开放史、社会主义发展史、中华民族发展史上具有里程碑意义。党的二十大通过的《中国共产党第二十次全国代表大会关于十九届中央委员会报告的决议》（以下简称《决议》）提出：“新时代十年的伟大变革，是在以习近平同志为核心的党中央坚强领导下、在习近平新时代中国特色社会主义

思想指引下全党全国各族人民团结奋斗取得的。”“两个确立”是党在新时代取得的重大政治成果，是推动党和国家事业取得历史性成就、发生历史性变革的决定性因素。

考试笔记

新时代十年是创造一个又一个人间奇迹的十年。经济实力实现历史性跃升，经济总量稳居世界第二位，制造业规模、外汇储备稳居世界第一，一些关键核心技术实现突破，战略性新兴产业发展壮大……细数这十年，我们党紧紧依靠人民，稳经济、促发展，战贫困、建小康，控疫情、抗大灾，应变局、化危机，攻克了一个个看似不可攻克的艰难险阻，创造了一个个令人刮目相看的人间奇迹，党和国家事业取得历史性成就、发生历史性变革，推动我国迈上全面建设社会主义现代化国家新征程。一个又一个人间奇迹的创造，根本在于有习近平总书记作为党中央的核心、全党的核心掌舵领航，在于有习近平新时代中国特色社会主义思想科学指引。

新时代十年是经受住一个又一个严峻挑战的十年。习近平总书记指出：“十年来，我们遭遇的风险挑战风高浪急，有时甚至是惊涛骇浪，各种风险挑战接踵而至，其复杂性严峻性前所未有。我们坚定信心、迎难而上，一仗接着一仗打。”党的十八大以来，在以习近平同志为核心的党中央坚强领导下、在习近平新时代中国特色社会主义思想科学指引下，我们经受住了来自政治、经济、意识形态、自然界等方面的风险挑战考验。比如，经过坚决斗争，管党治党宽松软状况得到根本扭转，反腐败斗争取得压倒性胜利并全面巩固，消除了党、国家、军队内部存在的严重隐患；面对风高浪急的国际环境和艰巨繁重的国内改革发展稳定任务，我国经济发展平衡性、协调性、可持续性明显增强，我国经济迈上更高质量、更有效率、更加公平、更可持续、更为安全的发展之路；着力解决意识形态领域党的领导弱化问题，意识形态领域形势发生全局性、根本性转变；有力应对地震、洪水、干旱、山火等一系列重大自然灾害；开展抗击疫情人民战争、总体战、阻击战，统筹疫情防控和经济社会发展取得重大积极成果；等等。这一仗接一仗的胜利，无一不是在习近平总书记亲自领导、亲自部署、亲自指挥下取得的，无一不是在习近平新时代中国特色社会主义思想指引下统一思想、凝聚力量取得的。

考试笔记

2. 全党全军全国各族人民的共同心愿

历史告诉我们，民心是最大的政治，决定事业兴衰成败。之所以说“两个确立”是新时代十年伟大变革的决定性因素，归根到底是因为“两个确立”反映了全党全军全国各族人民共同心愿，由此汇聚起推动新时代党和国家事业发展、推进中华民族伟大复兴历史进程的磅礴力量。

一个国家、一个政党，领导核心至关重要。在革命早期，党的事业屡遭挫折甚至面临失败危险，重要原因就在于没有形成一个成熟的党中央。遵义会议事实上确立了毛泽东同志在党中央和红军的领导地位，开始确立以毛泽东同志为主要代表的马克思主义正确路线在党中央的领导地位，开始形成以毛泽东同志为核心的党的第一代中央领导集体。从此，中国革命事业转危为安，不断从胜利走向胜利。邓小平同志指出：“任何一个领导集体都要有一个核心，没有核心的领导是靠不住的。”改革开放以来的实践告诉我们，坚持党中央集中统一领导，坚持党的民主集中制，必须有党中央的核心、全党的核心，否则就会出现党的领导弱化、虚化、淡化、边缘化等问题。党的十八大以来，中国特色社会主义进入新时代。习近平总书记以马克思主义政治家、思想家、战略家的非凡理论勇气、卓越政治智慧、强烈使命担当，应时代之变迁、立时代之潮流、发时代之先声，作出一系列重大科学判断，成为指引全党全国各族人民前进方向的领路人。在党的十八届六中全会文件征求意见过程中，地方和部门以及军队都希望这次全会明确习近平总书记为党中央的核心、全党的核心。在党的十八届六中全会上，中央委员会同志一致赞成正式提出“以习近平同志为核心的党中央”，一致认为党的十八大以来的实践充分证明，习近平总书记作为党中央的核心、全党的核心是众望所归、当之无愧、名副其实；一致表示明确习近平总书记的核心地位，反映了全党的共同意志，反映了全党全军全国各族人民的共同心愿。党的十九大把习近平总书记党中央的核心、全党的核心地位写入党章。党的二十大习近平同志再次当选中央委员会总书记，反映了全党全国各族人民的共同心愿，表达了全党全国各族人民对习近平总书记的衷心拥戴，体现了全党全国各族人民坚定拥护“两个确立”的政治自觉。

人民群众的实践是改造世界的根本力量，但如果没有正确的指导思想,实践活动就可能迷失方向。当今世界正经历百年未有之大变局,我国正处于实现中华民族伟大复兴的关键时期,坚持和发展中国特色社会主义理论和实践提出了大量亟待解决的新问题。以习近平同志为主要代表的中国共产党人,坚持把马克思主义基本原理同中国具体实际相结合、同中华优秀传统文化相结合,紧密结合新的时代条件和实践要求,科学回答新时代坚持和发展什么样的中国特色社会主义、怎样坚持和发展中国特色社会主义,建设什么样的社会主义现代化强国、怎样建设社会主义现代化强国,建设什么样的长期执政的马克思主义政党、怎样建设长期执政的马克思主义政党等重大时代课题,创立了习近平新时代中国特色社会主义思想。党的十八大以来的实践证明,习近平新时代中国特色社会主义思想是当代中国马克思主义、二十一世纪马克思主义,是中华文化和中国精神的时代精华,是党和人民实践经验和集体智慧的结晶,是全党全国人民为实现中华民族伟大复兴而奋斗的行动指南,必须长期坚持并不断发展。因此,党的十九大把习近平新时代中国特色社会主义思想写入党章并确立为党的行动指南。实践已经证明并将继续证明,有习近平新时代中国特色社会主义思想的科学指引,新时代党和国家事业就能不断发展,中华民族伟大复兴历史进程就能全面推进。

考试笔记

3. 新时代新征程最紧要的任务

党的二十大是在全党全国各族人民迈上全面建设社会主义现代化国家新征程、向第二个百年奋斗目标进军的关键时刻召开的一次十分重要的大会。《决议》指出:“新时代新征程上把中国特色社会主义事业推向前进,最紧要的是深刻领悟‘两个确立’的决定性意义,增强‘四个意识’、坚定‘四个自信’、做到‘两个维护’,自觉在思想上政治上行动上同以习近平同志为核心的党中央保持高度一致。”新时代新征程,坚持和发展中国特色社会主义,全面建设社会主义现代化国家,必须更加自觉地抓好这一最紧要的任务。

全面建设社会主义现代化国家,是一项伟大而艰巨的事业,前途光明,任重道远。当前,世界百年未有之大变局加速演进,世纪疫情影响深远,世界进入新的动荡变革期。我国发展进入战略机遇和风险挑战并存、不确定难预料因素增多的时期,各种“黑天鹅”“灰犀牛”

考试笔记

事件随时可能发生。如同大海航行要有敢于和善于迎风破浪前进的舵手，要有全天候的罗盘指南一样，面对新征程上难以避免的风高浪急甚至惊涛骇浪，我们更要深刻领悟“两个确立”的决定性意义，坚决做到“两个维护”。

新时代新征程要坚决维护习近平总书记党中央的核心、全党的核心地位。广大党员干部要不断增强维护习近平总书记党中央的核心、全党的核心地位的思想自觉、政治自觉、行动自觉，真正做到情感上衷心爱戴核心、思想上高度认同核心、政治上坚决维护核心、组织上自觉服从核心、行动上紧紧跟随核心。要坚持和加强党中央集中统一领导，完善党中央重大决策部署落实机制，确保全党在政治立场、政治方向、政治原则、政治道路上同以习近平同志为核心的党中央保持高度一致,在党的旗帜下团结成“一块坚硬的钢铁”,步调一致向前进。

新时代新征程要全面贯彻习近平新时代中国特色社会主义思想。要坚持以习近平新时代中国特色社会主义思想指导我国社会主义现代化建设和党的建设新的伟大工程。要坚持不懈用习近平新时代中国特色社会主义思想凝心铸魂，坚持学思用贯通、知信行统一，把握好习近平新时代中国特色社会主义思想的世界观和方法论，坚持好、运用好贯穿其中的立场观点方法，切实将其转化为坚定理想、锤炼党性和指导实践、推动工作的强大力量。

考点2

增强“四个意识”的基本内容和重要意义

“四个意识”是指全体党员要有政治意识、大局意识、核心意识、看齐意识。这是习近平总书记在 2016 年 1 月 29 日的中共中央政治局会议上正式提出的。政治意识要求从政治上看待、分析和处理问题；大局意识要求从大局上看问题，做到正确认识大局、自觉服从大局、坚决维护大局；核心意识要求在思想上认同核心、在政治上围绕核心、在组织上服从核心、在行动上紧跟核心；看齐意识要求向党中央

考试笔记

看齐，向党的理论和路线方针政策看齐，向党中央决策部署看齐。

“四个意识”集中体现了根本的政治方向、政治立场、政治要求，是检验党员、干部政治素养的基本标准。牢固树立“四个意识”，对于全党团结一心，对于保证党和国家兴旺发达、长治久安，具有十分重大的意义。

2016年1月29日，习近平总书记在中共中央政治局会议上指出，只有增强政治意识、大局意识、核心意识、看齐意识，自觉在思想上政治上行动上同党中央保持高度一致，才能使我们党更加团结统一、坚强有力，始终成为中国特色社会主义事业的坚强领导核心。在庆祝中国共产党成立95周年大会上，他再次强调，全党同志要增强政治意识、大局意识、核心意识、看齐意识，切实做到对党忠诚、为党分忧、为党担责、为党尽责。

为了从制度上维护党的集中统一领导，在对党的十八大后全面从严治党经验总结的基础上，2016年10月27日，党的十八届六中全会通过了《关于新形势下党内政治生活的若干准则》，特别强调要坚决维护党中央权威，规定全党必须牢固树立政治意识、大局意识、核心意识、看齐意识，自觉在思想上政治上行动上同党中央保持高度一致。这就将增强“四个意识”作为对全体党员的要求，写进了党内法规，成为必须遵守的准则。

考点3

坚定“四个自信”的基本内容和重要意义

习近平总书记在庆祝中国共产党成立95周年大会上的讲话中指出，坚持不忘初心、继续前进，就要坚持中国特色社会主义道路自信、理论自信、制度自信、文化自信，坚持党的基本路线不动摇，不断把中国特色社会主义伟大事业推向前进。

方向决定道路，道路决定命运。中国特色社会主义不是从天上掉下来的，是党和人民历尽千辛万苦、付出巨大代价取得的根本成就。

考试笔记

中国特色社会主义，既是我们必须不断推进的伟大事业，又是我们开辟未来的根本保证。

全党要坚定道路自信、理论自信、制度自信、文化自信。当今世界，要说哪个政党、哪个国家、哪个民族能够自信的话，那中国共产党、中华人民共和国、中华民族是最有理由自信的。有了“自信人生二百年，会当水击三千里”的勇气，我们就能毫无畏惧面对一切困难和挑战，就能坚定不移开辟新天地、创造新奇迹。

我们要坚信，中国特色社会主义道路是实现社会主义现代化的必由之路，是创造人民美好生活的必由之路。我们要坚信，中国特色社会主义理论体系是指导党和人民沿着中国特色社会主义道路实现中华民族伟大复兴的正确理论，是立于时代前沿、与时俱进的科学理论。我们要坚信，中国特色社会主义制度是当代中国发展进步的根本制度保障，是具有鲜明中国特色、明显制度优势、强大自我完善能力的先进制度。

文化自信，是更基础、更广泛、更深厚的自信。在五千多年文明发展中孕育的中华优秀传统文化，在党和人民伟大斗争中孕育的革命文化和社会主义先进文化，积淀着中华民族最深层的精神追求，代表着中华民族独特的精神标识。我们要弘扬社会主义核心价值观，弘扬以爱国主义为核心的民族精神和以改革创新为核心的时代精神，不断增强全党全国各族人民的精神力量。

全党同志必须牢记，我们要建设的是中国特色社会主义，而不是其他什么主义。历史没有终结，也不可能被终结。中国特色社会主义是不是好，要看事实，要看中国人民的判断，而不是看那些戴着有色眼镜的人的主观臆断。中国共产党人和中国人民完全有信心为人类对更好社会制度的探索提供中国方案。

邓小平同志曾经语重心长地说：“基本路线要管一百年，动摇不得。只有坚持这条路线，人民才会相信你，拥护你。谁要改变三中全会以来的路线、方针、政策，老百姓不答应，谁就会被打倒。”党的基本路线是国家的生命线、人民的幸福线，我们要坚持把以经济建设为中心作为兴国之要、把四项基本原则作为立国之本、把改革开放作为强国之路，不能有丝毫动摇。

考点4

考试笔记

做到“两个维护”的基本内容和重要意义

2018年修订的《中国共产党纪律处分条例》增写了“两个维护”的内容，即“坚决维护习近平总书记党中央的核心、全党的核心地位，坚决维护党中央权威和集中统一领导”。

以党内基础性法规的形式明确“两个维护”，不仅是对党员思想认识上的强化，更是在政治上、纪律上的明确要求。做到“两个维护”，就是要把坚决维护以习近平同志为核心的党中央权威和集中统一领导作为出发点和落脚点，作为根本的政治纪律和政治规矩，推动各级党组织和党员、干部始终在政治立场、政治方向、政治原则、政治道路上同党中央保持高度一致，确保全党令行禁止。

历史和实践反复证明，有没有一个成熟稳定的领导核心，能否确保党中央权威和集中统一领导，关乎党的事业成败，关系党的前途命运。

中国共产党第二十次全国代表大会关于《中国共产党章程（修正案）》的决议指出，学习党的历史，增强“四个意识”、坚定“四个自信”、做到“两个维护”，是广大党员应尽的义务。

考试笔记

第六节　中国式现代化

考点1

中国特色

中国式现代化，是中国共产党领导的社会主义现代化，既有各国现代化的共同特征，更有基于自己国情的中国特色。

（1）中国式现代化是人口规模巨大的现代化。我国十四亿多人口整体迈进现代化社会，规模超过现有发达国家人口的总和，艰巨性和复杂性前所未有，发展途径和推进方式也必然具有自己的特点。我们始终从国情出发想问题、作决策、办事情，既不好高骛远，也不因循守旧，保持历史耐心，坚持稳中求进、循序渐进、持续推进。

（2）中国式现代化是全体人民共同富裕的现代化。共同富裕是中国特色社会主义的本质要求，也是一个长期的历史过程。我们坚持把实现人民对美好生活的向往作为现代化建设的出发点和落脚点，着力维护和促进社会公平正义，着力促进全体人民共同富裕，坚决防止两极分化。

（3）中国式现代化是物质文明和精神文明相协调的现代化。物质富足、精神富有是社会主义现代化的根本要求。物质贫困不是社会主义，精神贫乏也不是社会主义。我们不断厚植现代化的物质基础，不断夯实人民幸福生活的物质条件，同时大力发展社会主义先进文化，加强理想信念教育，传承中华文明，促进物的全面丰富和人的全面发展。

（4）中国式现代化是人与自然和谐共生的现代化。人与自然是生命共同体，无止境地向自然索取甚至破坏自然必然会遭到大自然的报复。我们坚持可持续发展，坚持节约优先、保护优先、自然恢复为主的方针，像保护眼睛一样保护自然和生态环境，坚定不移走生产发展、生活富裕、生态良好的文明发展道路，实现中华民族永续发展。

（5）中国式现代化是走和平发展道路的现代化。我国不走一些国家通过战争、殖民、掠夺等方式实现现代化的老路，那种损人利己、充满血腥罪恶的老路给广大发展中国家人民带来深重苦难。我们坚定站在历史正确的一边、站在人类文明进步的一边，高举和平、发展、合作、共赢旗帜，在坚定维护世界和平与发展中谋求自身发展，又以自身发展更好维护世界和平与发展。

考试笔记

考点2

本质要求

中国式现代化的本质要求是坚持中国共产党领导，坚持中国特色社会主义，实现高质量发展，发展全过程人民民主，丰富人民精神世界，实现全体人民共同富裕，促进人与自然和谐共生，推动构建人类命运共同体，创造人类文明新形态。

考点3

重大原则

中国式现代化必须牢牢把握以下五项重大原则：

（1）坚持和加强党的全面领导。坚决维护党中央权威和集中统一领导，把党的领导落实到党和国家事业各领域各方面各环节，使党始终成为风雨来袭时全体人民最可靠的主心骨，确保我国社会主义现代化建设正确方向，确保拥有团结奋斗的强大政治凝聚力、发展自信心，集聚起万众一心、共克时艰的磅礴力量。

（2）坚持中国特色社会主义道路。坚持以经济建设为中心，坚持四项基本原则，坚持改革开放，坚持独立自主、自力更生，坚持道不变、志不改，既不走封闭僵化的老路，也不走改旗易帜的邪路，坚持

考试笔记

把国家和民族发展放在自己力量的基点上，坚持把中国发展进步的命运牢牢掌握在自己手中。

（3）坚持以人民为中心的发展思想。维护人民根本利益，增进民生福祉，不断实现发展为了人民、发展依靠人民、发展成果由人民共享，让现代化建设成果更多更公平惠及全体人民。

（4）坚持深化改革开放。深入推进改革创新，坚定不移扩大开放，着力破解深层次体制机制障碍，不断彰显中国特色社会主义制度优势，不断增强社会主义现代化建设的动力和活力，把我国制度优势更好转化为国家治理效能。

（5）坚持发扬斗争精神。增强全党全国各族人民的志气、骨气、底气，不信邪、不怕鬼、不怕压，知难而进、迎难而上，统筹发展和安全，全力战胜前进道路上各种困难和挑战，依靠顽强斗争打开事业发展新天地。

考点4

重大意义

党领导人民成功走出中国式现代化道路，创造了人类文明新形态，拓展了发展中国家走向现代化的途径，给那些既希望加快发展又希望保持自身独立性的国家和民族提供了全新选择。中国式现代化是实现中华民族伟大复兴的根本方向和实践要求，为新时代新征程上，不断夺取新时代中国特色社会主义新胜利提供了根本遵循和重要指引。

考试笔记

第七节　“五位一体”总体布局、“四个全面”战略布局

考点1

“五位一体”总体布局的基本内容和重要意义

1. 基本内容

党的十八大提出的“五位一体”总体布局，标志着中国共产党对中国特色社会主义的认识达到了新境界，预示着中国社会主义现代化建设进入新的历史阶段。“五位一体”总体布局即经济建设、政治建设、文化建设、社会建设、生态文明建设五位一体。

2. 重要意义

“五位一体”总体布局反映了中国共产党对共产党执政规律、社会主义建设规律、人类历史发展规律认识的深化。“五位一体”总体布局，是在总结中国特色社会主义事业发展的经验教训基础上作出的正确选择，也是根据时代特征、发展要求和人民期望而作出的战略部署，更是遵循党、国家和人类文明发展规律作出的科学决策。

“五位一体”总体布局反映了中国共产党对经济社会可持续发展规律、自然资源永续利用规律和生态环境保护规律认识的深化。

“五位一体”总体布局是实现“两个一百年”奋斗目标的重要保证。“五位一体”总体布局是一个有机整体，其中经济建设是根本，政治建设是保证，文化建设是灵魂，社会建设是条件，生态文明建设是基础。

“五位一体”总体布局是贡献给世界的中国经验、中国智慧。“五位一体”格局的提出以及节能减排强制性目标的制定，不仅仅是关注自身的发展和需要，同时也是中国对维护全球生态安全及应对世界气候变化所作的重大贡献。

考点2

考试笔记

“四个全面”战略布局的基本内容和重要意义

1. 基本内容

“四个全面”战略布局的内涵，已正式由“全面建成小康社会、全面深化改革、全面依法治国、全面从严治党”发展为“全面建设社会主义现代化国家、全面深化改革、全面依法治国、全面从严治党”。深刻把握“四个全面”战略布局的内涵发展，是深入学习贯彻党的二十大精神的应有之义和必然要求。

2. 重要意义

从历史的发展脉络来看，“四个全面”战略布局是对我们党治国理政实践经验的科学总结和丰富发展。

从当代中国的现实来看，“四个全面”战略布局集中体现了时代和实践发展对党和国家工作的新要求。

从事业的长远发展来看，“四个全面”战略布局确立了续写中国特色社会主义新篇章的行动纲领。

第八节　立足新发展阶段、坚持新发展理念、构建新发展格局、推动高质量发展

考点1

立足新发展阶段的基本内容和重要意义

1. 基本内容

（1）历史方位。

时间节点与任务定位：新发展阶段始于全面建成小康社会、实现

第一个百年奋斗目标后，是开启全面建设社会主义现代化国家新征程的关键时期，标志着向第二个百年奋斗目标（即建成社会主义现代化强国）进军的新起点。

这一阶段属于社会主义初级阶段范畴，但经过长期积累已站在新的历史高度，是社会主义初级阶段中“量的积累”迈向“质的飞跃”的转折点。

里程碑意义：新发展阶段是我国现代化进程中承前启后的历史跨越，既延续社会主义初级阶段的基本国情，又承载着实现中华民族伟大复兴的更高使命。

（2）战略目标。

“两步走”战略规划：

第一阶段（2020—2035 年）：基本实现社会主义现代化，包括经济实力、科技实力、综合国力大幅跃升，全体人民共同富裕迈出坚实步伐。

第二阶段（2035 年至 21 世纪中叶）：全面建成社会主义现代化强国，实现国家治理体系和治理能力现代化，成为综合国力和国际影响力领先的现代化强国。

战略继承性：承接邓小平“三步走”战略，细化新时代发展蓝图，体现中国共产党对社会主义现代化建设规律的深化认识。

（3）阶段性特征。

①现代化维度。

发展模式转型：从高速增长转向高质量发展，强调创新驱动和全要素生产率提升。

经济结构升级：推动供给侧结构性改革，构建现代化经济体系，解决发展不平衡不充分问题。

②民族复兴维度。

历史性跨越：实现从“富起来”到“强起来”的跃升，要求统筹物质文明与精神文明、生态文明的协同发展。

民生导向：强化宏观政策对人力资本积累和人民生活品质提升的支持，推动共同富裕取得实质性进展。

考试笔记

考试笔记

③社会主义发展维度。

动态性与连续性：社会主义初级阶段是一个动态发展的长期过程，新发展阶段既保持连续性，又体现新时代的阶段性突破。

国际定位：为发展中国家探索现代化道路提供中国方案，推动构建人类命运共同体。

（4）发展路径。

①理念引领。

以创新、协调、绿色、开放、共享的新发展理念为指引，统筹发展与安全，强化系统思维和底线思维。

②核心举措。

科技创新：加快形成新质生产力，培育新兴产业和未来产业，强化科技自立自强。

深化改革：推进高标准市场体系建设，破除体制机制障碍，激发市场活力。

双循环格局：构建以国内大循环为主体、国内国际双循环相互促进的新发展格局，增强内需对经济增长的拉动力。

绿色转型：实施碳达峰、碳中和行动，推动传统产业升级与绿色低碳技术应用。

2. 重要意义

（1）理论层面的深化与创新。

理论创新的重大贡献：新发展阶段理论深化了社会主义发展阶段学说，是习近平新时代中国特色社会主义思想的重要组成部分，为新时代发展提供了科学指导。

丰富社会主义发展阶段理论：新发展阶段是社会主义初级阶段的重要演进，既保持了历史连续性，又体现了阶段性跃升，实现了党对社会发展阶段认识的与时俱进。

明确发展历史方位：作为全面建设社会主义现代化国家、向第二个百年奋斗目标进军的关键阶段，新发展阶段为制定路线方针政策提供了根本依据。

（2）历史进程中的战略跨越。

开启现代化新征程：在全面建成小康社会基础上，新发展阶段标

考试笔记

志着从解决“有没有”转向解决“好不好”，是迈向社会主义现代化强国的历史性跨越。

推动中华民族伟大复兴：通过高质量发展和现代化建设，为实现第二个百年奋斗目标奠定基础，使民族复兴进入不可逆转的进程。

历史进程的里程碑：新发展阶段是中华民族伟大复兴从“站起来”“富起来”到“强起来”的关键跨越，标志着中国特色社会主义事业进入更高层次的历史阶段。

（3）实践发展的行动指南。

促进高质量发展：通过贯彻新发展理念，推动经济结构优化、动力转换，解决发展不平衡不充分问题，为中国式现代化提供新动能。

应对风险挑战：立足新发展阶段有助于统筹国内国际双循环，增强抗风险能力，保障经济平稳健康可持续发展。

推动区域协调与内需升级：通过构建新发展格局，促进区域均衡发展，培育完整内需体系，形成强大国内市场。

实践行动的根本遵循：明确新发展阶段的历史任务和实践要求，为统筹国内国际两个大局、应对复杂挑战提供了战略方向，增强了全党全国推进现代化建设的自觉性和主动性。

（4）全球治理的贡献。

提供现代化新范式：中国式现代化立足国情，为发展中国家探索现代化路径贡献中国智慧，丰富了人类文明形态。

全球治理的中国方案：新发展阶段不仅关乎中国自身发展，也为发展中国家探索现代化道路提供了新范式，推动构建人类命运共同体。

考点2

坚持新发展理念的基本内容和重要意义

1. 基本内容

新发展理念是习近平新时代中国特色社会主义思想的重要组成部分。新发展理念是指创新、协调、绿色、开放、共享的发展理念，是管全局、管根本、管长远的导向，具有战略性、纲领性、引领性。新发展理念，指明了新时代我国的发展思路、发展方向和发展着力点，要深入理解、准确把握其科学内涵和实践要求。

创新发展注重的是解决发展动力问题。我国创新能力不强，科技发展水平总体不高，科技对经济社会发展的支撑能力不足，科技对经济增长的贡献率远低于发达国家水平，这是我国这个经济大个头的“阿喀琉斯之踵”。

协调发展注重的是解决发展不平衡问题。我国发展不协调是一个长期存在的问题，突出表现在区域、城乡、经济和社会、物质文明和精神文明、经济建设和国防建设等关系上。在经济发展水平落后的情况下，一段时间的主要任务是要跑得快，但跑过一定路程后，就要注意调整关系，注重发展的整体效能，否则“木桶效应”就会愈加显现，一系列社会矛盾会不断加深。

绿色发展注重的是解决人与自然和谐问题。我国资源约束趋紧、环境污染严重、生态系统退化的问题十分严峻，人民群众对清新空气、干净饮水、安全食品、优美环境的要求越来越强烈。

开放发展注重的是解决发展内外联动问题。现在的问题不是要不要对外开放，而是如何提高对外开放的质量和发展的内外联动性。我国对外开放水平总体上还不够高，用好国内国际两个市场、两种资源的能力还不够强，应对国际经贸摩擦、争取国际经济话语权的能力还比较弱，运用国际经贸规则的本领也不够强，需要加快弥补。

共享发展注重的是解决社会公平正义问题。我国经济发展的“蛋糕”不断做大，但分配不公问题比较突出，收入差距、城乡区域公共服务水平差距较大。在共享改革发展成果上，无论是实际情况还是制度设计，都还有不完善的地方。

2. 重要意义

新发展理念引领我国发展全局的深刻变革。新发展理念是党的十八大以来对发展理念的系统升级，从历史逻辑看，其继承并创新了“以经济建设为中心”“科学发展观”等理论，成为新时代统筹发展与安全、破解矛盾的核心指引。

习近平经济思想的核心内容。作为习近平经济思想的主要构成，新

考试笔记

发展理念被明确为经济发展的指导原则，在推动高质量发展、构建新发展格局中发挥纲领性作用，是全面建设社会主义现代化国家的科学指引。

应对国内外风险挑战的战略支撑。面对全球不稳定性和国内发展阶段变化，新发展理念通过统筹创新驱动、内需潜力挖掘、安全与发展关系，成为化解外部冲击、塑造国际合作新优势的重要法宝。

实现人民美好生活的实践路径。通过协调社会公平、生态保护与经济增长的关系，新发展理念将“以人民为中心”的发展思想具象化，为共同富裕目标提供行动框架。 新发展理念的系统性、战略性特质决定了其既是理论创新的成果，也是推动中国式现代化实践的行动纲领。

考点3

构建新发展格局的基本内容和重要意义

1. 基本内容

构建新发展格局是以习近平同志为核心的党中央立足新发展阶段、贯彻新发展理念提出的重大战略决策。新发展格局既是适应历史方位的主动调整，也是引领中国迈向社会主义现代化强国的关键路径，需在理论深化与实践探索中持续完善。

基本内容包括以下几个方面。

一是“双循环”结构。以国内大循环为主体，依托国内超大市场规模和完整产业体系，推动生产、分配、流通、消费各环节畅通；同时促进国内国际双循环相互衔接，通过高水平对外开放增强全球资源配置能力。

二是新发展理念贯穿全过程。以创新、协调、绿色、开放、共享的新发展理念为灵魂，强调科技创新驱动、产业链供应链韧性提升、绿色低碳转型、民生福祉增进等方向。

三是循环畅通的核心要求。解决经济循环中的堵点、淤点，包括优化要素市场化配置、深化供给侧结构性改革、扩大内需战略基点、

考试笔记

促进供需动态平衡等。

四是“全国一盘棋”的统筹协调。构建全国统一大市场，避免各自为政，推动区域间资源高效流动与协同发展，形成整体竞争力。

2. 重要意义

应对内外环境深刻变化。新发展格局是应对国际政治经济格局加速调整、保护主义抬头的战略选择，通过增强经济内生动力和抗风险能力，把握发展主动权。

推动高质量发展。通过质量、效率、动力三大变革，转变传统粗放发展模式，实现科技自立自强、产业链现代化、绿色低碳转型，为现代化建设提供支撑。

实现中长期发展目标。支撑 2035 年基本实现社会主义现代化的远景目标，通过年均合理增速和结构优化，确保经济总量与人均收入翻一番的可行性。

提升国际竞争新优势。国内大循环的顺畅运行将增强对全球资源要素的吸引力，促进更高水平对外开放，形成“以我为主”的国际合作与竞争新格局。

考点4

推动高质量发展的基本内容和重要意义

1. 基本内容

2022 年 10 月 16 日，在中国共产党第二十次全国代表大会开幕会上，习近平总书记提出，高质量发展是全面建设社会主义现代化国家的首要任务。2024 年 7 月 15—18 日，中国共产党第二十届中央委员会第三次全体会议在北京举行，会议通过《中国共产党第二十届中央委员会第三次全体会议公报》。全会提出，高质量发展是全面建设社会主义现代化国家的首要任务。必须以新发展理念引领改革，立足新发展阶段，深化供给侧结构性改革，完善推动高质量发展激励约束机制，塑造发展新动能新优势。

（1）构建高水平社会主义市场经济体制。

坚持和完善社会主义基本经济制度，毫不动摇巩固和发展公有制经济，毫不动摇鼓励、支持、引导非公有制经济发展，充分发挥市场在资源配置中的决定性作用，更好发挥政府作用。

（2）建设现代化产业体系。

坚持把发展经济的着力点放在实体经济上，推进新型工业化，加快建设制造强国、质量强国、航天强国、交通强国、网络强国、数字中国。

（3）全面推进乡村振兴。

全面建设社会主义现代化国家，最艰巨最繁重的任务仍然在农村。坚持农业农村优先发展，坚持城乡融合发展，畅通城乡要素流动。

（4）促进区域协调发展。

深入实施区域协调发展战略、区域重大战略、主体功能区战略、新型城镇化战略，优化重大生产力布局，构建优势互补、高质量发展的区域经济布局和国土空间体系。

（5）贯彻新发展理念。

将创新、协调、绿色、开放、共享理念贯穿发展全过程，推动质量变革、效率变革、动力变革。

（6）推进高水平对外开放。

依托我国超大规模市场优势，以国内大循环吸引全球资源要素，增强国内国际两个市场两种资源联动效应，提升贸易投资合作质量和水平。

2. 重要意义

坚定不移走高质量发展之路是实现第二个百年奋斗目标的必然要求。实现高质量发展是我国经济社会发展历史、实践和理论的统一，是开启全面建设社会主义现代化国家新征程、实现第二个百年奋斗目标的根本路径。在全面建设社会主义现代化国家的新阶段，必须解决好发展“质”的问题，在“质”的提升中实现“量”的增长；必须正确认识和把握我国发展重大理论和实践问题，把提高发展质量摆在更为突出的位置，把高质量发展作为当前和今后一个时期确定发展思路、制定经济政策、实施宏观调控的根本要求。高质量发展不只是一个经济要求，而是对经济社会发展方方面面的总要求；不是一时一事

考试笔记

的要求，而是必须长期坚持的发展战略。

坚定不移走高质量发展之路是保持我国经济持续健康发展的必然要求。推进高质量发展是我们党把握发展规律、从实践认识到再实践再认识的重大理论创新，是保持我国经济持续健康发展的一把金钥匙。经济发展是一个螺旋式上升的过程，上升不是线性的，“量”积累到一定阶段，必然转向“质”的提升。适应新形势新任务，推动高质量发展，不仅要重视“量”的问题，更要重视解决“质”的问题，在“质”的大幅度提升中实现“量”的有效增长。坚持走高质量发展之路，提升科学技术、人力资源、生产资本等要素水平，提高全要素生产率，突破关键核心技术，增强国家综合国力和核心竞争力，才能为中华民族伟大复兴奠定更为雄厚的物质基础。

坚定不移走高质量发展之路是适应我国社会主要矛盾变化的必然要求。我国社会主要矛盾已经转化为人民日益增长的美好生活需要和不平衡不充分的发展之间的矛盾。发展不平衡不充分主要表现在各区域各领域各方面发展不够平衡，一些领域和方面发展不足，比如，城乡和区域间发展存在差距，农业农村、生态保护、公共服务等方面短板亟待补齐等。解决我国社会主要矛盾，必须坚持走高质量发展之路，提升发展质量和效益，着力破解发展不平衡不充分问题，更好满足人民群众个性化、多样化、高端化的美好生活需要，推动人的全面发展和社会全面进步。

考试笔记

第九节　社会主义核心价值观

考点1

社会主义核心价值观的基本内容

党的十八大提出，倡导富强、民主、文明、和谐，倡导自由、平等、公正、法治，倡导爱国、敬业、诚信、友善，积极培育和践行社会主义核心价值观。富强、民主、文明、和谐是国家层面的价值目标，自由、平等、公正、法治是社会层面的价值取向，爱国、敬业、诚信、友善是公民个人层面的价值准则，这 24 个字是社会主义核心价值观的基本内容。

考点2

培育和践行社会主义核心价值观的重要意义

社会主义核心价值观是当代中国精神的集中体现，凝结着全体人民共同的价值追求。党的十八大以来，以习近平同志为核心的党中央高度重视社会主义核心价值观建设，采取一系列重大举措，推动社会主义核心价值观广泛弘扬。面对新时代新要求，面对新征程新任务，持续深入地培育和践行社会主义核心价值观，意义重大而深远。

1. 培育和践行社会主义核心价值观是新时代坚持和发展中国特色社会主义的重大任务

中国特色社会主义是改革开放以来党的全部理论和实践的主题。经过 40 多年的探索实践，中国特色社会主义的外延不断拓展，布局日益完善，内涵更加丰富。无论是作为一条道路、一个理论体系，还是作为一种制度、一种文化，中国特色社会主义都需要有一套与其经济

考试笔记

基础和政治制度相适应并能形成广泛社会共识的核心价值观。社会主义核心价值观的鲜明提出和广泛实践，使我们对中国特色社会主义的认识，从思想理论、实践运动、社会制度层面，进一步发展到价值理念层面。现在，中国特色社会主义进入了新时代，我国发展处于新的历史方位，只有把培育和践行社会主义核心价值观作为一项既具基础性内在性又具目标性规定性的重大任务来认识、来落实，才能增强人们的道路自信、理论自信、制度自信、文化自信，确保中国特色社会主义始终沿着正确方向胜利前进，不断展现出更加强大的生命力。

2. 培育和践行社会主义核心价值观是进行伟大斗争、建设伟大工程、推进伟大事业、实现伟大梦想的铸魂工程

党的十九大报告和党的二十大报告系统阐述了新时代中国共产党的历史使命，鲜明提出进行伟大斗争、建设伟大工程、推进伟大事业、实现伟大梦想。这“四个伟大”，彰显着目标的宏伟、前景的壮阔、历程的艰辛、使命的光荣。习近平总书记指出，核心价值观是一个民族赖以维系的精神纽带，是一个国家共同的道德基础。伟大斗争需要众志成城，伟大工程需要坚定一致，伟大事业需要聚力推进，伟大梦想需要同心共筑，这就要求我们激发全体人民的信心和热情，凝聚起团结奋进的强大力量。深培厚植、广泛践行体现社会主义本质要求、传承中华优秀传统文化、凝结时代精神和广泛共识的社会主义核心价值观，就一定能够铸牢理想信念、坚守价值追求、聚合磅礴之力，让我们在前进道路上越走越坚定、越走越自信，以一往无前的奋斗姿态胜利抵达光辉的彼岸。

3. 培育和践行社会主义核心价值观是在世界文化激荡中保持民族精神独立、挺起民族精神脊梁的战略支撑

当今世界正处于大发展大变革大调整时期，各种观念碰撞激荡不断加剧，各种文化交流交融交锋日益频繁。特别是一些西方国家利用长期积累的经济科技优势和话语强势，对外推销以所谓“普世价值”为内核的思想文化，企图诱导人们“以西为美”“唯西是从”，淡化乃至放弃对本民族精神文化的认同。党的十九大报告强调，文化是一个国家、一个民族的灵魂，文化自信是一个国家、一个民族发展中更基本、更深沉、更持久的力量。价值观是文化最深层的内核，价值观自信是文化自信最本质的体现。中国独特的文化传统、独特的历史命运、独特的基本国情，注定我们必然坚守根植于中华文化沃土又具有当代中国特色的价值观。只有持续培育和践行社会主义核心价值观，大力传承和延续中华民族思想精髓、精神基因、文化血脉，才能更好构筑中国精神、中国价值、中国力量，使中华民族以更加昂扬的姿态屹立于世界民族之林。

考试笔记

第十节 构建人类命运共同体、弘扬全人类共同价值

考点1

习近平总书记关于构建人类命运共同体的重要论述

习近平总书记在党的二十大报告中提出，促进世界和平与发展，推动构建人类命运共同体。

习近平总书记在报告中表示，当前，世界之变、时代之变、历史之变正以前所未有的方式展开。一方面，和平、发展、合作、共赢的历史潮流不可阻挡，人心所向、大势所趋决定了人类前途终归光明。另一方面，恃强凌弱、巧取豪夺、零和博弈等霸权霸道霸凌行径危害深重，和平赤字、发展赤字、安全赤字、治理赤字加重，人类社会面临前所未有的挑战。世界又一次站在历史的十字路口，何去何从取决于各国人民的抉择。

中国始终坚持维护世界和平、促进共同发展的外交政策宗旨，致力于推动构建人类命运共同体。

习近平总书记在报告中指出，中国坚定奉行独立自主的和平外交政策，始终根据事情本身的是非曲直决定自己的立场和政策，维护国际关系基本准则，维护国际公平正义，坚决反对一切形式的霸权主义

考试笔记

和强权政治，反对冷战思维，反对干涉别国内政，反对搞双重标准。中国永远不称霸、永远不搞扩张。

习近平总书记在报告中指出，中国坚持在和平共处五项原则基础上同各国发展友好合作，推动构建新型国际关系，深化拓展平等、开放、合作的全球伙伴关系，致力于扩大同各国利益的汇合点。促进大国协调和良性互动，推动构建和平共处、总体稳定、均衡发展的大国关系格局。坚持亲诚惠容和与邻为善、以邻为伴周边外交方针，深化同周边国家友好互信和利益融合。秉持真实亲诚理念和正确义利观加强同发展中国家团结合作，维护发展中国家共同利益。

中国坚持对外开放的基本国策，坚定奉行互利共赢的开放战略，不断以中国新发展为世界提供新机遇，推动建设开放型世界经济，更好惠及各国人民。中国坚持经济全球化正确方向，推动贸易和投资自由化便利化，推进双边、区域和多边合作，促进国际宏观经济政策协调，共同营造有利于发展的国际环境，共同培育全球发展新动能，反对保护主义，反对“筑墙设垒”“脱钩断链”，反对单边制裁、极限施压。中国愿加大对全球发展合作的资源投入，致力于缩小南北差距，坚定支持和帮助广大发展中国家加快发展。

中国积极参与全球治理体系改革和建设，践行共商共建共享的全球治理观，坚持真正的多边主义，推进国际关系民主化，推动全球治理朝着更加公正合理的方向发展。

习近平总书记在报告中表示，中国提出了全球发展倡议、全球安全倡议，愿同国际社会一道努力落实。我们真诚呼吁，世界各国弘扬和平、发展、公平、正义、民主、自由的全人类共同价值，促进各国人民相知相亲，尊重世界文明多样性，以文明交流超越文明隔阂、文明互鉴超越文明冲突、文明共存超越文明优越，共同应对各种全球性挑战。中国人民愿同世界人民携手开创人类更加美好的未来。

考点2

考试笔记

习近平总书记关于弘扬全人类共同价值的重要论述

2015年9月28日，中国国家主席习近平出席第70届联合国大会一般性辩论并发表重要讲话，郑重提出“和平、发展、公平、正义、民主、自由，是全人类的共同价值”。

在庆祝中国共产党成立100周年大会上，习近平总书记向全世界庄严宣告，“中国共产党将继续同一切爱好和平的国家和人民一道，弘扬和平、发展、公平、正义、民主、自由的全人类共同价值”。这是在中国共产党百年华诞的重大历史时刻，习近平总书记立足中华民族伟大复兴战略全局和世界百年未有之大变局，发出解答时代之问、引领时代之路的时代强音。

全人类共同价值凝聚了人类不同文明的价值共识，反映了世界各国人民普遍认同的价值理念的最大公约数，超越了意识形态、社会制度和发展水平差异，顺应历史潮流，契合时代需要，是习近平新时代中国特色社会主义思想的又一重大理论成果。我们梳理了习近平总书记关于全人类共同价值的重要论述，一起学习！

目标远未完成，我们仍须努力

“大道之行也，天下为公。”和平、发展、公平、正义、民主、自由，是全人类的共同价值，也是联合国的崇高目标。目标远未完成，我们仍须努力。当今世界，各国相互依存、休戚与共。我们要继承和弘扬联合国宪章的宗旨和原则，构建以合作共赢为核心的新型国际关系，打造人类命运共同体。

——2015年9月28日，在第70届联合国大会一般性辩论时的讲话

推动形成更加公正、合理、包容的全球人权治理

中国人民愿同各国人民一道，秉持和平、发展、公平、正义、民主、自由的人类共同价值，维护人的尊严和权利，推动形成更加公正、合理、

考试笔记

包容的全球人权治理，共同构建人类命运共同体，开创世界美好未来。

——2018 年 12 月 10 日，致纪念《世界人权宣言》发表 70 周年座谈会的贺信

我们必须作出无愧于人民、无愧于历史的抉择

历史接力棒已经传到我们这一代人手中，我们必须作出无愧于人民、无愧于历史的抉择。让我们团结起来，坚守和平、发展、公平、正义、民主、自由的全人类共同价值，推动构建新型国际关系，推动构建人类命运共同体，共同创造世界更加美好的未来！

——2020 年 9 月 22 日，在第 75 届联合国大会一般性辩论时的讲话

坚定不移走和平发展、开放发展、合作发展、共同发展道路

作为负责任大国，中国坚守和平、发展、公平、正义、民主、自由的全人类共同价值，坚持共商共建共享的全球治理观，坚定不移走和平发展、开放发展、合作发展、共同发展道路。只要坚持走和平发展道路，同各国人民一道推动构建人类命运共同体，就一定能够迎来人类和平与发展的美好未来！

——2020 年 10 月 23 日，在纪念中国人民志愿军抗美援朝出国作战 70 周年大会上的讲话

中华民族传承和追求的是和平和睦和谐理念

中华民族传承和追求的是和平和睦和谐理念。我们过去没有，今后也不会侵略、欺负他人，不会称王称霸。中国始终是世界和平的建设者、全球发展的贡献者、国际秩序的维护者、公共产品的提供者，将继续以中国的新发展为世界提供新机遇。

——2021 年 9 月 21 日，在第 76 届联合国大会一般性辩论时的讲话

坚持胸怀天下，始终关注人类前途命运

中国共产党百年奋斗的一条重要历史经验就是坚持胸怀天下，始终关注人类前途命运。中国支持多边主义的决心不会改变，将坚定维护多边主义的核心价值和基本原则，坚持互利共赢，坚持求同存异，

坚持公平正义，坚持合作发展，为人类文明进步贡献智慧和力量。

——2021 年 12 月 5 日，向“2021 从都国际论坛”开幕式发表视频致辞

我们真诚呼吁，世界各国弘扬和平、发展、公平、正义、民主、自由的全人类共同价值，促进各国人民相知相亲，尊重世界文明多样性，以文明交流超越文明隔阂、文明互鉴超越文明冲突、文明共存超越文明优越，共同应对各种全球性挑战。

——2022 年 10 月 16 日，在中国共产党第二十次全国代表大会上的报告

考试笔记

第二章　文化工作方针政策

第一节　习近平《在文艺工作座谈会上的讲话》

考点

重要精神

2014 年 10 月 15 日，习近平总书记主持召开文艺工作座谈会并发表重要讲话，从实现中华民族伟大复兴需要中华文化繁荣兴盛、创作无愧于时代的优秀作品、坚持以人民为中心的创作导向、中国精神是社会主义文艺的灵魂、加强和改进党对文艺工作的领导五个层面，对新时代文艺工作作了系统阐发，引领着未来中国文艺事业的总航向。

第二节　习近平《在中国文联十大、中国作协九大开幕式上的讲话》

考点

重要精神

1. 充分认识重要讲话的重大意义

习近平总书记在中国文联十大、中国作协九大开幕式上的重要讲话，高度评价了文艺战线取得的显著成绩和作出的重要贡献，充分肯定了文艺界出现的新气象新面貌，深刻论述了文艺和文艺工作在实现“两个一百年”奋斗目标和中华民族伟大复兴中国梦中的重要地位作用，科学分析了我国文艺事业发展面临的形势和任务，对广大文艺工作者提出了四点殷切希望，对文联作协工作提出了明确要求。这一重要讲话是习近平总书记继文艺工作座谈会后又一次与文艺工作者的面对面谈心，是文艺工作座谈会重要讲话的姊妹篇。讲话站在新的历史起点上，从实现中华民族伟大复兴的历史高度，从贯彻落实“五位一体”总体布局和“四个全面”战略布局的时代高度，深刻揭示了社会主义文艺发展规律，进一步回答了事关我国文艺事业长远发展的重大问题，创造性地丰富和发展了马克思主义文艺观，是中国特色社会主义文艺理论的又一次重大创新，是指导文艺工作、引领文艺创作、推动文艺事业的又一纲领性文献，具有重大现实意义和深远历史意义。

考试笔记

2. 全面把握、深刻理解重要讲话的内涵要义

要把学习贯彻习近平总书记在中国文联十大、中国作协九大开幕式上的重要讲话，同学习贯彻习近平总书记关于文艺工作的系列重要讲话结合起来，系统掌握其中的新思想、新观点、新论断、新要求。

要准确理解和把握文艺的重要地位和作用。深刻认识文运同国运相牵，文脉同国脉相连，实现中华民族伟大复兴，需要坚忍不拔的伟大精神，也需要振奋人心的伟大作品。团结引导广大作家和文学工作者进一步增强责任意识和使命意识，更加自觉地坚持以人民为中心的创作导向，坚持为人民服务、为社会主义服务，坚持百花齐放、百家争鸣，坚持创造性转化、创新性发展，高擎民族精神火炬，吹响时代前进号角，把艺术理想融入党和人民事业之中，做到胸中有大义、心里有人民、肩头有责任、笔下有乾坤。

要深刻领会习近平总书记对文艺工作者的殷切希望。深刻领会重要讲话关于坚定文化自信、用文艺振奋民族精神的重要论述，团结引导广大作家和文学工作者把培育和弘扬社会主义核心价值观作为根本任务，坚定不移用中国人独特的思想、情感、审美去创作属于这个时代，又有鲜明中国风格的优秀作品。深刻领会重要讲话关于

考试笔记

坚持服务人民、用积极的文艺歌颂人民的重要论述，团结引导广大作家和文学工作者进一步走入生活、贴近人民，用有筋骨、有道德、有温度的作品，鼓舞人们在黑暗面前不气馁、在困难面前不低头，用理性之光、正义之光、善良之光照亮生活。深刻领会讲话关于勇于创新创造、用精湛的艺术推动文化创新发展的重要论述，团结引导广大作家和文学工作者把创作生产优秀作品作为中心环节，不断推进文艺创新、提高文艺创作质量，努力为人民创造文化杰作、为人类贡献不朽作品。深刻领会讲话关于坚守艺术理想、用高尚的文艺引领社会风尚的重要论述，团结引导广大作家和文学工作者以深厚的文化修养、高尚的人格魅力、文质兼美的作品赢得尊重，成为先进文化的践行者、社会风尚的引领者，在为祖国、为人民立德立言中成就自我、实现价值。

要认真学习贯彻习近平总书记对做好作协工作提出的明确要求。深化改革，工作向基层倾斜，服务向最广大文艺工作者拓展，防止和克服机关化、行政化倾向，不断增强组织活力。加强引领，突出政治性、先进性、群众性，不断增强组织向心力。加强联络，延伸工作手臂，加强对新的文学组织、文学群体的团结引导，不断增强组织的吸引力，哪里有作家和文学工作者，作协的工作就要做到哪里。要增强本领，加强能力建设，强化行业服务、行业管理、行业自律，不断增强行业影响力。加强沟通，成为作家和文学工作者的温馨之家，把文学界的力量发动起来，把人民群众中蕴藏的创作能量激发出来，推动文学事业呈现百花齐放的繁荣景象。

要深入学习贯彻习近平总书记关于加强和改进党对文艺工作领导的重要论述。深入学习贯彻党的十八届六中全会精神，按照全面从严治党的要求，加强作协组织党的建设。加强和改进文学理论和评论工作，褒优贬劣，激浊扬清，更加有效地引导创作、推出精品、提高审美、引领风尚。多为作家办实事、做好事、解难事，政治上充分信任、思想上主动引导、工作上创造条件、生活上关心照顾，营造有利于出人才、出精品的良好环境。

考试笔记

第三节　习近平《在中国文联十一大、中国作协十大开幕式上的讲话》

考点

重要精神

1. 充分认识重要讲话的重大意义

习近平总书记在中国文联十一大、中国作协十大开幕式上的重要讲话，高度评价了党的百年奋斗历程中文艺工作发挥的重要作用，充分肯定了党的十八大以来文艺战线取得的丰硕成果，深刻阐明了新时代新征程上文艺工作者肩负的重大使命，科学回答了事关文艺事业发展的一系列重大问题，对广大文艺工作者提出殷切希望，对做好文联作协工作提出明确要求。这一重要讲话丰富发展了马克思主义文艺观，是马克思主义文艺理论中国化的最新成果，是推动作协工作和文学事业铸就新时代雄伟艺术高峰的纲领性文献，为广大作家和文学工作者树立大历史观、大时代观，推进新时代文学事业繁荣发展提供了根本遵循，具有重大现实意义和深远历史意义。

2. 全面把握、深刻理解重要讲话的内涵要义

要把学习贯彻习近平总书记在中国文联十一大、中国作协十大开幕式上的重要讲话，同学习贯彻习近平总书记关于文艺工作的系列重要讲话结合起来，系统掌握其中的新思想、新观点、新论断、新要求，用习近平新时代中国特色社会主义思想凝心聚魂。

要深刻认识党的百年奋斗凝结着我国文化奋斗的历史，进一步增强历史使命感和时代责任感。一百年来，在党的领导下，广大文艺工作者高擎民族精神火炬，吹响时代前行号角，为革命、建设、改革事业发挥了文艺的特殊作用。在新时代新征程上，广大文学工作者要心系“国之大者”，胸怀“两个大局”，不断增强文化自觉、坚定文化自信，以强烈的历史主动精神和艺术创造为社会主义文化强国建设、实现中华民族伟

考试笔记

大复兴的中国梦提供强大的价值引导力、文化凝聚力、精神推动力。

要深刻认识习近平总书记对文艺工作者提出的希望要求，进一步强化服务大局、服务时代、服务人民的自觉性和坚定性。要心系民族复兴伟业，热忱描绘新时代新征程的恢宏气象，把文学创作写到民族复兴的历史上，写在人民奋斗的征程中；坚守人民立场，把人民放在心中最高位置，创作更多满足人民文化需求和增强人民精神力量的优秀作品；坚持守正创新，把提高质量作为作品的生命线，以学习前人的礼敬之心和超越前人的竞胜之心，不断提升文学作品的精神能量、文化内涵、艺术价值，开拓文艺新境界；用情用力讲好中国故事，创作更多彰显中国审美旨趣、传播当代中国价值观念、反映全人类共同价值追求的精品力作，向世界展现可信、可爱、可敬的中国形象；坚持弘扬正道，坚守艺术理想，追求德艺双馨，以高尚的操守和文质兼美的作品，为历史存正气、为世人弘美德、为自身留清名。

要深刻认识习近平总书记对作协工作提出的重要要求，不断发挥好作协系统的组织优势。要坚持党的理论和路线方针政策，紧扣“做人的工作”这一任务，聚焦创作生产优秀作品这一中心环节，尊重和遵循文艺规律，不断深化改革，优化职能，健全体制，完善机制，强化行业服务、行业管理、行业自律，引领广大作家和文学工作者听党话、跟党走，繁荣创作、服务人民，铸就新时代的文艺高峰。

第四节　习近平《在哲学社会科学工作座谈会上的讲话》

考点

重要精神

习近平总书记在哲学社会科学工作座谈会上的重要讲话，对全体哲学社会科学工作者寄予殷切期望和郑重嘱托。他提出了“两个不可替代”的重要论断：哲学社会科学具有不可替代的重要地位，哲学社会科学工作者具有不可替代的重要作用。这“两个不可替代”实际上是不可分的。如果没有哲学社会科学重要地位的不可替代，就不存在哲学社会科学工作者重要作用的不可替代；如果没有哲学社会科学工作者同心协力、加快构建中国特色哲学社会科学的主体性，哲学社会科学不可替代的重要地位也无从体现、无从确立。因此，一切有理想、有抱负的哲学社会科学工作者都应立时代之潮头、通古今之变化、发思想之先声，积极为党和人民述学立论、建言献策，在为祖国和人民立德立言中实现自己的价值。

考试笔记

第五节　习近平《在文化传承发展座谈会上的讲话》

考点1

深刻把握中华文明的突出特性

中华优秀传统文化有很多重要元素，比如，天下为公、天下大同的社会理想，民为邦本、为政以德的治理思想，九州共贯、多元一体的大一统传统，修齐治平、兴亡有责的家国情怀，厚德载物、明德弘道的精神追求，富民厚生、义利兼顾的经济伦理，天人合一、万物并育的生态理念，实事求是、知行合一的哲学思想，执两用中、守中致和的思维方法，讲信修睦、亲仁善邻的交往之道等，共同塑造出中华文明的突出特性。

中华文明具有突出的连续性。中华文明是世界上唯一绵延不断且以国家形态发展至今的伟大文明。这充分证明了中华文明具有自我发展、回应挑战、开创新局的文化主体性与旺盛生命力。深厚的家国情

考试笔记

怀与深沉的历史意识，为中华民族打下了维护大一统的人心根基，成为中华民族历经千难万险而不断复兴的精神支撑。中华文明的连续性，从根本上决定了中华民族必然走自己的路。如果不从源远流长的历史连续性来认识中国，就不可能理解古代中国，也不可能理解现代中国，更不可能理解未来中国。

中华文明具有突出的创新性。中华文明是革故鼎新、辉光日新的文明，静水深流与波澜壮阔交织。连续不是停滞，更不是僵化，而是以创新为支撑的历史进步过程。中华民族始终以“苟日新，日日新，又日新”的精神不断创造自己的物质文明、精神文明和政治文明，在很长的历史时期内作为最繁荣最强大的文明体屹立于世。中华文明的创新性，从根本上决定了中华民族守正不守旧、尊古不复古的进取精神，决定了中华民族不惧新挑战、勇于接受新事物的无畏品格。

中华文明具有突出的统一性。中华文明长期的大一统传统，形成了多元一体、团结集中的统一性。“向内凝聚”的统一性追求，是文明连续的前提，也是文明连续的结果。团结统一是福，分裂动荡是祸，是中国人用血的代价换来的宝贵经验教训。中华文明的统一性，从根本上决定了中华民族各民族文化融为一体、即使遭遇重大挫折也牢固凝聚，决定了国土不可分、国家不可乱、民族不可散、文明不可断的共同信念，决定了国家统一永远是中国核心利益的核心，决定了一个坚强统一的国家是各族人民的命运所系。

中华文明具有突出的包容性。中华文明从来不用单一文化代替多元文化，而是由多元文化汇聚成共同文化，化解冲突，凝聚共识。中华文化认同超越地域乡土、血缘世系、宗教信仰等，把内部差异极大的广土巨族整合成多元一体的中华民族。越包容，就越是得到认同和维护，就越会绵延不断。中华文明的包容性，从根本上决定了中华民族交往交流交融的历史取向，决定了中国各宗教信仰多元并存的和谐格局，决定了中华文化对世界文明兼收并蓄的开放胸怀。

中华文明具有突出的和平性。和平、和睦、和谐是中华文明五千多年来一直传承的理念，主张以道德秩序构造一个群己合一的世界，在人己关系中以他人为重。倡导交通成和，反对隔绝闭塞；倡导共生并进，反对强人从己；倡导保合太和，反对丛林法则。中华文明的和平性，从根本上决定了中国始终是世界和平的建设者、全球发展的贡献者、国际秩序的维护者，决定了中国不断追求文明交流互鉴而不搞文化霸权，决定了中国不会把自己的价值观念与政治体制强加于人，决定了中国坚持合作、不搞对抗，决不搞“党同伐异”的小圈子。

考试笔记

考点2

深刻理解“两个结合”的重大意义

在五千多年中华文明深厚基础上开辟和发展中国特色社会主义，把马克思主义基本原理同中国具体实际、同中华优秀传统文化相结合是必由之路。这是我们在探索中国特色社会主义道路中得出的规律性认识。我们一直强调把马克思主义基本原理同中国具体实际相结合，现在我们又明确提出“第二个结合”。如果没有中华五千年文明，哪里有什么中国特色？如果不是中国特色，哪有我们今天这么成功的中国特色社会主义道路？只有立足波澜壮阔的中华五千多年文明史，才能真正理解中国道路的历史必然、文化内涵与独特优势。

历史正反两方面的经验表明，“两个结合”是我们取得成功的最大法宝。

第一，“结合”的前提是彼此契合。“结合”不是硬凑在一起的。马克思主义和中华优秀传统文化来源不同，但彼此存在高度的契合性。比如，天下为公、讲信修睦的社会追求与共产主义、社会主义的理想信念相通，民为邦本、为政以德的治理思想与人民至上的政治观念相融，革故鼎新、自强不息的担当与共产党人的革命精神相合。马克思主义从社会关系的角度把握人的本质，中华文化也把人安放在家国天下之中，都反对把人看作孤立的个体。相互契合才能有机结合。正是在这个意义上，我们才说中国共产党既是马克思主义的坚定信仰者和践行者，又是中华优秀传统文化的忠实继承者和弘

考试笔记

扬者。

第二，“结合”的结果是互相成就。“结合”不是“拼盘”，不是简单的“物理反应”，而是深刻的“化学反应”，造就了一个有机统一的新的文化生命体。一方面，马克思主义把先进的思想理论带到中国，以真理之光激活了中华文明的基因，引领中国走进现代世界，推动了中华文明的生命更新和现代转型。从民本到民主，从九州共贯到中华民族共同体，从万物并育到人与自然和谐共生，从富民厚生到共同富裕，中华文明别开生面，实现了从传统到现代的跨越，发展出中华文明的现代形态。另一方面，中华优秀传统文化充实了马克思主义的文化生命，推动马克思主义不断实现中国化时代化的新飞跃，显示出日益鲜明的中国风格与中国气派，中国化马克思主义成为中华文化和中国精神的时代精华。“第二个结合”让马克思主义成为中国的，中华优秀传统文化成为现代的，让经由“结合”而形成的新文化成为中国式现代化的文化形态。

第三，“结合”筑牢了道路根基。我们的社会主义为什么不一样？为什么能够生机勃勃、充满活力？关键就在于中国特色。中国特色的关键就在于“两个结合”。中国特色社会主义道路首先是社会主义，这是从马克思主义那里来的；同时，中国文化中朴素的社会主义元素也提供了中国接受马克思主义的文化基础。建设中国特色社会主义，我们的道路越走越宽广、越走越坚定。在中国特色社会主义新时代，党和国家的事业之所以取得了历史性成就、发生了历史性变革，一个重要原因就是我们坚持了“两个结合”。中国特色社会主义道路是在马克思主义指导下走出来的，也是从五千多年中华文明史中走出来的；“第二个结合”让中国特色社会主义道路有了更加宏阔深远的历史纵深，拓展了中国特色社会主义道路的文化根基。中国式现代化是强国建设、民族复兴的康庄大道。中国式现代化赋予中华文明以现代力量，中华文明赋予中国式现代化以深厚底蕴。中国式现代化是赓续古老文明的现代化，而不是消灭古老文明的现代化；是从中华大地长出来的现代化，不是照搬照抄其他国家的现代化；是文明更新的结果，不是文明断裂的产物。中国式现代化是中华民族的旧邦新命，必将推动中华文明重焕荣光。

考试笔记

第四，“结合”打开了创新空间。“结合”本身就是创新，同时又开启了广阔的理论和实践创新空间。“第二个结合”让我们掌握了思想和文化主动，并有力地作用于道路、理论和制度。从这个角度看，我们党开创的人民代表大会制度、政治协商制度，与中华文明的民本思想，天下共治理念，“共和”“商量”的施政传统，“兼容并包、求同存异”的政治智慧都有深刻关联。我们没有搞联邦制、邦联制，确立了单一制国家形式，实行民族区域自治制度，就是顺应向内凝聚、多元一体的中华民族发展大趋势，承继九州共贯、六合同风、四海一家的中国文化大一统传统。更重要的是，“第二个结合”是又一次的思想解放，让我们能够在更广阔的文化空间中，充分运用中华优秀传统文化的宝贵资源，探索面向未来的理论和制度创新。

第五，“结合”巩固了文化主体性。任何文化要立得住、行得远，要有引领力、凝聚力、塑造力、辐射力，就必须有自己的主体性。中国共产党历来重视文化，新时代我们在道路自信、理论自信、制度自信的基础上增加了文化自信。文化自信就来自我们的文化主体性。这一主体性是中国共产党带领中国人民在中国大地上建立起来的；是在创造性转化、创新性发展中华优秀传统文化，继承革命文化，发展社会主义先进文化的基础上，借鉴吸收人类一切优秀文明成果的基础上建立起来的；是通过把马克思主义基本原理同中国具体实际、同中华优秀传统文化相结合建立起来的。创立习近平新时代中国特色社会主义思想就是这一文化主体性的最有力体现。有了文化主体性，就有了文化意义上坚定的自我，文化自信就有了根本依托，中国共产党就有了引领时代的强大文化力量，中华民族和中国人民就有了国家认同的坚实文化基础，中华文明就有了和世界其他文明交流互鉴的鲜明文化特性。

“第二个结合”，是我们党对马克思主义中国化时代化历史经验的深刻总结，是对中华文明发展规律的深刻把握，表明我们党对中国道路、理论、制度的认识达到了新高度，表明我们党的历史自信、文化自信达到了新高度，表明我们党在传承中华优秀传统文化中推进文化创新的自觉性达到了新高度。

考试笔记

考点3

更好担负起新的文化使命

党的十八大以来，党中央在领导党和人民推进治国理政的实践中，把文化建设摆在全局工作的重要位置。经过这些年的不懈努力，文化传承发展呈现出新的气象、开创了新的局面，社会主义文化强国建设迈出坚实步伐。

在实践中，我们不断深化对文化建设的规律性认识，提出一系列新思想新观点新论断。这些重要观点，是新时代党领导文化建设实践经验的理论总结，是做好宣传思想文化工作的根本遵循，必须长期坚持贯彻、不断丰富发展。

在新的起点上继续推动文化繁荣、建设文化强国、建设中华民族现代文明，是我们在新时代新的文化使命。

第一，坚定文化自信。自信才能自强。有文化自信的民族，才能立得住、站得稳、行得远。中华文明历经数千年而绵延不绝、迭遭忧患而经久不衰，这是人类文明的奇迹，也是我们自信的底气。坚定文化自信，就是坚持走自己的路。坚定文化自信的首要任务，就是立足中华民族伟大历史实践和当代实践，用中国道理总结好中国经验，把中国经验提升为中国理论，既不盲从各种教条，也不照搬外国理论，实现精神上的独立自主。要把文化自信融入全民族的精神气质与文化品格中，养成昂扬向上的风貌和理性平和的心态。

第二，秉持开放包容。开放包容始终是文明发展的活力来源，也是文化自信的显著标志。中华文明的博大气象，就得益于中华文化自古以来开放的姿态、包容的胸怀。秉持开放包容，就是要更加积极主动地学习借鉴人类创造的一切优秀文明成果。无论是对内提升先进文化的凝聚力感召力，还是对外增强中华文明的传播力影响力，都离不开融通中外、贯通古今。经过长期努力，我们比以往任何一个时代都更有条件破解“古今中西之争”，也比以往任何一个时代都更迫切需要一批熔铸古今、汇通中西的文化成果。我们必须坚持马克思主义中

考试笔记

国化时代化，传承发展中华优秀传统文化，促进外来文化本土化，不断培育和创造新时代中国特色社会主义文化。

第三，坚持守正创新。对文化建设来说，守正才能不迷失自我、不迷失方向，创新才能把握时代、引领时代。守正，守的是马克思主义在意识形态领域指导地位的根本制度，守的是“两个结合”的根本要求，守的是中国共产党的文化领导权和中华民族的文化主体性。创新，创的是新思路、新话语、新机制、新形式，要在马克思主义指导下真正做到古为今用、洋为中用、辩证取舍、推陈出新，实现传统与现代的有机衔接。新时代的文化工作者必须以守正创新的正气和锐气，赓续历史文脉、谱写当代华章。

第六节　中共中央关于繁荣发展社会主义文艺的意见

考点1

做好文艺工作的重大意义和指导思想

1. 充分认识文艺工作的重要作用

文艺是民族精神的火炬，是时代前进的号角，最能代表一个民族的风貌，最能引领一个时代的风气。文艺事业是党和人民事业的重要组成部分。我们党历来高度重视文艺工作，在革命、建设、改革各个时期，充分运用文艺引领时代风尚、鼓舞人民前进、推动社会进步。实现中华民族伟大复兴，离不开中华文化繁荣兴盛，离不开文艺事业繁荣发展。举精神旗帜、立精神支柱、建精神家园，是当代中国文艺的崇高使命。弘扬中国精神、传播中国价值、凝聚中国力量，是文艺工作者的神圣职责。

考试笔记

2. 准确把握文艺工作面临的形势

当前，我国文艺创作生产活跃，内容形式丰富，风格手法多样，涌现了一大批人民喜爱的优秀作品，呈现出百花竞放、蓬勃发展的生动景象。广大文艺工作者辛勤耕耘、服务人民，取得了显著成绩，作出了重要贡献。随着改革开放和社会主义现代化建设深入推进，我国经济社会发展取得巨大成就，现代科学技术日新月异，对外交流交往不断加深，国际地位显著提升，人民精神文化需求日益增长，为文艺发展提供了坚实基础、内在动力、广阔空间。同时，意识形态领域形势十分复杂，巩固思想文化阵地、维护国家文化安全的任务更加紧迫；在思想活跃、观念碰撞、文化交融的背景下，文艺领域还存在价值扭曲、浮躁粗俗、娱乐至上、唯市场化等问题，价值引领的任务艰巨迫切；文艺创作生产存在有数量缺质量、有“高原”缺“高峰”，抄袭模仿、千篇一律、粗制滥造等问题，推出精品力作的任务依然繁重；文艺评论存在“缺席”“缺位”现象，对优秀作品推介不够，对不良现象批评乏力，文艺评论辨善恶、鉴美丑、促繁荣的作用有待强化。文艺环境、业态、格局深刻调整，创作、传播、消费深刻变化，新的文艺组织和文艺群体大量出现，引导、管理、服务的体制机制、手段方法亟须改革创新。

3. 文艺工作的指导思想和方针原则

高举中国特色社会主义伟大旗帜，以马克思列宁主义、毛泽东思想、邓小平理论、“三个代表”重要思想、科学发展观为指导，深入学习贯彻习近平总书记系列重要讲话精神，紧紧围绕全面建成小康社会、全面深化改革、全面依法治国、全面从严治党的战略布局，深入贯彻党的十八大和十八届三中、四中全会精神，坚持社会主义先进文化前进方向，全面贯彻“二为”方向和“双百”方针，紧紧依靠广大文艺工作者，坚持以人民为中心，以社会主义核心价值观为引领，以中国精神为灵魂，以中国梦为时代主题，以中华优秀传统文化为根脉，以创新为动力，以创作生产优秀作品为中心环节，深入实践、深入生活、深入群众，推出更多无愧于民族、无愧于时代的文艺精品，不断满足人民精神文化需求，建设社会主义文化强国，为实现“两个一百年”奋斗目标、实现中华民族伟大复兴的中国梦提供强大的价值引导力、文化凝聚力、精神推动力。

考试笔记

考点2

坚持以人民为中心的创作导向

1. 为人民抒写、为人民抒情

社会主义文艺本质上是人民的文艺，人民的需要是文艺存在的根本价值。解决好“为了谁、依靠谁、我是谁”的问题，牢固树立人民是历史创造者的观点，自觉以最广大人民为服务对象和表现主体，在人民生产生活中进行美的发现和美的创造。生动展现人民创造历史的伟大进程，用现实主义精神和浪漫主义情怀观照现实生活，歌颂光明、抒发理想，鞭挞丑恶、抵制低俗，给人民信心和力量。紧跟时代发展，把握人民对文艺作品质量、品位、风格等的期盼，创作生产更多人民喜闻乐见的优秀作品，推动人民精神文化生活不断迈上新台阶。

2. 深入生活、扎根人民

生活是文艺创作的源头活水，人民是文艺工作者的衣食父母。大力倡导文艺工作者深入生活、扎根人民，虚心向人民学习、向实践学习，不断进行生活的积累和艺术的提炼。制定支持文艺工作者长期深入生活的经济政策，健全长效保障机制，为他们蹲点生活、挂职锻炼、采风创作提供必要的工作条件和成果展示平台。完善激励机制，把深入生活纳入文艺单位目标管理和领导班子业绩考核，作为文艺工作者业务考核、职称评定、表彰奖励的重要依据。发挥知名作家艺术家的带头作用，使深入生活、扎根人民在文艺界蔚然成风。

3. 面向基层、服务群众

坚持重心下移，把各种文艺惠民措施纳入公共文化服务体系建设规划，推行菜单式服务，以实效为标准，提升质量和水平。创新形式、持续开展“文化进万家”“送欢乐下基层”“心连心”、文化艺术志愿服务、农村电影放映、全民阅读等活动，深入推进服务农民、服务基层文化建设先进集体创建活动。组织实施基层群众文化建设工

考试笔记

程，发挥农家书屋、社区书屋效用，落实乡镇文化站职能，在编制总量内健全社区文化中心专兼职岗位，落实国家规定的工资待遇政策。促进“送文化”与群众需求有效对接，加大政府对面向基层文艺产品和服务的购买力度。建立“结对子、种文化”工作机制，组织专业文艺工作者到基层教、学、帮、带。实施农村中小学艺术教育计划，鼓励艺术院校毕业生到农村中小学任教。

4. 激发人民创造活力、繁荣群众文艺

充分尊重人民群众的主体地位和首创精神，使蕴藏于群众中的创造活力充分迸发。制定繁荣群众文艺发展规划，健全群众文艺工作网络，发挥好基层文联、作协、文化馆（站）、群艺馆在群众文艺创作中的引领作用，壮大民间文艺力量。完善群众文艺扶持机制，扶持引导业余文艺社团、民营剧团、演出队、老年大学以及青少年文艺群体、网络文艺社群、社区和企业文艺骨干、乡土文化能人等广泛开展创作活动，创新载体形式，展示群众文艺创作优秀成果。提高社区文化、村镇文化、企业文化、校园文化、军营文化、网络文化建设水平，培育积极健康、多姿多彩的文化形态，引导群众在参与中自我表现、自我教育、自我服务。普及文艺知识，培养文艺爱好，提高全民文化素养。鼓励群众文艺与旅游、体育等相关产业相结合。

5. 建立经得起人民检验的评价标准

评价文艺作品，要以最广大人民的根本利益为出发点和落脚点，坚持把社会效益放在首位，努力实现社会效益和经济效益、社会价值和市场价值相统一，绝不让文艺成为市场的奴隶。建立健全反映文艺作品质量的综合评价体系，完善影视剧、文艺演出、美术和文艺类出版物等创作生产出版的立项、采购、评审标准，完善文艺作品推介传播等环节的评估标准，把票房收入、收视率、收听率、点击率、发行量等量化指标，与专家评价、群众认可统一起来，推动文艺健康发展。把服务群众和引领群众结合起来，既满足人民多样化精神文化需求，又加强引导、克服浮躁，讲品位、讲格调，坚决抵制趋利媚俗之风。

考点3

考试笔记

让中国精神成为社会主义文艺的灵魂

1. 聚焦中国梦的时代主题

实现中华民族伟大复兴的中国梦，是当代文艺创作的鲜明主题。深入开展中国梦主题文艺创作活动，生动反映改革开放和社会主义现代化建设的伟大实践，全面展示中国特色社会主义发展前景，着力书写人们寻梦的理想和追梦的奋斗，汇聚起同心共筑中国梦的强大精神力量。不断丰富拓展中国梦的表现内容，既讲好国家民族宏大故事，又讲好百姓身边日常故事，用生动的艺术形象和叙事体现中国梦的丰富内涵，见人、见事、见精神。

2. 培育和弘扬社会主义核心价值观

社会主义核心价值观是中国精神的集中体现和时代表达。坚持以社会主义核心价值观引领文艺创作生产，实现核心价值观的全方位贯穿、深层次融入，通过精彩的故事、鲜活的语言、丰满的形象，使核心价值观生动活泼、活灵活现地体现在文艺作品中，潜移默化、滋养人心，让人们在文化熏陶中感悟认同社会主流价值。运用各种形式，艺术展现党史国史上的重大事件、重要人物，让光辉业绩、革命传统一代一代传承光大。大力支持文艺单位和作家艺术家从社会生活、当代人物中挖掘题材，讴歌真善美，贬斥假恶丑，彰显信仰之美、崇高之美，引导人们向往和追求讲道德、尊道德、守道德的生活。文学、艺术、电影、出版等方面的基金、资金，重点支持传递向上向善价值观的青少年文艺创作和推广。

3. 唱响爱国主义主旋律

爱国主义是中国精神最深层、最根本的内容，也是文艺创作的永恒追求。坚持唯物史观，不管历史条件发生任何变化，凡是为中华民族作出历史贡献的英雄，都应得到尊敬、受到颂扬，被人民记忆、由文艺书写。组织和支持爱国主义题材文艺创作，大力讴歌民族英雄，倾诉家国情怀，弘扬集体主义精神，不断增强做中国人的骨气和底

考试笔记

气。正确反映中华民族五千多年文明史、中国人民近代以来斗争史、中国共产党奋斗史、中华人民共和国发展史、当代中国改革开放史，生动反映各族人民维护祖国统一、海外儿女心向祖国的心路历程。旗帜鲜明反对历史虚无主义，抵制否定中华文明、破坏民族团结、歪曲党史国史、诋毁国家形象、丑化人民群众的言论和行为，反对以洋为尊、唯洋是从，引导人民树立和坚持正确的历史观、民族观、国家观、文化观，不断增强中国特色社会主义道路自信、理论自信、制度自信。拓展爱国主义题材的表现空间，不断丰富形式、创新手法，增强艺术魅力。充分运用重要纪念日、民族传统节日等时间节点，集中展映展播展示群众喜爱的爱国主义优秀作品，开展丰富多彩的群众性文化活动。

4. 传承和弘扬中华优秀传统文化

中华优秀传统文化是中华民族的精神命脉，是我们屹立于世界文化之林的坚实根基。坚守中华文化立场，坚持古为今用、推陈出新，秉持客观科学礼敬的态度，努力实现创造性转化和创新性发展。弃其糟粕、取其精华，从传统文化中提炼符合当今时代需要的思想理念、道德规范、价值追求，赋予新意、创新形式，进行艺术转化和提升，创作更多具有中华文化底色、鲜明中国精神的文艺作品。实施中华文化传承工程，通过国民教育、民间传承、礼仪规范、政策引导和舆论宣传、文艺创作等各个方面，传承中华文化基因。做好古籍整理、经典出版、义理阐释、社会普及工作。加强对中华诗词、音乐舞蹈、书法绘画、曲艺杂技和历史文化纪录片、动画片、出版物等的扶持。发展民族民间艺术，保护和发掘我国少数民族文艺成果及资源，保护和传承非物质文化遗产。实施地方戏曲振兴计划，做好京剧“像音像”工作，挖掘整理优秀传统剧目，推进数字化保存和传播。推进基层国有文艺院团排练演出场所建设，政府采购戏曲项目，提供公共文化服务，推进戏曲进校园。扶持中华文化基因校园传承工作，建设一批中华优秀传统文化教育基地。

考点4

考试笔记

创作无愧于时代的优秀作品

1. 把创作优秀作品作为中心环节

牢固树立精品意识，推出更多思想精深、艺术精湛、制作精良，体现时代文化成就、代表国家文化形象的文艺精品。组织实施中国当代文学艺术创作工程，科学编制现实题材、爱国主义题材、重大革命和历史题材、青少年题材等专项创作规划，优化创作生产平台，重点支持文学、影视剧、戏剧、音乐、美术等创作。提高组织化程度，集中力量、集聚资源，推出一批有筋骨、有道德、有温度、艺术震撼力强的大作力作，努力形成文艺创作生产的“高峰”。中央和地方设立文艺创作专项资金或基金，加大对创作生产的投入，加强对评论、宣传和推广的保障。发挥精神文明建设“五个一工程”等的示范导向作用，加大评奖成果的宣传展示。办好媒体文艺栏目节目，实施中国文艺原创精品出版项目。

2. 把创新精神贯穿创作生产全过程

坚持思想性、艺术性相统一，坚持内容为王、创意制胜，提高文艺原创能力，在探索中突破超越，在融合中出新出彩，着力增强文艺作品的吸引力、感染力。重点扶持文学、剧本、作曲等原创性、基础性环节，注重富有个性化的创造，避免过多过滥的重复改编。把继承创新和交流借鉴统一起来，深入挖掘和提炼优秀传统文化中的有益思想艺术价值，积极吸收各国优秀文化成果，使文艺更加符合时代进步潮流，更好引领社会风尚。推动文艺与新技术、新业态、新模式、新媒体有机融合，以数字化技术为先导，积极推动文艺创作生产方式的变革和进步，丰富创作手段，拓展艺术空间，不断增强艺术表现力、核心竞争力。

3. 高度重视和切实加强文艺理论和评论工作

坚持以马克思主义为指导，继承中国传统文艺理论评论优秀遗产，批判借鉴外国文艺理论，研究梳理、弘扬创新中华美学精神，推

考试笔记

动美德、美学、美文相结合，展现当代中国审美风范。实施马克思主义文艺理论与评论建设工程，深入研究中国特色社会主义文艺理论，编好用好马克思主义文艺理论教材，把马克思主义中国化最新成果贯穿到课堂教学和文艺评论实践各环节。扶持重点文艺评论力量，发挥好各级文艺评论组织、研究机构、高等学校的积极作用。办好重点文艺评论报刊、网站和栏目，丰富表达形式，拓展传播途径。坚持运用历史的、人民的、艺术的、美学的观点评判和鉴赏作品，褒优贬劣、激浊扬清。

4. 大力发展网络文艺

网络文艺充满活力，发展潜力巨大。坚持“重在建设和发展、管理、引导并重”的方针，实施网络文艺精品创作和传播计划，鼓励推出优秀网络原创作品，推动网络文学、网络音乐、网络剧、微电影、网络演出、网络动漫等新兴文艺类型繁荣有序发展，促进传统文艺与网络文艺创新性融合，鼓励作家艺术家积极运用网络创作传播优秀作品。充分发挥新媒体的独特优势，把握传播规律，加强重点文艺网站建设，善于运用微博、微信、移动客户端等载体，促进优秀作品多渠道传输、多平台展示、多终端推送。加强内容管理，创新管理方式，规范传播秩序，让正能量引领网络文艺发展。

5. 加强文艺阵地建设

进一步加强领导、加强规划、加大投入，充分发挥报纸、期刊、电台、电视台、网络媒体、图书音像电子出版物的积极作用，建好用好剧场、电影院、文化馆（站）、群艺馆、美术馆、工人文化宫、文化广场、基层综合性文化服务中心等各类文艺阵地。因地制宜、因时制宜，采用群众喜闻乐见的方式，举办各种展映展播展演展览和品读鉴赏传唱活动，让优秀文艺作品走进基层群众特别是广大青少年。切实增强政治意识、责任意识、阵地意识，按照谁主管谁负责和属地管理原则，加强对各类文艺阵地的管理，做到守土有责、守土负责、守土尽责，绝不给错误文艺思潮和不良文艺作品提供传播渠道。

6. 推动优秀文艺作品走出去

运用文艺形式讲好中国故事、展示中国魅力，是树立当代中国良好形象、提升国家文化软实力的重要战略任务。深入挖掘博大精深的传统文化、多姿多彩的民族文化、昂扬向上的红色文化、充满生机的当代文化，创作生产符合对外传播规律、易于让国外受众接受的优秀作品，不断增强中国文艺的吸引力和感召力。加强统筹指导，完善协调机制，把实施丝绸之路文化项目、丝绸之路影视桥、丝路书香等项目纳入国家“一带一路”倡议，制订文化交流合作专项计划。实施中国当代作品翻译工程，遴选具有代表性的中国当代文艺作品，进行多语种翻译、出版、播映、展示。充分利用国内和国际、政府和民间多种对外交流渠道和活动平台，把文艺走出去纳入人文交流机制，向世界推介我国优秀文艺作品。

考点5

建设德艺双馨的文艺队伍

1. 加强思想道德建设

文艺工作者是灵魂的工程师，必须把思想道德建设放在首位。深化马克思主义文艺观学习教育，引导文艺工作者成为党的文艺方针政策的拥护者、践行者，成为时代风气的先行者、先倡者。深化社会主义核心价值观学习教育，引导文艺工作者打牢世界观、人生观、价值观的根底，明确是非、善恶、美丑的界限，摒弃低俗、庸俗、媚俗现象，弘扬公德良序，树立新风正气。组织开展“做人民喜爱的文艺工作者”活动，引导文艺工作者牢记文化担当和社会责任，不断提高学养、涵养、修养。广泛开展职业道德职业精神教育，引导文艺工作者自觉遵守《中国文艺工作者职业道德公约》，处理好义利关系，反对拜金主义、享乐主义、极端个人主义，秉持职业操守，树立良好形象。

2. 培养造就文艺领军人物和高素质文艺人才

着眼于培养大批有影响的各领域文艺领军人物，造就大批人民喜爱的名家大师和民族文化代表人物，深入实施文化名家暨“四个一批”人才工程，进一步加大文艺名家资助扶持、宣传推介力度，实施好国家“千人计划”“万人计划”文化艺术人才项目，加大国内文化

考试笔记

艺术领军人才和青年拔尖人才培养支持力度。加强马克思主义文艺理论评论队伍建设，实施文艺理论评论队伍培养计划。做好各类文艺人才培训工作，实施基层文化队伍培训计划、民族地区文艺人才培养计划。加强和改进专业艺术教育工作，优化专业结构，提高教学质量。落实重大文化项目首席专家制度，完善文艺人才职称职务评聘措施和办法，支持特殊专业艺术人才的学历、职称认定。

3. 做好新的文艺组织和文艺群体工作

新的文艺组织和文艺群体已经成为文化艺术领域的有生力量。要扩大工作覆盖面，延伸联系手臂，完善工作机制，创新组织方式，做好团结、引导、服务工作，发挥好新的文艺组织和文艺群体在繁荣发展社会主义文艺中的积极作用。各级宣传、文化、新闻出版广电部门和文联、作协，要在项目申报、教育培训、展演展示、评比奖励等方面创造条件，在发展会员、职称评定等方面提供便利。文化园区、新的文艺群体聚居区所在县（区）以及街道、乡镇党委和政府要切实加强管理和服务。

第七节　关于实施中华优秀传统文化传承发展工程的意见

考点1

重要意义和总体要求

1. 重要意义

中华文化源远流长、灿烂辉煌。在五千多年文明发展中孕育的中华优秀传统文化，积淀着中华民族最深沉的精神追求，代表着中华民族独特的精神标识，是中华民族生生不息、发展壮大的丰厚滋养，是中国特色社会主义植根的文化沃土，是当代中国发展的突出优势，对延续和发展中华文明、促进人类文明进步发挥着重要作用。

中国共产党在领导人民进行革命、建设、改革伟大实践中，自觉肩负起传承发展中华优秀传统文化的历史责任，是中华优秀传统文化的忠实继承者、弘扬者和建设者。党的十八大以来，在以习近平同志为核心的党中央领导下，各级党委和政府更加自觉、更加主动推动中华优秀传统文化的传承与发展，开展了一系列富有创新、富有成效的工作，有力增强了中华优秀传统文化的凝聚力、影响力、创造力。同时要看到，随着我国经济社会深刻变革、对外开放日益扩大、互联网技术和新媒体快速发展，各种思想文化交流交融交锋更加频繁，迫切需要深化对中华优秀传统文化重要性的认识，进一步增强文化自觉和文化自信；迫切需要深入挖掘中华优秀传统文化价值内涵，进一步激发中华优秀传统文化的生机与活力；迫切需要加强政策支持，着力构建中华优秀传统文化传承发展体系。实施中华优秀传统文化传承发展工程，是建设社会主义文化强国的重大战略任务，对于传承中华文脉、全面提升人民群众文化素养、维护国家文化安全、增强国家文化软实力、推进国家治理体系和治理能力现代化，具有重要意义。

2. 指导思想

高举中国特色社会主义伟大旗帜，全面贯彻党的十八大和十八届三中、四中、五中、六中全会精神，坚持以马克思列宁主义、毛泽东思想、邓小平理论、“三个代表”重要思想、科学发展观为指导，深入贯彻习近平总书记系列重要讲话精神和治国理政新理念新思想新战略，紧紧围绕实现中华民族伟大复兴的中国梦，深入贯彻新发展理念，坚持以人民为中心的工作导向，坚持以社会主义核心价值观为引领，坚持创造性转化、创新性发展，坚守中华文化立场、传承中华文化基因，不忘本来、吸收外来、面向未来，汲取中国智慧、弘扬中国精神、传播中国价值，不断增强中华优秀传统文化的生命力和影响力，创造中华文化新辉煌。

3. 基本原则

（1）牢牢把握社会主义先进文化前进方向。坚持中国特色社会主义文化发展道路，立足于巩固马克思主义在意识形态领域的指导地位、巩固全党全国人民团结奋斗的共同思想基础，弘扬社会主义核心价值观，培育民族精神和时代精神，解决现实问题、助推社会发展。

考试笔记

（2）坚持以人民为中心的工作导向。坚持为了人民、依靠人民、共建共享，注重文化熏陶和实践养成，把跨越时空的思想理念、价值标准、审美风范转化为人们的精神追求和行为习惯，不断增强人民群众的文化参与感、获得感和认同感，形成向上向善的社会风尚。

（3）坚持创造性转化和创新性发展。坚持辩证唯物主义和历史唯物主义，秉持客观、科学、礼敬的态度，取其精华、去其糟粕，扬弃继承、转化创新，不复古泥古，不简单否定，不断赋予新的时代内涵和现代表达形式，不断补充、拓展、完善，使中华民族最基本的文化基因与当代文化相适应、与现代社会相协调。

（4）坚持交流互鉴、开放包容。以我为主、为我所用，取长补短、择善而从，既不简单拿来，也不盲目排外，吸收借鉴国外优秀文明成果，积极参与世界文化的对话交流，不断丰富和发展中华文化。

（5）坚持统筹协调、形成合力。加强党的领导，充分发挥政府主导作用和市场积极作用，鼓励和引导社会力量广泛参与，推动形成有利于传承发展中华优秀传统文化的体制机制和社会环境。

4. 总体目标

到 2025 年，中华优秀传统文化传承发展体系基本形成，研究阐发、教育普及、保护传承、创新发展、传播交流等方面协同推进并取得重要成果，具有中国特色、中国风格、中国气派的文化产品更加丰富，文化自觉和文化自信显著增强，国家文化软实力的根基更为坚实，中华文化的国际影响力明显提升。

考点2

主要内容

1. 核心思想理念

中华民族和中国人民在修齐治平、尊时守位、知常达变、开物成务、建功立业过程中培育和形成的基本思想理念，如革故鼎新、与时俱进的思想，脚踏实地、实事求是的思想，惠民利民、安民富民的思

考试笔记

想，道法自然、天人合一的思想等，可以为人们认识和改造世界提供有益启迪，可以为治国理政提供有益借鉴。传承发展中华优秀传统文化，就要大力弘扬讲仁爱、重民本、守诚信、崇正义、尚和合、求大同等核心思想理念。

2. 中华传统美德

中华优秀传统文化蕴含着丰富的道德理念和规范，如天下兴亡、匹夫有责的担当意识，精忠报国、振兴中华的爱国情怀，崇德向善、见贤思齐的社会风尚，孝悌忠信、礼义廉耻的荣辱观念，体现着评判是非曲直的价值标准，潜移默化地影响着中国人的行为方式。传承发展中华优秀传统文化，就要大力弘扬自强不息、敬业乐群、扶危济困、见义勇为、孝老爱亲等中华传统美德。

3. 中华人文精神

中华优秀传统文化积淀着多样、珍贵的精神财富，如求同存异、和而不同的处世方法，文以载道、以文化人的教化思想，形神兼备、情景交融的美学追求，俭约自守、中和泰和的生活理念等，是中国人民思想观念、风俗习惯、生活方式、情感样式的集中表达，滋养了独特丰富的文学艺术、科学技术、人文学术，至今仍然具有深刻影响。传承发展中华优秀传统文化，就要大力弘扬有利于促进社会和谐、鼓励人们向上向善的思想文化内容。

考点3

重点任务

1. 深入阐发文化精髓

加强中华文化研究阐释工作，深入研究阐释中华文化的历史渊源、发展脉络、基本走向，深刻阐明中华优秀传统文化是发展当代中国马克思主义的丰厚滋养，深刻阐明传承发展中华优秀传统文化是建设中国特色社会主义事业的实践之需，深刻阐明丰富多彩的多民族文化是中华文化的基本构成，深刻阐明中华文明是在与其他文明不断交

考试笔记

流互鉴中丰富发展的，着力构建有中国底蕴、中国特色的思想体系、学术体系和话语体系。加强党史国史及相关档案编修，做好地方史志编纂工作，巩固中华文明探源成果，正确反映中华民族文明史，推出一批研究成果。实施中华文化资源普查工程，构建准确权威、开放共享的中华文化资源公共数据平台。建立国家文物登录制度。建设国家文献战略储备库、革命文物资源目录和大数据库。实施国家古籍保护工程，完善国家珍贵古籍名录和全国古籍重点保护单位评定制度，加强中华文化典籍整理编纂出版工作。完善非物质文化遗产、馆藏革命文物普查建档制度。

2. 贯穿国民教育始终

围绕立德树人根本任务，遵循学生认知规律和教育教学规律，按照一体化、分学段、有序推进的原则，把中华优秀传统文化全方位融入思想道德教育、文化知识教育、艺术体育教育、社会实践教育各环节，贯穿于启蒙教育、基础教育、职业教育、高等教育、继续教育各领域。以幼儿、小学、中学教材为重点，构建中华文化课程和教材体系。编写中华文化幼儿读物，开展“少年传承中华传统美德”系列教育活动，创作系列绘本、童谣、儿歌、动画等。修订中小学道德与法治、语文、历史等课程教材。推动高校开设中华优秀传统文化必修课，在哲学社会科学及相关学科专业和课程中增加中华优秀传统文化的内容。加强中华优秀传统文化相关学科建设，重视保护和发展具有重要文化价值和传承意义的“绝学”、冷门学科。推进职业院校民族文化传承与创新示范专业点建设。丰富拓展校园文化，推进戏曲、书法、高雅艺术、传统体育等进校园，实施中华经典诵读工程，开设中华文化公开课，抓好传统文化教育成果展示活动。研究制定国民语言教育大纲，开展好国民语言教育。加强面向全体教师的中华文化教育培训，全面提升师资队伍水平。

3. 保护传承文化遗产

坚持保护为主、抢救第一、合理利用、加强管理的方针，做好文物保护工作，抢救保护濒危文物，实施馆藏文物修复计划，加强新型城镇化和新农村建设中的文物保护。加强历史文化名城名镇名村、历史文化街区、名人故居保护和城市特色风貌管理，实施中国传统村落保护工程，做好传统民居、历史建筑、革命文化纪念地、农业遗产、工业遗产保护工作。规划建设一批国家文化公园，成为中华文化重要标识。推进地名文化遗产保护。实施非物质文化遗产传承发展工程，进一步完善非物质文化遗产保护制度。实施传统工艺振兴计划。大力推广和规范使用国家通用语言文字，保护传承方言文化。开展少数民族特色文化保护工作，加强少数民族语言文字和经典文献的保护和传播，做好少数民族经典文献和汉族经典文献互译出版工作。实施中华民族音乐传承出版工程、中国民间文学大系出版工程。推动民族传统体育项目的整理研究和保护传承。

考试笔记

4. 滋养文艺创作

善于从中华文化资源宝库中提炼题材、获取灵感、汲取养分，把中华优秀传统文化的有益思想、艺术价值与时代特点、要求相结合，运用丰富多样的艺术形式进行当代表达，推出一大批底蕴深厚、涵育人心的优秀文艺作品。科学编制重大革命和历史题材、现实题材、爱国主义题材、青少年题材等专项创作规划，提高创作生产组织化程度，彰显中华文化的精神内涵和审美风范。加强对中华诗词、音乐舞蹈、书法绘画、曲艺杂技和历史文化纪录片、动画片、出版物等的扶持。实施戏曲振兴工程，做好戏曲“像音像”工作，挖掘整理优秀传统剧目，推进数字化保存和传播。实施网络文艺创作传播计划，推动网络文学、网络音乐、网络剧、微电影等传承发展中华优秀传统文化。实施中国经典民间故事动漫创作工程、中华文化电视传播工程，组织创作生产一批传承中华文化基因、具有大众亲和力的动画片、纪录片和节目栏目。大力加强文艺评论，改革完善文艺评奖，建立有中国特色的文艺研究评论体系，倡导中华美学精神，推动美学、美德、美文相结合。

5. 融入生产生活

注重实践与养成、需求与供给、形式与内容相结合，把中华优秀传统文化内涵更好更多地融入生产生活各方面。深入挖掘城市历史文化价值，提炼精选一批凸显文化特色的经典性元素和标志性符号，纳入城镇化建设、城市规划设计，合理应用于城市雕塑、广场园林等公共空间，避免千篇一律、千城一面。挖掘整理传统建筑文化，鼓励建

考试笔记

筑设计继承创新，推进城市修补、生态修复工作，延续城市文脉。加强“美丽乡村”文化建设，发掘和保护一批处处有历史、步步有文化的小镇和村庄。用中华优秀传统文化的精髓涵养企业精神，培育现代企业文化。实施中华老字号保护发展工程，支持一批文化特色浓、品牌信誉高、有市场竞争力的中华老字号做精做强。深入开展“我们的节日”主题活动，实施中国传统节日振兴工程，丰富春节、元宵、清明、端午、七夕、中秋、重阳等传统节日文化内涵，形成新的节日习俗。加强对传统历法、节气、生肖、饮食、医药等的研究阐释、活态利用，使其有益的文化价值深度嵌入百姓生活。实施中华节庆礼仪服装服饰计划，设计制作展现中华民族独特文化魅力的系列服装服饰。大力发展文化旅游，充分利用历史文化资源优势，规划设计推出一批专题研学旅游线路，引导游客在文化旅游中感知中华文化。推动休闲生活与传统文化融合发展，培育符合现代人需求的传统休闲文化。发展传统体育，抢救濒危传统体育项目，把传统体育项目纳入全民健身工程。

6. 加大宣传教育力度

综合运用报纸、书刊、电台、电视台、互联网站等各类载体，融通多媒体资源，统筹宣传、文化、文物等各方力量，创新表达方式，大力彰显中华文化魅力。实施中华文化新媒体传播工程。充分发挥图书馆、文化馆、博物馆、群艺馆、美术馆等公共文化机构在传承发展中华优秀传统文化中的作用。编纂出版系列文化经典。加强革命文物工作，实施革命文物保护利用工程，做好革命遗址、遗迹、烈士纪念设施的保护和利用。推动红色旅游持续健康发展。深入开展“爱我中华”主题教育活动，充分利用重大历史事件和中华历史名人纪念活动、国家公祭仪式、烈士纪念日，充分利用各类爱国主义教育基地、历史遗迹等，展示爱国主义深刻内涵，培育爱国主义精神。加强国民礼仪教育。加大对国家重要礼仪的普及教育与宣传力度，在国家重大节庆活动中体现仪式感、庄重感、荣誉感，彰显中华传统礼仪文化的时代价值，树立文明古国、礼仪之邦的良好形象。研究提出承接传统习俗、符合现代文明要求的社会礼仪、服装服饰、文明用语规范，建立健全各类公共场所和网络公共空间的礼仪、礼节、礼貌规范，推动形成良好的言行举止和礼让宽容的社会风尚。把优秀传统文化思想理念体现在社会规范中，与制定市民公约、乡规民约、学生守则、行业规章、团体章程相结合。弘扬孝敬文化、慈善文化、诚信文化等，开展节俭养德全民行动和学雷锋志愿服务。广泛开展文明家庭创建活动，挖掘和整理家训、家书文化，用优良的家风家教培育青少年。挖掘和保护乡土文化资源，建设新乡贤文化，培育和扶持乡村文化骨干，提升乡土文化内涵，形成良性乡村文化生态，让子孙后代记得住乡愁。加强港澳台中华文化普及和交流，积极举办以中华文化为主题的青少年夏令营、冬令营以及诵读和书写中华经典等交流活动，鼓励港澳台艺术家参与国家在海外举办的感知中国、中国文化年（节）、欢乐春节等品牌活动，增强国家认同、民族认同、文化认同。

7. 推动中外文化交流互鉴

加强对外文化交流合作，创新人文交流方式，丰富文化交流内容，不断提高文化交流水平。充分运用海外中国文化中心、孔子学院，文化节展、文物展览、博览会、书展、电影节、体育活动、旅游推介和各类品牌活动，助推中华优秀传统文化的国际传播。支持中华医药、中华烹饪、中华武术、中华典籍、中国文物、中国园林、中国节日等中华传统文化代表性项目走出去。积极宣传推介戏曲、民乐、书法、国画等我国优秀传统文化艺术，让国外民众在审美过程中获得愉悦、感受魅力。加强共建“一带一路”国家文化交流合作。鼓励发展对外文化贸易，让更多体现中华文化特色、具有较强竞争力的文化产品走向国际市场。探索中华文化国际传播与交流新模式，综合运用大众传播、群体传播、人际传播等方式，构建全方位、多层次、宽领域的中华文化传播格局。推进国际汉学交流和中外智库合作，加强中国出版物国际推广与传播，扶持汉学家和海外出版机构翻译出版中国图书，通过华侨华人、文化体育名人、各方面出境人员，依托我国驻外机构、中资企业、与我友好合作机构和世界各地的中餐馆等，讲好中国故事、传播好中国声音、阐释好中国特色、展示好中国形象。

考试笔记

考点4

组织实施和保障措施

1. 加强组织领导

各级党委和政府要从坚定文化自信、坚持和发展中国特色社会主义、实现中华民族伟大复兴的高度，切实把中华优秀传统文化传承发展工作摆上重要日程，加强宏观指导，提高组织化程度，纳入经济社会发展总体规划，纳入考核评价体系，纳入各级党校、行政学院教学的重要内容。各级党委宣传部门要发挥综合协调作用，整合各类资源，调动各方力量，推动形成党委统一领导、党政群协同推进、有关部门各负其责、全社会共同参与的中华优秀传统文化传承发展工作新格局。各有关部门和群团组织要按照责任分工，制订实施方案，完善工作机制，把各项任务落到实处。

2. 加强政策保障

加强中华优秀传统文化传承发展相关扶持政策的制定与实施，注重政策措施的系统性协同性操作性。加大中央和地方各级财政支持力度，同时统筹整合现有相关资金，支持中华优秀传统文化传承发展重点项目。制定和完善惠及中华优秀传统文化传承发展工程项目的金融支持政策。加大对国家重要文化和自然遗产、国家级非物质文化遗产等珍贵遗产资源保护利用设施建设的支持力度。建立中华优秀传统文化传承发展相关领域和部门合作共建机制。制定文物保护和非物质文化遗产保护专项规划。制定和完善历史文化名城名镇名村和历史文化街区保护的相关政策。完善相关奖励、补贴政策，落实税收优惠政策，引导和鼓励企业、社会组织及个人捐赠或共建相关文化项目。建立健全中华优秀传统文化传承发展重大项目首席专家制度，培养造就一批人民喜爱、有国际影响力的中华文化代表人物。完善中华优秀传统文化传承发展的激励表彰制度，对为中华优秀传统文化传承发展和传播交流作出贡献、建立功勋、享有盛誉的杰出海内外人士按规定授予功勋荣誉或进行表彰奖励。有关部门要研究出台入学、住房保障等

考试笔记

方面的倾斜政策和措施，用以倡导和鼓励自强不息、敬业乐群、扶正扬善、扶危济困、见义勇为、孝老爱亲等传统美德。

3. 加强文化法治环境建设

修订文物保护法。制定文化产业促进法、公共图书馆法等相关法律，对中华优秀传统文化传承发展有关工作作出制度性安排。在教育、科技、卫生、体育、城乡建设、互联网、交通、旅游、语言文字等领域相关法律法规的制定修订中，增加中华优秀传统文化传承发展内容。加大涉及保护传承弘扬中华优秀传统文化法律法规的施行力度，加强对法律法规实施情况的监督检查。充分发挥各行政主管部门在传承发展中华优秀传统文化中的重要作用，建立完善联动机制，严厉打击违法经营行为。加强法治宣传教育，增强全社会依法传承发展中华优秀传统文化的自觉意识，形成礼敬守护和传承发展中华优秀传统文化的良好法治环境。各地要根据本地传统文化传承保护的现状，制定完善地方性法规和政府规章。

4. 充分调动全社会积极性创造性

传承发展中华优秀传统文化是全体中华儿女的共同责任。坚持全党动手、全社会参与，把中华优秀传统文化传承发展的各项任务落实到农村、企业、社区、机关、学校等城乡基层。各类文化单位机构、各级文化阵地平台，都要担负起守护、传播和弘扬中华优秀传统文化的职责。各类企业和社会组织要积极参与文化资源的开发、保护与利用，生产丰富多样、社会价值和市场价值相统一、人民喜闻乐见的优质文化产品，扩大中高端文化产品和服务的供给。充分尊重工人、农民、知识分子的主体地位，发挥领导干部的带头作用，发挥公众人物的示范作用，发挥青少年的生力军作用，发挥先进模范的表率作用，发挥非公有制经济组织和社会组织从业人员的积极作用，发挥文化志愿者、文化辅导员、文艺骨干、文化经营者的重要作用，形成人人传承发展中华优秀传统文化的生动局面。

考试笔记

第八节 “十四五”文化发展规划

考点1

总体要求

1. 指导思想

高举中国特色社会主义伟大旗帜，坚持以马克思列宁主义、毛泽东思想、邓小平理论、“三个代表”重要思想、科学发展观、习近平新时代中国特色社会主义思想为指导，全面贯彻习近平总书记关于宣传思想工作的重要思想，坚持把马克思主义基本原理同中国具体实际相结合、同中华优秀传统文化相结合，围绕新时代中国特色社会主义事业总体布局和战略布局，围绕立足新发展阶段、贯彻新发展理念、构建新发展格局，聚焦举旗帜、聚民心、育新人、兴文化、展形象的使命任务，以社会主义核心价值观为引领，以推动文化高质量发展为主题，以深化文化领域供给侧结构性改革为主线，以文化改革创新为根本动力，以满足人民日益增长的精神文化生活需要为根本目的，坚持稳中求进、守正创新，着力坚持和完善繁荣发展社会主义先进文化的制度，着力巩固马克思主义在意识形态领域的指导地位、巩固全党全国人民团结奋斗的共同思想基础，着力建设具有强大凝聚力和引领力的社会主义意识形态、具有强大生命力和创造力的社会主义精神文明、具有强大感召力和影响力的中华文化软实力，不断铸就中华文化新辉煌，为建成社会主义文化强国奠定坚实基础。

2. 工作原则

（1）坚持党的全面领导。坚持和完善党领导文化发展的体制机制，贯彻落实党管宣传、党管意识形态、党管媒体原则，把党的领导落实到宣传思想文化工作方方面面，为实现文化高质量发展提供根本保证。

（2）坚持人民至上。以人民为中心，尊重人民主体地位，保障人民文化权益，把宣传、教育、引导和服务群众结合起来，鼓励人民参与文化创新创造、依法参与国家文化治理，做到文化发展为了人民、依靠人民、成果由人民共享，促进满足人民文化需求和增强人民精神力量相统一。

（3）坚持新发展理念。把新发展理念贯穿文化发展全过程和各领域，优化文化发展生态，转变文化发展方式，重构文化发展格局，实现更高质量、更有效率、更加公平、更可持续、更为安全的发展。

（4）坚持固本培元、守正创新。坚持中国特色社会主义文化发展道路，坚持社会主义核心价值体系，坚定不移深化文化体制改革，有序推进文化对外开放，增强文化发展动力，激发文化发展活力，发展社会主义先进文化，继承革命文化，传承和弘扬中华优秀传统文化。

（5）坚持把社会效益放在首位、社会效益和经济效益相统一。把握社会主义市场经济条件下文化建设的特点和规律，正确处理文化的意识形态属性和产业属性、社会效益和经济效益之间的关系，推动有效市场和有为政府更好结合，彰显和壮大主流价值、主流舆论、主流文化。

（6）坚持统筹兼顾、全面推进。牢固树立系统观念，统筹发展和安全，统筹理论与舆论、文化与文明、内宣与外宣、网上与网下，统筹国内与国际、事业与产业、国有与民营、阵地与市场，促进系统集成、协同高效，实现文化发展质量、结构、规模、速度、效益、安全相统一。

3. 目标任务

（1）全党全社会的思想自觉和理论自信进一步增强，习近平新时代中国特色社会主义思想绽放出更加绚丽的真理光芒，人民在精神上更加主动，新时代中国发展进步的精神动力更加充沛。

（2）社会文明程度得到新提高，社会主义核心价值观深入人心，中华民族的家国情怀更加深厚、凝聚力进一步增强，人民思想道德素质、科学文化素质和身心健康素质明显提高。

（3）文化事业和文化产业更加繁荣，公共文化服务体系、文化产业体系、全媒体传播体系和文化遗产保护传承利用体系更加健全，文

考试笔记

考试笔记

化创新创造活力显著提升，文化和旅游深度融合，城乡区域文化发展更加均衡协调，人民精神文化生活日益丰富。

（4）中华文化影响力进一步提升，中外文化交流和文明对话更加深入，中国形象更加可信、可爱、可敬，推动构建人类命运共同体的人文基础更加坚实。

（5）中国特色社会主义文化制度更加完善，文化法律法规体系和政策体系更加健全，文化治理效能进一步提升。

考点2

强化思想理论武装

坚持用习近平新时代中国特色社会主义思想武装全党、教育人民、指导实践、推动工作，深化马克思主义理论研究和建设，推进马克思主义中国化时代化，增强广大党员干部群众中国特色社会主义道路自信、理论自信、制度自信、文化自信。

（1）推动当代中国马克思主义、二十一世纪马克思主义深入人心。

（2）建设中国特色、中国风格、中国气派的哲学社会科学。

考点3

加强新时代思想道德建设和群众性精神文明创建

坚持依法治国和以德治国相结合，深入贯彻落实《新时代公民道德建设实施纲要》《新时代爱国主义教育实施纲要》，推动形成适应新时代要求的思想观念、精神面貌、文明风尚、行为规范，培养担当民族复兴大任的时代新人。

（1）深入推进社会主义核心价值观建设。

（2）加强公民道德建设。

（3）加强和改进思想政治工作。

（4）创新拓展群众性精神文明创建活动。

考试笔记

考点4

巩固壮大主流舆论

坚持正确的政治方向、舆论导向和价值取向，坚持马克思主义新闻观，坚持团结稳定鼓劲、正面宣传为主，唱响主旋律，激发正能量，发展壮大主流媒体，不断增强新闻舆论传播力、引导力、影响力、公信力。

（1）构建主流舆论新格局。

（2）建设全媒体传播体系。

（3）建好用好管好网上舆论阵地。

考点5

繁荣文化文艺创作生产

坚持以人民为中心的创作导向，把创作优秀作品作为中心环节，推出更多无愧于时代、无愧于人民、无愧于民族的精品力作。

（1）完善引导激励机制。

（2）推出更多精品力作。

（3）鼓励引导网络文化创作生产。

（4）加强版权保护和开发利用。

考试笔记

考点6

传承弘扬中华优秀传统文化和革命文化

坚守中华文化立场，坚持创造性转化、创新性发展，赓续中华文脉，传承红色基因，建设中华民族共有精神家园，凝聚中华儿女团结奋进的精神力量。

（1）加强中华优秀传统文化和革命文化研究阐释。

（2）加强文物保护利用。

（3）加强非物质文化遗产保护传承。

（4）推进国家文化公园建设。

考点7

提高公共文化服务覆盖面和实效性

推进城乡公共文化服务体系一体建设，推动公共文化数字化建设，创新实施文化惠民工程，提升基本公共文化服务标准化均等化水平，更好地保障人民基本文化权益。

（1）完善公共文化设施网络。

（2）提升公共文化数字化水平。

（3）补齐公共文化服务短板。

（4）广泛开展群众文化活动。

考点8

推动文化产业高质量发展

把扩大内需与深化供给侧结构性改革结合起来，完善产业规划和政策，强化创新驱动，实施数字化战略，推进产业基础高级化、产业链现代化，促进文化产业持续健康发展。

（1）加快文化产业数字化布局。

（2）健全现代文化产业体系。

（3）建设高标准文化市场体系。

（4）推动科技赋能文化产业。

考试笔记

考点9

推动文化和旅游融合发展

坚持以文塑旅、以旅彰文，推动文化和旅游在更广范围、更深层次、更高水平上融合发展，打造独具魅力的中华文化旅游体验。

（1）提升旅游发展的文化内涵。

（2）丰富优质旅游供给。

（3）优化旅游发展环境。

（4）创新融合发展体制机制。

考点10

促进城乡区域文化协调发展

优化城乡和区域文化资源配置，推进一体化谋划、联动式合作、协同性发展，加快形成点线面结合、东中西呼应、城乡均衡协调的文化发展空间格局，促进文化更平衡更充分发展。

（1）推动区域文化协调发展。

（2）加强城市文化建设。

（3）促进乡村文化振兴。

考试笔记

考点11

扩大中华文化国际影响力

统筹推进对外宣传、对外文化交流和文化贸易，增强国际传播影响力、中华文化感召力、中国形象亲和力、中国话语说服力、国际舆论引导力，促进民心相通，构建人文共同体。

（1）深化中外文明交流互鉴。

（2）提升文化贸易国际竞争力。

考点12

深化文化体制改革

把进一步发挥市场在文化资源配置中的积极作用与更好发挥政府作用结合起来，加快完善有利于激发文化创新创造活力的文化管理体制和生产经营机制，坚持和完善繁荣发展社会主义先进文化的制度，提升文化治理效能。

（1）完善文化宏观管理体制。

（2）深化文化事业单位改革。

（3）深化国有文化企业改革。

考点13

建强人才队伍

坚持党管干部、党管人才，把党的政治建设摆在首位，改革人才培养方式，优化人才结构，创新人才培训形式，加大培训力度，不断提高干部人才队伍素质能力，建设勇担使命责任、善于创新创造的时代新军。

（1）加强政治能力建设。

（2）加强业务能力建设。

（3）加强领军人物和专业人才培养。

（4）夯实基层人才队伍建设。

（5）完善人才评价激励机制。

考试笔记

考点14

加强规划实施保障

健全规划实施保障机制，激发各类主体参与规划实施的积极性、主动性、创造性，形成强大合力。

（1）强化组织领导。

（2）加强资金支持。

（3）完善政策支持。

（4）健全实施机制。

考试笔记

第九节　中共中央关于坚持和完善中国特色社会主义制度　推进国家治理体系和治理能力现代化若干重大问题的决定

考点

坚持和完善繁荣发展社会主义先进文化的制度，巩固全体人民团结奋斗的共同思想基础的主要内容

发展社会主义先进文化、广泛凝聚人民精神力量，是国家治理体系和治理能力现代化的深厚支撑。必须坚定文化自信，牢牢把握社会主义先进文化前进方向，围绕举旗帜、聚民心、育新人、兴文化、展形象的使命任务，坚持为人民服务、为社会主义服务，坚持百花齐放、百家争鸣，坚持创造性转化、创新性发展，激发全民族文化创造活力，更好构筑中国精神、中国价值、中国力量。

1. 坚持马克思主义在意识形态领域指导地位的根本制度

全面贯彻落实习近平新时代中国特色社会主义思想，健全用党的创新理论武装全党、教育人民工作体系，完善党委（党组）理论学习中心组等各层级学习制度，建设和用好网络学习平台。深入实施马克思主义理论研究和建设工程，把坚持以马克思主义为指导全面落实到思想理论建设、哲学社会科学研究、教育教学各方面。加强和改进学校思想政治教育，建立全员、全程、全方位育人体制机制。落实意识形态工作责任制，注意区分政治原则问题、思想认识问题、学术观点问题，旗帜鲜明反对和抵制各种错误观点。

2. 坚持以社会主义核心价值观引领文化建设制度

推动理想信念教育常态化、制度化，弘扬民族精神和时代精神，加强党史、新中国史、改革开放史教育，加强爱国主义、集体主义、社会主义教育，实施公民道德建设工程，推进新时代文明实践中心建设。坚持依法治国和以德治国相结合，完善弘扬社会主义核心价值观

考试笔记

的法律政策体系，把社会主义核心价值观要求融入法治建设和社会治理，体现到国民教育、精神文明创建、文化产品创作生产全过程。推进中华优秀传统文化传承发展工程。完善青少年理想信念教育齐抓共管机制。健全志愿服务体系。完善诚信建设长效机制，健全覆盖全社会的征信体系，加强失信惩戒。

3. 健全人民文化权益保障制度

坚持以人民为中心的工作导向，完善文化产品创作生产传播的引导激励机制，推出更多群众喜爱的文化精品。完善城乡公共文化服务体系，优化城乡文化资源配置，推动基层文化惠民工程扩大覆盖面、增强实效性，健全支持开展群众性文化活动机制，鼓励社会力量参与公共文化服务体系建设。

4. 完善坚持正确导向的舆论引导工作机制

坚持党管媒体原则，坚持团结稳定鼓劲、正面宣传为主，唱响主旋律、弘扬正能量。构建网上网下一体、内宣外宣联动的主流舆论格局，建立以内容建设为根本、先进技术为支撑、创新管理为保障的全媒体传播体系。改进和创新正面宣传，完善舆论监督制度，健全重大舆情和突发事件舆论引导机制。建立健全网络综合治理体系，加强和创新互联网内容建设，落实互联网企业信息管理主体责任，全面提高网络治理能力，营造清朗的网络空间。

5. 建立健全把社会效益放在首位、社会效益和经济效益相统一的文化创作生产体制机制

深化文化体制改革，加快完善遵循社会主义先进文化发展规律、体现社会主义市场经济要求、有利于激发文化创新创造活力的文化管理体制和生产经营机制。健全现代文化产业体系和市场体系，完善以高质量发展为导向的文化经济政策。完善文化企业履行社会责任制度，健全引导新型文化业态健康发展机制。完善文化和旅游融合发展体制机制。加强文艺创作引导，完善倡导讲品位讲格调讲责任、抵制低俗庸俗媚俗的工作机制。

考试笔记

第十节　中共中央关于制定国民经济和社会发展第十四个五年规划和二〇三五年远景目标的建议

考点

繁荣发展文化事业和文化产业，提高国家文化软实力的主要内容

坚持马克思主义在意识形态领域的指导地位，坚定文化自信，坚持以社会主义核心价值观引领文化建设，加强社会主义精神文明建设，围绕举旗帜、聚民心、育新人、兴文化、展形象的使命任务，促进满足人民文化需求和增强人民精神力量相统一，推进社会主义文化强国建设。

1. 提高社会文明程度

推动形成适应新时代要求的思想观念、精神面貌、文明风尚、行为规范。深入开展学习习近平新时代中国特色社会主义思想主题教育，推进马克思主义理论研究和建设工程。推动理想信念教育常态化制度化，加强党史、新中国史、改革开放史、社会主义发展史教育，加强爱国主义、集体主义、社会主义教育，弘扬党和人民在各个历史时期奋斗中形成的伟大精神，推进公民道德建设，实施文明创建工程，拓展新时代文明实践中心建设。健全志愿服务体系，广泛开展志愿服务关爱行动。弘扬诚信文化，推进诚信建设。提倡艰苦奋斗、勤俭节约，开展以劳动创造幸福为主题的宣传教育。加强家庭、家教、家风建设。加强网络文明建设，发展积极健康的网络文化。

2. 提升公共文化服务水平

全面繁荣新闻出版、广播影视、文学艺术、哲学社会科学事业。实施文艺作品质量提升工程，加强现实题材创作生产，不断推出反映时代新气象、讴歌人民新创造的文艺精品。推进媒体深度融合，实施

考试笔记

全媒体传播工程，做强新型主流媒体，建强用好县级融媒体中心。推进城乡公共文化服务体系一体建设，创新实施文化惠民工程，广泛开展群众性文化活动，推动公共文化数字化建设。加强国家重大文化设施和文化项目建设，推进国家版本馆、国家文献储备库、智慧广电等工程。传承弘扬中华优秀传统文化，加强文物古籍保护、研究、利用，强化重要文化和自然遗产、非物质文化遗产系统性保护，加强各民族优秀传统手工艺保护和传承，建设长城、大运河、长征、黄河等国家文化公园。广泛开展全民健身运动，增强人民体质。筹办好北京冬奥会、冬残奥会。

3. 健全现代文化产业体系

坚持把社会效益放在首位、社会效益和经济效益相统一，深化文化体制改革，完善文化产业规划和政策，加强文化市场体系建设，扩大优质文化产品供给。实施文化产业数字化战略，加快发展新型文化企业、文化业态、文化消费模式。规范发展文化产业园区，推动区域文化产业带建设。推动文化和旅游融合发展，建设一批富有文化底蕴的世界级旅游景区和度假区，打造一批文化特色鲜明的国家级旅游休闲城市和街区，发展红色旅游和乡村旅游。以讲好中国故事为着力点，创新推进国际传播，加强对外文化交流和多层次文明对话。

第十一节　关于推进实施国家文化数字化战略的意见

考点1

中华文化数据库论述

关联形成中华文化数据库。

统筹利用文化领域已建或在建数字化工程和数据库所形成的成

考试笔记

果，全面梳理中华文化资源，推动文化资源科学分类和规范标识，按照统一标准关联零散的文化资源数据，关联思想理论、文化旅游、文物、新闻出版、电影、广播电视、网络文化文艺等不同领域的文化资源数据，关联文字、音频、视频等不同形态的文化资源数据，关联文化数据源和文化实体，形成中华文化数据库。

依托信息与文献相关国际标准，在文化机构数据中心部署底层关联服务引擎和应用软件，按照物理分布、逻辑关联原则，汇集文物、古籍、美术、地方戏曲剧种、民族民间文艺、农耕文明遗址等数据资源。开展红色基因库建设。贯通已建或在建文化专题数据库，聚焦社会主义先进文化、革命文化、中华优秀传统文化，提取具有历史传承价值的中华文化元素、符号和标识，丰富中华民族文化基因的当代表达，增强对伟大祖国、中华民族、中华文化、中国共产党、中国特色社会主义的认同。

考点2

数字化文化消费新场景论述

发展数字化文化消费新场景。

集成全息呈现、数字孪生、多语言交互、高逼真、跨时空等新型体验技术，大力发展线上线下一体化、在线在场相结合的数字化文化新体验。

创新数字电视、数字投影等“大屏”运用方式，提升高新视听文化数字内容的供给能力，增强用户视听体验，促进“客厅消费”、亲子消费等新型文化消费发展。为移动终端等“小屏”量身定制个性化多样性的文化数字内容，促进网络消费、定制消费等新型文化消费发展。推动“大屏”“小屏”跨屏互动，融合发展。

利用现有公共文化设施，推进数字化文化体验，巩固和扩大中华文化数字化创新成果的展示空间。充分利用新时代文明实践中心、学校、公共图书馆、文化馆、博物馆、美术馆、影剧院、新华书店、农家书屋等文化教育设施，以及旅游服务场所、社区、购物中心、城市广场、商业街区、机场车站等公共场所，搭建数字化文化体验的线下场景。

考试笔记

考点3

文化大数据体系论述

以习近平新时代中国特色社会主义思想为指导，深入贯彻落实党的十九大和十九届历次全会精神，坚持马克思主义在意识形态领域的指导地位，坚定文化自信，以培育和践行社会主义核心价值观为引领，以国家文化大数据体系建设为抓手，推动中华民族最基本的文化基因与当代文化相适应、与现代社会相协调，发展中国特色社会主义文化，凝魂聚气、强基固本，建设中华民族共有精神家园，提升国家文化软实力，维护国家文化安全和意识形态安全，推进社会主义文化强国建设。

到 2035 年，建成物理分布、逻辑关联、快速链接、高效搜索、全面共享、重点集成的国家文化大数据体系。

依托现有有线电视网络设施、广电 5G 网络和互联互通平台，部署提供标识编码注册登记和解析服务的技术系统，完善结算支付功能，形成国家文化专网以及国家文化大数据体系的省域中心和区域中心，服务文化资源数据的存储、传输、交易和文化数字内容分发。规划建设国家文化大数据体系全国中心。

推动公共图书馆、文化馆、博物馆、美术馆、非遗馆等加强公共数字文化资源建设，统筹推进国家文化大数据体系、全国智慧图书馆体系和公共文化云建设，增强公共文化数字内容的供给能力。

考试笔记

考点4

文化产业数字化布局论述

加快文化产业数字化布局。

创新文化表达方式，推动图书、报刊、电影、广播电视、演艺等传统业态升级，调整优化文化业态和产品结构。鼓励各种艺术样式运用数字化手段创新表现形态、丰富数字内容。培育以文化体验为主要特征的文化新业态，创新呈现方式，推动中华文化瑰宝活起来。

在文化数据采集、加工、交易、分发、呈现等领域，培育一批新型文化企业，引领文化产业数字化建设方向。以企业为主体、市场为导向，推动文化产业与新型农业、制造业、现代服务业以及战略性新兴产业融合发展，培育新型文化业态，加快文化产业结构调整。发展乡村文化新产业，延续乡村文化根脉，助力乡村全面振兴。

到“十四五”时期末，基本建成文化数字化基础设施和服务平台，基本贯通各类文化机构的数据中心，基本完成文化产业数字化布局。

考试笔记

第三章　“四史”和国情

第一节　中国共产党史、新中国史、改革开放史、社会主义发展史

考点1

中国共产党史基础知识

1. 中国共产党第一次全国代表大会

1921 年 7 月 23 日，中国共产党第一次全国代表大会在上海法租界望志路 106 号（今兴业路 76 号）开幕。最后一天的会议转移到浙江嘉兴南湖的游船上举行。参加大会的代表有：李达、李汉俊、张国焘、刘仁静、毛泽东、何叔衡、董必武、陈潭秋、王尽美、邓恩铭、陈公博、周佛海，包惠僧受陈独秀派遣，出席了大会。他们代表全国 50 多名党员。共产国际代表马林和尼克尔斯基出席了大会。大会确定党的名称为“中国共产党”，通过中国共产党的第一个纲领和决议。党的一大宣告中国共产党正式成立。中国共产党的成立，是近代中国历史发展的必然产物，是中国人民在救亡图存斗争中顽强求索的必然产物，是实现中华民族伟大复兴的必然产物。中国共产党的成立，是中华民族发展史上开天辟地的大事变，具有伟大而深远的意义。中国共产党的成立，充分展现了开天辟地、敢为人先的首创精神，坚定理想、百折不挠的奋斗精神，立党为公、忠诚为民的奉献精神。这是中国革命精神之源、精神之基、精神之本。1941 年 6 月，《中央关于中

考试笔记

国共产党诞生二十周年、抗战四周年纪念指示》将7月1日作为中国共产党成立纪念日。

2. 中国共产党第二次全国代表大会

1922年7月16—23日，中国共产党第二次全国代表大会在上海举行。出席大会的代表有12人，代表全国195名党员。大会第一次提出明确的反帝反封建的民主革命纲领，区分了最高纲领和最低纲领。大会通过第一个党章，并通过决议案，决定中国共产党加入共产国际。大会选举产生中央执行委员会，中央执行委员会推选陈独秀为委员长。

1922年9月14—18日，安源路矿工人在毛泽东、李立三、刘少奇等组织领导下，举行罢工斗争，取得胜利。罢工之前成立的安源路矿工人俱乐部得到巩固和发展。

3. 中国共产党第三次全国代表大会

1923年6月12—20日，中国共产党第三次全国代表大会在广州举行。出席大会的代表有30多人，代表全国420名党员。大会决定共产党员以个人身份加入国民党，以实现国共合作。大会规定共产党员加入国民党时，党必须在政治上、思想上、组织上保持自己的独立性。大会选举产生中央执行委员会，中央执行委员会选举组成中央局，陈独秀为委员长。大会以后，国共合作步伐大大加快。共产党的各级组织动员党员和革命青年加入国民党，在全国范围内积极推进国民革命运动。

4. 中国共产党第四次全国代表大会

1925年1月11—22日，中国共产党第四次全国代表大会在上海举行。出席大会的代表有20人，代表全国994名党员。大会提出无产阶级在民主革命中的领导权问题和工农联盟问题，对民主革命的内容作了更加完整的规定。这是中国共产党在总结建党以来尤其是国共合作一年来实践经验基础上，对中国革命问题认识的重大进展。大会决定在全国范围内加强党的组织建设，规定以支部作为党的基本组织。大会选举产生中央执行委员会，中央执行委员会选举组成中央局，陈独秀为总书记。

1925年5月30日，中国共产党领导的反对帝国主义暴行的五卅运动在上海爆发，并迅速席卷全国，约 1700 万各阶层群众直接参加斗争，标志着大革命高潮的到来。1925 年 6 月至 1926 年 10 月，广州、香港爆发省港大罢工。这是中国工人运动史上持续时间最长的一次政治大罢工。

考试笔记

1925 年 12 月 1 日，毛泽东发表《中国社会各阶级的分析》。

5. 中国共产党第五次全国代表大会

1927 年 4 月 27 日至 5 月 9 日，中国共产党第五次全国代表大会在武汉举行。出席大会的代表有 82 人，代表全国 57967 名党员。大会选举产生中央委员会和党的历史上第一个中央纪律检查监督机构——中央监察委员会。根据大会要求，会后中央政治局会议通过修改党章的决议，正式提出党内实行民主集中制的组织原则。

1927 年 5 月 10 日，党的五届一中全会选举产生中央政治局和中央政治局常务委员会，陈独秀为中央委员会总书记。

1927 年 7 月 15 日，汪精卫召开国民党中央常务委员会扩大会议，以“分共”的名义，正式同共产党决裂，对共产党员和革命群众实行大逮捕、大屠杀。国共合作全面破裂，国共两党合作发动的大革命宣告失败。

1927 年 8 月 1 日，在以周恩来为书记的中共中央前敌委员会领导下，贺龙、叶挺、朱德、刘伯承等率领党所掌握和影响的军队两万余人，在江西南昌打响武装反抗国民党反动派的第一枪。南昌起义标志着中国共产党独立领导革命战争、创建人民军队和武装夺取政权的开端，开启了中国革命新纪元。1933 年 6 月 30 日，中华苏维埃共和国中央革命军事委员会决定以发动南昌起义的 8 月 1 日为中国工农红军成立纪念日。7 月 11 日，中华苏维埃共和国临时中央政府予以批准。此后，8 月 1 日成为人民军队建军纪念日。

1927 年 8 月 7 日，中共中央在湖北汉口召开紧急会议（八七会议）。会议着重批评了大革命后期以陈独秀为首的中央所犯的右倾机会主义错误，确定了土地革命和武装反抗国民党反动派的总方针。这是由大革命失败到土地革命战争兴起的历史性转变。会议选出以瞿秋白为首的中央临时政治局。

1927 年 9 月 9 日，以毛泽东为书记的中共湖南省委前敌委员会，

考试笔记

领导工农革命军第一师发动湘赣边界秋收起义。29日，起义军到达江西永新三湾村时进行改编，将党的支部建在连上，从组织上确立了党对军队的领导，这是建设无产阶级领导的新型人民军队的重要开端。10月，起义军到达井冈山，开始创建农村革命根据地的斗争。

1927年9月19日，中央临时政治局会议通过《关于“左派国民党”及苏维埃口号问题决议案》，决定不再打国民党的旗帜并成立苏维埃。

6. 中国共产党第六次全国代表大会

1928年6月18日至7月11日，中国共产党第六次全国代表大会在苏联莫斯科近郊举行。出席大会的代表有142人，其中有选举权的正式代表84人。大会指出，中国仍然是一个半殖民地半封建的国家，中国革命现阶段的性质是资产阶级民主革命；当前中国的政治形势是处于两个革命高潮之间；党的总路线是争取群众。大会选举产生新的中央委员会并选举产生中央审查委员会。

1928年7月19日，党的六届一中全会选举产生中央政治局和中央政治局常务委员会。20日，政治局会议选举向忠发为中央政治局主席和中央政治局常务委员会主席，周恩来为常务委员会秘书长。

1928年10月5日，湘赣边界党的第二次代表大会通过由毛泽东起草的决议案，提出工农武装割据的思想。1930年1月，毛泽东在给林彪的复信（后改为《星星之火，可以燎原》）中，提出把党的工作重心由城市转到农村，开始形成农村包围城市、武装夺取政权的思想。

1928年12月至翌年4月，毛泽东先后主持制定井冈山《土地法》、兴国《土地法》。

1931年9月18日，日本帝国主义制造九一八事变，开始大举侵占中国东北。东北各阶层人民和爱国官兵纷纷组织抗日义勇军等各种形式的抗日队伍。中国共产党在抗日义勇军中积极开展工作，并组织党领导下的抗日武装。九一八事变后，中国人民奋起抵抗，成为中国人民抗日战争的起点，同时揭开了世界反法西斯战争的序幕。

1933年9月，蒋介石调集100万兵力对革命根据地发动第五次“围剿”，其中50万兵力用于进攻中央革命根据地。临时中央负责人博古和共产国际军事顾问李德在反“围剿”中推行单纯防御的军事路线，使红军和革命根据地遭受重大损失。

考试笔记

1934 年 10 月中旬，中共中央、中革军委率中央红军主力等进行战略转移，开始长征。

1935 年 1 月 15—17 日，中央政治局在贵州遵义召开扩大会议，集中解决当时具有决定性意义的军事和组织问题。会议增选毛泽东为中央政治局常委，委托张闻天起草《中央关于反对敌人五次“围剿”的总结的决议》，取消长征前成立的“三人团”。遵义会议是党的历史上一个生死攸关的转折点。这次会议在红军第五次反“围剿”失败和长征初期严重受挫的历史关头召开，事实上确立了毛泽东在党中央和红军的领导地位，开始确立了以毛泽东为主要代表的马克思主义正确路线在党中央的领导地位，开始形成以毛泽东为核心的第一代中央领导集体，开启了党独立自主解决中国革命实际问题的新阶段，在最危急关头挽救了党、挽救了红军、挽救了中国革命。

1937 年 7 月 7 日，日本侵略军发动卢沟桥事变（七七事变），当地中国驻军奋起抵抗。8 日，中共中央向全国发出通电，指出：“平津危急！华北危急！中华民族危急！只有全民族实行抗战，才是我们的出路！”卢沟桥事变标志着日本帝国主义发动了全面侵华战争，也标志着中国人民抗日战争的全面爆发，即全国抗战的开始。中国的全民族抗战在世界东方开辟了第一个大规模反法西斯战场。

1937 年 8 月 22—25 日，中共中央在陕北洛川召开政治局扩大会议（洛川会议）。会议指出，必须坚持统一战线中无产阶级的领导权，在敌人后方放手发动独立自主的山地游击战争，在国民党统治区放手发动抗日的群众运动。会议通过《中国共产党抗日救国十大纲领》和《中共中央关于目前形势与党的任务的决定》，标志着党的全面抗战路线的正式形成。会议决定成立中共中央革命军事委员会，毛泽东为书记（也称主席），朱德、周恩来为副书记（也称副主席）。

1938 年 9—11 月召开的党的扩大的六届六中全会，被毛泽东认为是“决定中国之命运”的一次重要会议。党的扩大的六届六中全会为实现党对抗日战争的领导进行了全面的战略规划，进一步巩固了毛泽东在全党的领导地位。

1942 年 2 月上旬，毛泽东先后作《整顿学风党风文风》（后改为

考试笔记

《整顿党的作风》）和《反对党八股》的讲演，提出反对主观主义以整顿学风、反对宗派主义以整顿党风、反对党八股以整顿文风。整风运动在全党普遍展开。

1944 年 5 月 21 日至翌年 4 月 20 日，党的扩大的六届七中全会在延安召开。全会通过毛泽东为中央委员会主席的提议，原则通过《关于若干历史问题的决议》，肯定了确立毛泽东在全党的领导地位的重大意义，使全党尤其是党的高级干部对中国民主革命基本问题的认识达到在马克思列宁主义基础上的一致。至此，整风运动胜利结束。整风运动是一次深刻的马克思主义思想教育运动，收到巨大成效。通过整风运动，实现了在以毛泽东同志为核心的党中央领导下全党新的团结和统一，为抗日战争的胜利和新民主主义革命在全国的胜利，奠定了重要的思想政治基础。延安整风运动所积累的经验对党的建设具有重大而深远的意义。

7. 中国共产党第七次全国代表大会

1945 年 4 月 23 日至 6 月 11 日，中国共产党第七次全国代表大会在延安举行。出席大会的正式代表有 547 人，候补代表 208 人，代表全国 121 万党员。毛泽东致开幕词，向大会提交《论联合政府》政治报告并作口头报告，朱德作《论解放区战场》军事报告，刘少奇作《关于修改党章的报告》，周恩来作《论统一战线》发言。大会提出党的政治路线，把党在长期奋斗中形成的优良作风概括为三大作风。七大是党在新民主主义革命时期召开的一次极其重要的全国代表大会，以“团结的大会，胜利的大会”载入党的史册。大会选举产生新的中央委员会，把毛泽东思想确立为全党的指导思想并载入党章。

1945 年 4 月 25 日至 6 月 26 日，包括中共代表董必武在内的中国代表团出席在美国旧金山召开的联合国制宪会议，并在《联合国宪章》上签字。中国成为联合国的创始会员国之一和安理会五个常任理事国之一。

1949 年 3 月 5—13 日，党的七届二中全会在西柏坡召开。全会规定党在全国胜利后在政治、经济、外交方面应当采取的基本政策，指出中国由农业国转变为工业国、由新民主主义社会转变为社会主义社会的发展方向。全会讨论确定了党的工作重心由乡村转移到城市的问题。毛泽东在全会上提出“两个务必”思想，即“务必使同志们继续地保持谦虚、谨慎、不骄、不躁的作风，务必使同志们继续地保持艰苦奋斗的作风”。

1949 年 9 月 21—30 日，中国人民政治协商会议在北平召开第一届全体会议。会议通过了《中国人民政治协商会议共同纲领》《中国人民政治协商会议组织法》《中华人民共和国中央人民政府组织法》等重要文件。会议选举毛泽东为中华人民共和国中央人民政府主席，朱德、刘少奇、宋庆龄、李济深、张澜、高岗为副主席，陈毅等 56 人为政府委员。

1949 年 10 月 1 日，中华人民共和国中央人民政府成立。下午 2 时，中央人民政府委员会召开第一次会议，一致决议接受《共同纲领》为施政纲领，任命周恩来为中央人民政府政务院总理兼外交部部长，毛泽东为人民革命军事委员会主席，朱德为人民解放军总司令。下午 3 时，庆祝中华人民共和国中央人民政府成立典礼在北京天安门广场隆重举行。毛泽东宣告中央人民政府成立。之后，举行盛大阅兵仪式和群众游行。12 月 2 日，中央人民政府委员会第四次会议决定，每年的 10 月 1 日为中华人民共和国国庆日。中华人民共和国的成立，彻底结束了旧中国半殖民地半封建社会的历史，彻底结束了旧中国一盘散沙的局面，彻底废除了列强强加给中国的不平等条约和帝国主义在中国的一切特权，实现了中国从几千年封建专制政治向人民民主的伟大飞跃，实现了中国高度统一和各民族空前团结，中华民族发展进步从此开启新纪元。中国共产党成为在全国范围执掌政权的党。

8. 中国共产党第八次全国代表大会

1956 年 9 月 15—27 日，中国共产党第八次全国代表大会举行。大会正式代表 1026 人，候补代表 107 人，代表全国 1073 万党员。毛泽东致开幕词，刘少奇作政治报告，周恩来作关于发展国民经济的第二个五年计划的建议的报告，邓小平作关于修改党章的报告。大会指出，社会主义改造已取得决定性胜利，社会主义制度已基本建立。国内的主要矛盾，已经是人民对于建立先进的工业国的要求同落后的农业国的现实之间的矛盾，已经是人民对于经济文化迅速发展的需要同

考试笔记

当前经济文化不能满足人民需要的状况之间的矛盾。党和人民当前的主要任务，就是要集中力量解决这个矛盾，把我国尽快地从落后的农业国变为先进的工业国。大会着重提出加强执政党建设的问题，通过新修订的《中国共产党章程》。

1956 年 9 月 28 日，党的八届一中全会选举毛泽东为中央委员会主席，刘少奇、周恩来、朱德、陈云为副主席，邓小平为总书记，由上述六人组成中央政治局常务委员会。

9. 中国共产党第九次全国代表大会

1969 年 4 月 1—24 日，中国共产党第九次全国代表大会举行。出席大会的代表有 1512 人，当时全国共有党员约 2200 万名。大会肯定了“无产阶级专政下继续革命的理论”，使“文化大革命”的错误理论和实践合法化。九大在思想上、政治上和组织上的指导方针都是错误的。

1969 年 4 月 28 日。党的九届一中全会选举毛泽东为中央委员会主席。九届中央政治局第一次会议通过中央军委名单，毛泽东任主席。

10. 中国共产党第十次全国代表大会

1973 年 8 月 24—28 日，中国共产党第十次全国代表大会举行。出席大会的代表有 1249 人，当时全国共有党员 2800 万名。十大继续肯定九大的政治路线和组织路线。

1973 年 8 月 30 日，党的十届一中全会选举毛泽东为中央委员会主席。

11. 中国共产党第十一次全国代表大会

1977 年 8 月 12—18 日，中国共产党第十一次全国代表大会举行。出席大会的代表有 1510 人，代表全国 3500 多万名党员。大会宣告“文化大革命”已经结束，重申在 20 世纪内把中国建设成为社会主义现代化强国，但未能从根本上纠正“文化大革命”的错误。

1977 年 8 月 19 日，党的十一届一中全会选举华国锋为中央委员会主席。全会通过中央军委名单，华国锋为主席。

12. 中国共产党第十二次全国代表大会

1982 年 9 月 1—11 日，中国共产党第十二次全国代表大会举行。大会正式代表 1600 人，候补代表 149 人，代表全国 3900 多万名党员。邓小平在致开幕词时提出，把马克思主义的普遍真理同我国的具体实际结合起来，走自己的道路，建设有中国特色的社会主义。大会通过

考试笔记

的报告《全面开创社会主义现代化建设的新局面》，提出分两步走，在20世纪末实现工农业年总产值翻两番的目标。大会通过新的《中国共产党章程》。大会决定设立中央顾问委员会。

1982年9月12—13日，党的十二届一中全会选举胡耀邦为中央委员会总书记，决定邓小平为中央军委主席，批准邓小平为中央顾问委员会主任，批准陈云为中央纪委第一书记。

13. 中国共产党第十三次全国代表大会

1987年10月25日至11月1日，中国共产党第十三次全国代表大会举行。大会正式代表1936人，特邀代表61人，代表全国4600多万名党员。大会通过的报告《沿着有中国特色的社会主义道路前进》，阐述了社会主义初级阶段理论，提出党在社会主义初级阶段的基本路线，制定到21世纪中叶分三步走、实现现代化的发展战略。大会通过《中国共产党章程部分条文修正案》。

1987年11月2日，党的十三届一中全会选举赵紫阳为中央委员会总书记，决定邓小平为中央军委主席，批准陈云为中央顾问委员会主任，批准乔石为中央纪委书记。

14. 中国共产党第十四次全国代表大会

1992年10月12—18日，中国共产党第十四次全国代表大会举行。大会正式代表1989人，特邀代表46人，代表全国5100多万名党员。大会通过的报告《加快改革开放和现代化建设步伐，夺取有中国特色社会主义事业的更大胜利》，总结党的十一届三中全会以来14年的实践经验，决定抓住机遇，加快发展；确定我国经济体制改革的目标是建立社会主义市场经济体制；提出用邓小平同志建设有中国特色社会主义的理论武装全党。大会通过《中国共产党章程（修正案）》，将邓小平同志建设有中国特色社会主义的理论和党在社会主义初级阶段的基本路线写入党章。

1992年10月19日，党的十四届一中全会选举江泽民为中央委员会总书记，决定江泽民为中央军委主席，批准尉健行为中央纪委书记。

15. 中国共产党第十五次全国代表大会

1997年9月12—18日，中国共产党第十五次全国代表大会举行。大会正式代表2048人，特邀代表60人，代表全国5800多万名党员。

考试笔记

大会通过的报告《高举邓小平理论伟大旗帜，把建设有中国特色社会主义事业全面推向二十一世纪》，着重阐述邓小平理论的历史地位和指导意义；提出党在社会主义初级阶段的基本纲领；明确公有制为主体、多种所有制经济共同发展是我国社会主义初级阶段的一项基本经济制度；强调依法治国，建设社会主义法治国家；明确我国改革开放和现代化建设跨世纪发展的宏伟目标。大会通过《中国共产党章程修正案》，把邓小平理论同马克思列宁主义、毛泽东思想一道确立为党的指导思想并载入党章。

1997 年 9 月 19 日，党的十五届一中全会选举江泽民为中央委员会总书记，决定江泽民为中央军委主席，批准尉健行为中央纪委书记。

2000 年 2 月 25 日，江泽民在广东考察工作听取广东省委工作汇报时明确提出“三个代表”要求。指出，我们党所以赢得人民的拥护，是因为我们党在革命、建设、改革的各个历史时期，总是代表着中国先进生产力的发展要求，代表着中国先进文化的前进方向，代表着中国最广大人民的根本利益，并通过制定正确的路线方针政策，为实现国家和人民的根本利益而不懈奋斗。5 月 14 日，江泽民在上海主持召开江苏、浙江、上海党建工作座谈会时进一步指出，始终做到“三个代表”，是我们党的立党之本、执政之基、力量之源。

16. 中国共产党第十六次全国代表大会

2002 年 11 月 8—14 日，中国共产党第十六次全国代表大会举行。大会正式代表 2114 人，特邀代表 40 人，代表全国 6600 多万名党员。大会通过的报告《全面建设小康社会，开创中国特色社会主义事业新局面》，提出全面建设小康社会的奋斗目标，阐述全面贯彻“三个代表”重要思想的根本要求。大会通过《中国共产党章程（修正案）》，把“三个代表”重要思想同马克思列宁主义、毛泽东思想、邓小平理论一道确立为党的指导思想并载入党章。

2002 年 11 月 15 日，党的十六届一中全会选举胡锦涛为中央委员会总书记，决定江泽民为中央军委主席，批准吴官正为中央纪委书记。

17. 中国共产党第十七次全国代表大会

2007 年 10 月 15—21 日，中国共产党第十七次全国代表大会举行。大会正式代表 2213 人，特邀代表 57 人，代表全国 7300 多万名党员。大会通过的报告《高举中国特色社会主义伟大旗帜，为夺取全面建设小康社会新胜利而奋斗》，全面阐述科学发展观的科学内涵、精神实质和根本要求，明确科学发展观第一要义是发展，核心是以人为本，基本要求是全面协调可持续，根本方法是统筹兼顾。大会通过《中国共产党章程（修正案）》，把科学发展观写入党章。

考试笔记

2007 年 10 月 22 日，党的十七届一中全会选举胡锦涛为中央委员会总书记，决定胡锦涛为中央军委主席，批准贺国强为中央纪委书记。

18. 中国共产党第十八次全国代表大会

2012 年 11 月 8—14 日，中国共产党第十八次全国代表大会举行。大会正式代表 2268 人，特邀代表 57 人，代表全国 8200 多万名党员。大会通过的报告《坚定不移沿着中国特色社会主义道路前进，为全面建成小康社会而奋斗》，确定全面建成小康社会和全面深化改革开放的目标，阐明中国特色社会主义道路、中国特色社会主义理论体系、中国特色社会主义制度的科学内涵及其相互联系。大会通过《中国共产党章程（修正案）》，把科学发展观同马克思列宁主义、毛泽东思想、邓小平理论、“三个代表”重要思想一道确立为党的指导思想并载入党章。

2012 年 11 月 15 日，党的十八届一中全会选举习近平、李克强、张德江、俞正声、刘云山、王岐山、张高丽为中央政治局常委，习近平为中央委员会总书记，决定习近平为中央军委主席，批准王岐山为中央纪委书记。同日，习近平在十八届中央政治局常委同中外记者见面时指出，人民对美好生活的向往，就是我们的奋斗目标。

2012 年 11 月 17 日，十八届中央政治局就深入学习贯彻党的十八大精神进行第一次集体学习。到 2017 年 9 月，围绕有关重大理论和实践问题共进行集体学习 43 次。

2012 年 11 月 29 日，习近平在国家博物馆参观《复兴之路》展览时指出，实现中华民族伟大复兴，就是中华民族近代以来最伟大的梦想。2013 年 3 月 17 日，习近平在十二届全国人大一次会议闭幕会上讲话指出，实现中华民族伟大复兴的中国梦，就是要实现国家富强、民族振兴、人民幸福。实现中国梦，必须走中国道路、弘扬中国精神、凝聚中国力量。

考试笔记

19. 中国共产党第十九次全国代表大会

2017 年 10 月 18—24 日，中国共产党第十九次全国代表大会举行。大会正式代表 2280 人，特邀代表 74 人，代表全国 8900 多万名党员。大会通过的报告《决胜全面建成小康社会，夺取新时代中国特色社会主义伟大胜利》，作出中国特色社会主义进入新时代、我国社会主要矛盾已经转化为人民日益增长的美好生活需要和不平衡不充分的发展之间的矛盾等重大政治论断，确立习近平新时代中国特色社会主义思想的历史地位，提出新时代坚持和发展中国特色社会主义的基本方略，确定决胜全面建成小康社会、开启全面建设社会主义现代化国家新征程的目标。大会通过《中国共产党章程（修正案）》，把习近平新时代中国特色社会主义思想同马克思列宁主义、毛泽东思想、邓小平理论、“三个代表”重要思想、科学发展观一道确立为党的指导思想并载入党章。

2017 年 10 月 25 日，党的十九届一中全会选举习近平、李克强、栗战书、汪洋、王沪宁、赵乐际、韩正为中央政治局常委，选举习近平为中央委员会总书记，决定习近平为中央军委主席，批准赵乐际为中央纪委书记。

2017 年 10 月 27 日，中央政治局会议审议通过的《中共中央政治局关于加强和维护党中央集中统一领导的若干规定》指出，中央政治局要带头树立“四个意识”，严格遵守党章和党内政治生活准则，全面落实党的十九大关于加强和维护党中央集中统一领导的各项要求，自觉在以习近平同志为核心的党中央集中统一领导下履行职责、开展工作，坚决维护习近平总书记作为党中央的核心、全党的核心地位。根据《规定》，中央政治局全体同志每年向党中央和习近平总书记书面述职一次，这已经成为加强和维护党中央集中统一领导的重要制度安排。同日，十九届中央政治局就深入学习贯彻党的十九大精神进行第一次集体学习。到 2021 年 5 月，围绕有关重大理论和实践问题共进行集体学习 30 次。

20. 中国共产党第二十次全国代表大会

2022 年 10 月 16 日，中国共产党第二十次全国代表大会召开。中国共产党第二十次全国代表大会是在全党全国各族人民迈上全面建设社会主义现代化国家新征程、向第二个百年奋斗目标进军的关键时刻召开的一次十分重要的大会。大会的主题是高举中国特色社会主义伟大旗帜，全面贯彻新时代中国特色社会主义思想，弘扬伟大建党精神，自信自强、守正创新，踔厉奋发、勇毅前行，为全面建设社会主义现代化国家、全面推进中华民族伟大复兴而团结奋斗。

考试笔记

全国各选举单位选举产生并经中央批准公布代表共 2296 名。经二十大代表资格审查委员会审查，确认 2296 名代表资格有效。大会明确宣示党在新征程上举什么旗、走什么路、以什么样的精神状态、朝着什么样的目标继续前进，对全面建成社会主义现代化强国两步走战略安排进行宏观展望，科学谋划未来 5 年乃至更长时期党和国家事业发展的目标任务和大政方针。

2022 年 10 月 16 日上午 10 时，中国共产党第二十次全国代表大会在北京人民大会堂开幕，习近平代表第十九届中央委员会向大会作了题为《高举中国特色社会主义伟大旗帜　为全面建设社会主义现代化国家而团结奋斗》的报告。

2022 年 10 月 22 日，中国共产党第二十次全国代表大会通过了关于十九届中央委员会报告的决议、关于十九届中央纪律检查委员会工作报告的决议，关于《中国共产党章程（修正案）》的决议，中国共产党第二十次全国代表大会胜利闭幕 。

中国共产党第二十届中央委员会第一次全体会议于 2022 年 10 月 23 日在北京举行。出席全会的有中央委员 203 人，候补中央委员 168 人，中央纪律检查委员会委员列席会议。全会选举习近平、李强、赵乐际、王沪宁、蔡奇、丁薛祥、李希为中央政治局常委，选举习近平为中央委员会总书记，决定习近平为中央军委主席，批准李希为中央纪委书记。

考试笔记

考点2

新中国史基础知识

1. 新中国成立和社会主义基本制度的确立

1949 年 10 月 1 日，中华人民共和国中央人民政府成立。新中国的成立，实现了中国从几千年封建专制政治向人民民主的伟大飞跃，是近代以来实现中华民族伟大复兴的里程碑，中华民族发展进步从此开启了新纪元。

为了争取形成有利的国家建设国际环境，新中国按照“另起炉灶”“打扫干净屋子再请客”和“一边倒”三大外交方针与人民民主国家和周边国家建立了外交关系。1949 年 10 月 3 日，中苏正式建交。1950 年 2 月 14 日，两国签订《中苏友好同盟互助条约》和有关协定。正当中国人民为争取财政经济状况根本好转而奋斗的时候，新中国又面临着外部侵略的威胁。6 月 25 日，朝鲜内战爆发。次日，美国政府从其全球战略和冷战思维出发，作出武装干涉朝鲜的决定。中国政府迅速作出强烈的反应。6 月 28 日，毛泽东发表讲话，严厉谴责美国对朝鲜和中国领土台湾的侵略，号召全国和全世界的人民团结起来，打败美帝国主义的任何挑衅，表明中国的严正立场。抗美援朝战争的伟大胜利，是中国人民站起来后屹立于世界东方的宣言书，是中华民族走向伟大复兴的重要里程碑，对中国和世界都有着重大而深远的意义，极大增强了中国人民的民族自信心和自豪感。

为巩固新生的人民政权和全面部署恢复国民经济阶段的各项工作，1950 年 6 月，党召开七届三中全会，要求在 3 年内，有计划、有秩序地完成新解放区的土地改革。全会决定的方针，为国民经济恢复时期党的工作规定了明确的行动纲领。到 1952 年年底，除部分少数民族地区和台湾地区外，全国土地改革基本完成。

根据党的七届三中全会的部署，党和政府领导人民进行土地改革，废除封建土地所有制，实现“耕者有其田”；彻底荡涤旧社会遗留下来的污泥浊水，树立新的社会风尚。针对增产节约运动中暴露出的问题，党和政府又开展“三反”“五反”运动，有力地抵制了旧社会的恶习和资产阶级的腐蚀，实现了从旧社会到新社会的深刻变革。

考试笔记

国民经济恢复任务完成以后，中国从1953年开始实施发展国民经济的第一个五年计划，掀起大规模经济建设高潮。这一年，中国共产党提出过渡时期总路线，并把这条总路线作为党和国家一切工作的指针。总路线明确规定：从新中国成立，到社会主义改造基本完成，这是一个过渡时期。党在这个过渡时期的总路线和总任务，是要在一个相当长的时间内，逐步实现国家的社会主义工业化，并逐步实现国家对农业、对手工业和对资本主义工商业的社会主义改造过渡时期，总路线的实质就是“一体两翼”和“一化三改”。到1956年年底，对生产资料私有制的社会主义改造基本完成。

2. 社会主义建设的艰辛探索和曲折发展

1956年4月25日和5月2日，毛泽东作了《论十大关系》的讲话和报告。《论十大关系》初步提出了中国社会主义经济、政治建设的若干新方针，标志着我们党对怎样建设社会主义有了自己新的认识，对当时和以后的社会主义建设都有很强的针对性和理论指导作用。

1956年9月，中国共产党第八次全国代表大会在北京举行。党的八大正确分析了国内形势和国内主要矛盾，制订了“二五计划”，明确提出党和全国人民在新形势下的主要任务就是要集中力量把我国尽快地从落后的农业国变为先进的工业国。党的八大宣告了社会主义革命的基本完成和社会主义制度的基本建立，标志着中国在建设社会主义的道路上取得了初步成果，对于党和国家事业的发展具有长远意义。

1957年2月，毛泽东在最高国务院会议上发表《关于正确处理人民内部矛盾的问题》的讲话。毛泽东指出，社会主义社会存在着敌我矛盾和人民内部矛盾两类性质根本不同的矛盾。前者需要用强制的、专政的方法去解决，后者只能用民主的、说服教育的、“团结—批评—团结”的方法去解决。

1957年冬季，全国掀起以兴修水利、养猪积肥和改良土壤为中心的农业生产，拉开了“大跃进”的序幕。1958年5月，党的八大二次会议通过“鼓足干劲、力争上游、多快好省地建设社会主义”的

考试笔记

总路线，反映了党和广大人民群众迫切要求改变我国经济文化落后状况的普遍愿望，但违背了经济建设必须遵循的客观规律，严重损害农民的生产积极性。

1961 年 1 月，党的八届九中全会决定对国民经济实行“调整、巩固、充实、提高”的八字方针，国民经济开始转入调整的新轨道。

1962 年 1 月 11 日至 2 月 7 日，党中央在北京召开扩大的中央工作会议，刘少奇代表中央提出的书面报告草稿总结了“大跃进”以来经济建设工作的经验教训，分析了产生缺点错误的原因。经过前后两年的调整，从 1963 年夏开始，各项建设事业呈现明显的健康发展势头。

1966 年，正当我国克服了国民经济的严重困难，开始执行发展国民经济第三个五年计划的时候，“文化大革命”发生了。1966 年 8 月，党的八届十一中全会通过《中国共产党中央委员会关于无产阶级文化大革命的决定》，这次会议的召开，标志着“文化大革命”的全面发动。这场“文化大革命”持续了十年，使党的组织和国家政权受到极大削弱，大批干部和群众遭受迫害，民主和法制被践踏，全国陷入严重的政治危机和社会危机。

1972—1973 年，根据周恩来的指示，国务院采取各种措施对国民经济进行调整。1973 年下半年，经济形势明显好转，国民经济计划主要指标全部完成。在此期间，我国第一次把人口控制指标纳入国民经济发展计划，制定了第一部环境保护的综合性文件，这对我国的经济社会发展起到了重要的促进作用。

这一时期，三线建设成果引人注目。1964 年五六月间，毛泽东从经济建设和国防建设的战略布局考虑，将全国划分为一、二、三线，提出三线建设问题，随后三线建设开始启动。1970 年 7 月至 1973 年 10 月，在极端恶劣的条件下，铁道兵指战员和铁路工程建设人员在人迹罕至的崇山峻岭克服重重困难，相继建成成昆铁路、湘黔铁路、襄渝铁路，改变了西南地区长期的交通闭塞落后状况。此外，在建和建成的大型企业还有贵州六盘水、四川宝鼎山等大型煤矿，甘肃刘家峡，湖北丹江口、葛洲坝等大中型水电站，等等。三线建设在很大程度上改变了旧中国工业布局不平衡的状况，使一大批当时属于顶尖的军工企业、国有企业、科研院所来到西部，为西部地区提供了难得的发展机遇。

考试笔记

一批交通运输线、输油管线设施相继建成。1968 年建成的南京长江大桥，是当时我国自行设计建造的最大的铁路、公路两用桥。经过改造的宝成铁路成为我国第一条电气化铁路。1974 年，我国建成大庆至秦皇岛的第一条长距离输油管道。

国防科技业绩显著。1964 年 10 月 16 日，我国第一颗原子弹爆炸成功；1967 年 6 月 17 日，我国第一颗氢弹空爆试验成功；1970 年 4 月 24 日，我国第一颗人造卫星发射成功。中国的“两弹一星”是 20 世纪下半叶中华民族创建的辉煌伟业。

在生物技术方面，1965 年 9 月 17 日，中国在世界上首次人工合成结晶牛胰岛素，为人类揭开生命奥秘、解决医学难题迈出了重要一步，成为中国攀登世界科技高峰征程上的一座里程碑。1972 年，中国中医研究院成功提取出一种新型抗疟药青蒿素，在全球特别是发展中国家挽救了数百万人的生命。1973 年，我国在世界上首次培育成功强优势的籼型杂交水稻。

新中国成立后，我们党坚持独立自主的和平外交政策。20 世纪 70 年代初，我国外交工作打开新的局面。1971 年 10 月，第二十六届联合国大会恢复中华人民共和国在联合国的一切合法权利，中国成为联合国安理会常任理事国之一。1972 年 2 月，美国总统尼克松访华，中美双方经过会谈，在上海发表《中美联合公报》，标志着两国关系正常化进程的开始。中美关系的缓和直接推动了中日关系的改善，中日双方于 1972 年 9 月签署建立外交关系的《联合声明》。

1976 年 10 月以粉碎“四人帮”为标志，结束了长达十年的“文化大革命”内乱。“文化大革命”的内乱，是党、国家和人民在中华人民共和国成立以来遭到的最大挫折。“文化大革命”结束以后，1977 年全国恢复高考，1978 年召开了全国科学大会。这两件大事在全国激起了强烈反响，不仅尊重知识、尊重科学、尊重人才迅速形成了社会风尚，而且对社会主义现代化建设产生了深远影响。

3. 改革开放与中国特色社会主义的开创

1978 年全国开展了真理标准问题讨论，冲破“两个凡是”错误

考试笔记

方针的禁锢，揭开了思想解放的序幕。12 月召开的党的十一届三中全会，重新确立了解放思想、实事求是的思想路线，作出把党和国家的工作重心转移到经济建设上来，实行改革开放的伟大决策，全会形成的以邓小平为核心的第二代中央领导集体，承担起艰巨的使命，实现了伟大的历史性转折，开创了中国社会主义事业发展的新时期。从此，我国改革开放拉开了大幕。

1981 年 6 月 27—29 日，党的十一届六中全会在北京举行，全会审议和通过《关于建国以来党的若干历史问题的决议》。决议的通过，标志着中国共产党在指导思想上完成了拨乱反正的历史任务。全面拨乱反正从根本上改变了“文化大革命”和长期以来“左”的错误造成的混乱局面，国家和社会重新焕发勃勃生机。

在拨乱反正基本完成的基础上，1982 年 9 月召开了中国共产党第十二次全国代表大会。这次大会提出“把马克思主义的普遍真理同我国的具体实际结合起来，走自己的道路，建设有中国特色的社会主义”的思想，确定分两步走在 20 世纪末实现国民生产总值翻两番的目标。

党的十二届三中全会以后，全国迅速掀起全面改革开放的热潮。以城市为重点的经济体制改革全面展开，对外开放格局初步形成，科教文卫体制改革有序推进，社会主义精神文明建设逐步开展，国防、外交等领域进行战略性转变并形成新的格局。与此同时，为了解决香港、澳门、台湾的问题，实现祖国统一，邓小平尊重历史和现状，从实际出发，提出了“一个国家，两种制度”的伟大构想，即在中国大陆实行社会主义制度，在香港、澳门、台湾地区实行资本主义制度。1982 年 9 月，他在同英国首相会见时，阐述了中国解决香港问题的基本立场，维护了祖国的主权和尊严。1983 年他提出解决台湾问题的“六条”方针，强烈表达了和平统一祖国的愿望。

1987 年 10 月 25 日至 11 月 1 日，中国共产党第十三次全国代表大会召开。大会对党的十一届三中全会以来改革开放和社会主义现代化建设经验进行总结和理论概括，明确地阐明了社会主义初级阶段的理论，完整地概括了党在社会主义初级阶段的基本路线。在社会主义初级阶段，主要矛盾是人民日益增长的物质文化需要同落后的社会生产之间的矛盾，党和国家的主要任务是发展生产力，推进社会主义现代化建设。大会把党在社会主义初级阶段的基本路线概括为：领导和团结全国各族人民，以经济建设为中心，坚持四项基本原则，坚持改革开放、自力更生、艰苦创业，为把我国建设成为富强、民主、文明的社会主义现代化国家而奋斗。

1988 年 4 月 13 日，七届全国人大一次会议通过国务院提出的关于设立海南省和建立海南经济特区的议案。4 月 14 日，国务院批转《关于海南岛进一步对外开放加快经济开发建设的座谈会纪要》，提出在海南岛实行特殊经济政策，建立经济管理新体制，把海南岛建设成全国最大的经济特区，是贯彻沿海经济发展战略、进一步扩大对外开放的重要措施。4 月 26 日，中共海南省委和省人民政府正式挂牌。5 月 4 日，国务院作出《关于鼓励投资开发海南岛的规定》，规定国家对海南经济特区实行更加灵活开放的经济政策，授予海南省人民政府更大的自主权。海南经济特区的设立，开启了扩大开放、深化改革、加快发展的新篇章。至此，我国形成从南到北由 5 个经济特区、14 个沿海开放城市、3 个沿海开放地区、2 个开放半岛构成的对外开放格局。

20 世纪 80 年代末 90 年代初，面对国内外复杂形势，党和政府依靠广大人民群众平息政治风波，捍卫了我国社会主义国家政权；沉着应对风云变幻，在国际上站稳脚跟；继续改革开放，完成治理整顿任务。中国的社会主义制度经受住了严峻考验，显示出强大的生命力。邓小平南方谈话，极大地鼓舞了全党全国各族人民进一步发展中国特色社会主义的信心。

4. 建立社会主义市场经济体制和把中国特色社会主义全面推向 21 世纪

把建立社会主义市场经济体制确立为我国经济体制改革的目标，是 1992 年 10 月党的十四大作出的一项具有深远意义的重大决定。党的十四大报告明确指出，实践的发展和认识的深化，要求我们明确提出，我国经济体制改革的目标是建立社会主义市场经济体制，以利于进一步解放和发展生产力。社会主义市场经济体制改革目标的确立，使中国经济体制改革和社会主义现代化建设的方向更加明确，对中国的经济体制改革具有重大指导意义。

20 世纪 90 年代，面对世界新军事变革风起云涌，党中央和中央

考试笔记

军委提出“政治合格、军事过硬、作风优良、纪律严明、保障有力”的新时期军队建设总要求，着眼于打得赢、不变质，对军队建设和军事斗争准备作出一系列战略规划和部署，推进中国特色军事变革。1993年1月，中央军委扩大会议对军事战略实行重大调整，把军事斗争准备的基点放在打赢现代技术特别是高技术条件下的局部战争上。这一军事战略方针，为国防和军队建设指明了发展方向。2000年12月召开的中央军委扩大会议又提出了军队建设要完成机械化和信息化建设双重任务，以及实现跨越式发展的新思路。

1993年11月，党的十四届三中全会审议通过《中共中央关于建立社会主义市场经济体制若干问题的决定》，明确了建立社会主义市场经济体制的基本任务和要求。《决定》指出，社会主义市场经济体制是同社会主义基本制度结合在一起的。建立社会主义市场经济体制，就是要使市场在国家宏观调控下对资源配置起基础性作用。《决定》提出了建立社会主义市场经济体制的总体规划，勾画了社会主义市场经济体制的基本框架，回答了改革实践中提出的许多重大问题，是建立社会主义市场经济体制的纲领性文件，标志着中国经济体制改革开始向建立社会主义市场经济体制的目标整体性推进。

1994年9月，党的十四届四中全会作出《中共中央关于加强党的建设几个重大问题的决定》，把党的建设提到“新的伟大工程”的高度，明确提出了加强党的建设总目标。党的十五大把这一总目标进一步概括为：“把党建设成为用邓小平理论武装起来、全心全意为人民服务、思想上政治上组织上完全巩固、能够经受住各种风险、始终走在时代前列、领导全国人民建设有中国特色社会主义的马克思主义政党。”

1997年下半年，东南亚国家爆发金融危机，世界经济受到严重冲击，中国的经济发展也遇到严重困难。面对金融危机冲击，中共中央及时提出“坚定信心，心中有数，未雨绸缪，沉着应付，埋头苦干，趋利避害”的指导方针，果断采取扩大国内需求的措施，实行积极的财政政策和稳健的货币政策。

1997年6月30日午夜至7月1日凌晨，中英两国政府香港政权交接仪式在香港举行，宣告中国政府对香港恢复行使主权，中华人民共和国香港特别行政区成立。中国国家主席江泽民、国务院总理李鹏

考试笔记

和英国王子查尔斯、首相布莱尔等出席仪式。香港回归祖国，标志着“一国两制”构想的巨大成功，标志着中国在完成祖国统一的道路上迈出了重要一步。

1999 年 12 月 20 日，中葡澳门政权交接仪式在澳门文化中心举行，中国政府对澳门恢复行使主权。

2001 年 2 月，博鳌亚洲论坛在海南博鳌成立。这是一个永久定址中国、非官方的国际性会议组织，它以平等、互惠、合作、共赢为主旨，成为亚洲和关心亚洲的各界人士加强了解、增进友谊和扩大合作的纽带。6 月，中国、俄罗斯、哈萨克斯坦、吉尔吉斯斯坦、塔吉克斯坦和乌兹别克斯坦六国元首在上海签署了《上海合作组织成立宣言》，这是第一个由中国参与推动建立并以中国城市命名的地区性合作组织。它所倡导的“互信、互利、平等、协商、尊重多样文明、谋求共同发展”的“上海精神”，在当代国际关系中产生了重要影响。12 月 11 日，中国正式成为世界贸易组织的第 143 个成员。

2001 年 7 月 1 日，江泽民在庆祝中国共产党成立 80 周年大会上发表讲话，系统阐述了“三个代表”重要思想的科学内涵和基本内容，深刻回答了新的历史条件下加强和改进党的建设的重大理论和实践问题。他指出，中国共产党 80 年的奋斗历程和基本经验，“归结起来，就是必须始终代表中国先进生产力的发展要求，代表中国先进文化的前进方向，代表中国最广大人民的根本利益”。

5. 全面建设小康社会与新的形势下坚持和发展中国特色社会主义

2002 年 11 月 8—14 日，中国共产党第十六次全国代表大会在北京召开。大会提出全面建设小康社会的奋斗目标，并从经济、政治、文化等方面勾画了宏伟蓝图，强调在优化结构和提高效益的基础上，国内生产总值到 2020 年力争比 2000 年翻两番。党的十六大把发展社会主义民主政治、建设社会主义政治文明，作为全面建设小康社会的重要目标，强调发展社会主义民主政治，最根本的是要把坚持党的领导、人民当家作主和依法治国有机统一起来。提出“加强党的执政能力建设”的命题，要求各级党委和领导干部增强执政意识，不断提高科学判断形势的能力、驾驭市场经济的能力、应对复杂局面的能力、依法执政的能力和总揽全局的能力。

考试笔记

2003年2月中下旬，“非典”疫情在广东局部地区流行，3月上旬开始在华北地区传播和蔓延。面对严峻的疫情，中共中央、国务院提出了沉着应对、措施果断，依靠科学、有效防治，加强合作、完善机制的总体要求，坚持一手抓防治“非典”这件大事不放松、一手抓经济建设这个中心不动摇的重大战略决策，发出奋力夺取抗击“非典”和促进发展双胜利的号召。在危难时刻和紧要关头，全党、全军和全国人民紧急行动起来，全国一盘棋，群策群力、守望相助，群防群控、联防联控，打响了一场抗击“非典”的人民战争。经过不懈努力，中国取得了抗击“非典”的胜利。

2004年9月，党的十六届四中全会通过了《中共中央关于加强党的执政能力建设的决定》，提出了加强党的执政能力建设的指导思想、总体目标和主要任务，强调通过全党共同努力，使党始终成为立党为公、执政为民的执政党，成为科学执政、民主执政、依法执政的执政党，成为求真务实、开拓创新、勤政高效、清正廉洁的执政党；不断提高驾驭社会主义市场经济的能力、发展社会主义民主政治的能力、建设社会主义先进文化的能力、构建社会主义和谐社会的能力、应对国际局势和处理国际事务的能力。

党的十六大第一次把“社会更加和谐”作为党的重要奋斗目标。随着改革发展的不断推进，党对建设社会主义和谐社会的认识和实践不断深化。党的十六届四中全会首次提出了构建社会主义和谐社会的历史任务，明确提出，形成全体人民各尽其能、各得其所而又和谐相处的社会，是巩固党执政的社会基础、实现党执政的历史任务的必然要求。要适应我国社会的深刻变化，把和谐社会建设摆在重要位置。

2005年3月14日，十届全国人大三次会议通过《反分裂国家法》，这部法律的公布实施，体现了中共中央以最大诚意、尽最大努力争取和平统一的一贯主张，也表明了维护国家主权和领土完整的坚定决心，对台政策进入“以法遏独、以法促统”的新阶段。

2005年12月，十届全国人大常委会第十九次会议决定，自2006年1月1日起，废止1958年6月3日通过的《中华人民共和国农业税条例》，取消农业税，终结了中国历史上农民持续上缴两千多年的“皇粮国税”。

2006年6月15日，胡锦涛在上海合作组织成员国元首理事会第

考试笔记

六次会议上提出，“面对机遇和挑战，我们应该全面加强合作，努力把本地区建设成为持久和平、共同繁荣的和谐地区”，提出了“和谐地区”的概念。

2006 年 10 月召开的党的十六届六中全会围绕构建和谐社会的主题，提出和阐发了建设社会主义核心价值体系的任务，指出“马克思主义指导思想，中国特色社会主义共同理想，以爱国主义为核心的民族精神和以改革创新为核心的时代精神，社会主义荣辱观，构成社会主义核心价值体系的基本内容”，要求把社会主义核心价值体系融入国民教育和精神文明建设全过程、贯穿现代化建设各方面。

2007 年 8 月 1 日，在庆祝中国人民解放军建军 80 周年暨全军英雄模范代表大会上，胡锦涛把人民解放军的性质、宗旨和职能、使命高度统一起来，强调人民解放军的优良革命传统，集中起来就是“听党指挥、服务人民、英勇善战”。

2008 年 8 月 8—24 日，以“同一个世界，同一个梦想”为口号的第二十九届夏季奥运会在北京举行。204 个国家和地区的 11438 名运动员参加了北京奥运会，这也是历史上参赛国家和地区、运动员最多的一届奥运会。中国体育代表团在奥运会上获得 51 枚金牌、21 枚银牌、28 枚铜牌，位居金牌榜第一位；在残奥会上获得 89 枚金牌、70 枚银牌、52 枚铜牌，位居金牌榜和奖牌榜第一位。

2010 年 5 月 1 日至 10 月 31 日，上海市举办了以“城市，让生活更美好”为主题的世界博览会。这是第一次在发展中国家举办的注册类世界博览会。在 184 天的时间里，有 189 个国家和 57 个国际组织参展，7308 万人次参观展览，创造了世博会历史上的新纪录。

2011 年 10 月，党的十七届六中全会通过的《中共中央关于深化文化体制改革、推动社会主义文化大发展大繁荣若干重大问题的决定》，设专节部署“推进社会主义核心价值体系建设”，提出在全党全社会形成统一指导思想、共同理想信念、强大精神力量、基本道德规范，把建设社会主义核心价值体系作为文化改革发展的根本任务。

6. 中国特色社会主义进入新时代和实现中华民族伟大复兴的中国梦

2012 年 11 月 8—14 日，中国共产党第十八次全国代表大会在北

考试笔记

京召开。党的十八大是在中国进入全面建成小康社会决定性阶段召开的一次十分重要的大会。大会的主题是：高举中国特色社会主义伟大旗帜，以邓小平理论、“三个代表”重要思想、科学发展观为指导，解放思想，改革开放，凝聚力量，攻坚克难，坚定不移沿着中国特色社会主义道路前进，为全面建成小康社会而奋斗。大会贯穿始终的主线是坚持和发展中国特色社会主义。建设中国特色社会主义，总依据是社会主义初级阶段，总布局是社会主义经济建设、政治建设、文化建设、社会建设、生态文明建设“五位一体”，总任务是实现社会主义现代化和中华民族伟大复兴。大会确立了“两个一百年”奋斗目标。大会报告指出，只要我们胸怀理想、坚定信念，不动摇、不懈怠、不折腾，顽强奋斗、艰苦奋斗、不懈奋斗，就一定能在中国共产党成立一百年时全面建成小康社会，就一定能在新中国成立一百年时建成富强民主文明和谐的社会主义现代化国家。

2012 年 11 月，习近平总书记在国家博物馆参观《复兴之路》展览时指出，实现中华民族伟大复兴，就是中华民族近代以来最伟大的梦想。这个梦想，凝聚了几代中国人的夙愿，体现了中华民族和中国人民的整体利益，是每一个中华儿女的共同期盼。

党的十八大以来，以习近平同志为核心的党中央提出建设一支听党指挥、能打胜仗、作风优良的人民军队的强军目标，制定新形势下军事战略方针，全力推进国防和军队现代化；全面准确贯彻“一国两制”方针，牢牢掌握宪法和基本法赋予中央对香港、澳门的全面管治权，保持香港、澳门繁荣稳定；坚持一个中国原则和“九二共识”，推动两岸关系和平发展，坚决反对和遏制“台独”分裂势力，推进祖国和平统一进程。

2013 年 9 月，习近平总书记在哈萨克斯坦纳扎尔巴耶夫大学发表演讲，提出共同建设“丝绸之路经济带”的合作倡议；10 月，习近平在印度尼西亚国会发表演讲，提出共同建设 21 世纪“海上丝绸之路”的合作倡议；11 月，党的十八届三中全会提出，推进丝绸之路经济带、海上丝绸之路建设，形成全方位开放新格局。12 月，习近平总书记在中央经济工作会议上强调：“建设丝绸之路经济带、二十一世纪海上丝绸之路，是党中央统揽政治、外交、经济社会发展全局作出的重大战略决策，是实施新一轮扩大开放的重要举措，也是营造有利周边环境的重要举措。”2015 年 3 月，经国务院授权，国家发展和改革委员会、外交部、商务部联合发布《推动共建丝绸之路经济带和 21 世纪海上丝绸之路的愿景与行动》，包括“一带一路”建设的时代背景、共建原则、框架思路、合作重点、合作机制等八大方面，坚持共商、共建、共享原则，努力实现政策沟通、设施联通、贸易畅通、资金融通、民心相通。

7. 决胜全面建成小康社会和开启全面建成社会主义现代化强国新征程

2017 年 10 月 18 日，习近平总书记在中国共产党第十九次全国代表大会上首次提出“新时代中国特色社会主义思想”。2017 年 10 月 24 日，中国共产党第十九次全国代表大会通过了关于《中国共产党章程（修正案）》的决议，习近平新时代中国特色社会主义思想写入党章。党的十九大用“八个明确”“十四个坚持”对习近平新时代中国特色社会主义思想作了系统概括和深刻阐释。党的十九届六中全会在“八个明确”的基础上，用“十个明确”对习近平新时代中国特色社会主义思想的核心内容作了进一步概括。“十个明确”是新时代坚持和发展中国特色社会主义的行动指南，着重回答了坚持和发展什么样的中国特色社会主义；“十四个坚持”是新时代坚持和发展中国特色社会主义的行动纲领，着重回答了怎样坚持和发展中国特色社会主义。“十个明确”“十四个坚持”，构成新时代坚持和发展中国特色社会主义的核心要义，体现了习近平新时代中国特色社会主义思想理论与实践的统一。习近平新时代中国特色社会主义思想是当代中国马克思主义、二十一世纪马克思主义，是中华文化和中国精神的时代精华，实现了马克思主义中国化时代化新的飞跃。

2017 年 10 月，党的十九大提出，新时代中国特色社会主义事业战略布局是“全面建成小康社会、全面深化改革、全面依法治国、全面从严治党”。随着 2020 年 10 月我国全面建成小康社会取得决定性进展，党的十九届五中全会对“四个全面”战略布局作出新的表述，将“全面建成小康社会”调整为“全面建设社会主义现代化国家”。

不忘初心、牢记使命，是贯彻党的十九大精神的重要举措。党的

考试笔记

十九大是在全面建成小康社会决胜阶段、中国特色社会主义进入新时代的关键时期召开的一次十分重要的大会。党的十九大报告，高举旗帜、高瞻远瞩、继往开来，是我们党迈进新时代、开启新征程、谱写新篇章的政治宣言和行动指南。开展“不忘初心、牢记使命”主题教育，铭记“为中国人民谋幸福，为中华民族谋复兴”的“初心”和“使命”，是学习贯彻党的十九大精神的重要举措，是激励我们共产党人不断前进的根本动力。

党的领导是中国特色社会主义最本质的特征和政治优势。中国共产党百年奋斗历史充分展现了中国共产党具有无比坚强的领导力、组织力、执行力，是最可靠的领导力量。新的征程上，必须坚持和加强党的全面领导，充分发挥党总揽全局、协调各方的领导核心作用，提高党科学执政、民主执政、依法执政水平。要弘扬伟大建党精神，推进党的建设新的伟大工程，增强自我净化、自我完善、自我革新、自我提高能力，确保中国共产党始终成为中国人民和中华民族最可靠的主心骨。

中国特色社会主义制度和国家治理体系是以马克思主义为指导、植根中国大地、具有深厚中华文化根基、深得人民拥护的制度和治理体系，是党和人民长期奋斗、接力探索、历尽千辛万苦、付出巨大代价取得的根本成就，我们必须倍加珍惜，毫不动摇坚持、与时俱进发展。我国国家制度和国家治理体系之所以具有多方面的显著优势，很重要的一点就在于我们党在长期实践探索中，坚持把马克思主义基本原理同中国具体实际相结合，把开拓正确道路、发展科学理论、建设有效制度有机统一起来，用中国化的马克思主义、发展着的马克思主义指导国家制度和国家治理体系建设，不断深化对共产党执政规律、社会主义建设规律、人类社会发展规律的认识，及时把成功的实践经验转化为制度成果，使我国国家制度和国家治理体系既体现了科学社会主义基本原则，又具有鲜明的中国特色、民族特色、时代特色。始终代表最广大人民根本利益，保证人民当家作主，体现人民共同意志，维护人民合法权益，是我国国家制度和国家治理体系的本质属性，也是我国国家制度和国家治理体系有效运行、充满活力的根本所在。

考试笔记

从十九大到二十大，是“两个一百年”奋斗目标的历史交汇期。我们既要全面建成小康社会、实现第一个百年奋斗目标，又要乘势而上开启全面建设社会主义现代化国家新征程，向第二个百年奋斗目标进军。综合分析国际国内形势和我国发展条件，从2020年到本世纪中叶可以分两个阶段来安排。

第一个阶段，从2020年到2035年，在全面建成小康社会的基础上，再奋斗15年，基本实现社会主义现代化。到那时，我国经济实力、科技实力、综合国力将大幅跃升，跻身创新型国家前列；人民平等参与、平等发展权利得到充分保障，法治国家、法治政府、法治社会基本建成，各方面制度更加完善，国家治理体系和治理能力现代化基本实现；社会文明程度达到新的高度，国家文化软实力显著增强，中华文化影响更加广泛深入；人民生活更为宽裕，中等收入群体比例明显提高，城乡区域发展差距和居民生活水平差距显著缩小，基本公共服务均等化基本实现，全体人民共同富裕迈出坚实步伐；现代社会治理格局基本形成，社会充满活力又和谐有序；生态环境根本好转，美丽中国目标基本实现。

第二个阶段，从2035年到本世纪中叶，在基本实现现代化的基础上，再奋斗15年，把我国建成富强民主文明和谐美丽的社会主义现代化强国。到那时，我国物质文明、政治文明、精神文明、社会文明、生态文明将全面提升，实现国家治理体系和治理能力现代化，成为综合国力和国际影响力领先的国家，全体人民共同富裕基本实现，我国人民将享有更加幸福安康的生活，中华民族将以更加昂扬的姿态屹立于世界民族之林。

考点3

改革开放史基础知识

1. 改革开放拉开大幕

改革开放是中国人民和中华民族发展史上一次伟大革命，正是

考试笔记

这个伟大革命推动了中国特色社会主义事业的伟大飞跃。中国共产党十一届三中全会，重新确立马克思主义的思想路线、政治路线和组织路线，作出把党和国家工作中心转移到社会主义现代化建设上来、实行改革开放的历史决策，实现了新中国成立以来党的历史上具有深远意义的伟大转折，开启了改革开放和社会主义现代化建设的伟大征程。

1978 年 12 月 18 日，具有划时代意义的党的十一届三中全会隆重召开。党的十一届三中全会冲破长期“左”的错误的严重束缚，批评“两个凡是”的错误方针，充分肯定必须完整、准确地掌握毛泽东思想的科学体系，高度评价关于真理标准问题的讨论，果断结束“以阶级斗争为纲”，重新确立马克思主义的思想路线、政治路线、组织路线，决定从 1979 年 1 月起，把全党的工作重点和全国人民的注意力转移到社会主义现代化建设上来。党的十一届三中全会拉开了改革开放的伟大序幕，实现历史性的伟大转折，标志着党在新的历史条件下的伟大觉醒。

党的十一届三中全会后，为适应新形势新要求，针对严重妨碍社会主义优越性发挥的种种体制弊端，党中央深刻总结历史经验，进一步酝酿党和国家领导制度改革，采取了恢复设立中央书记处、恢复和发展多党合作和政治协商制度、恢复被取消多年的党的纪律检查机构、下发《关于高级干部生活待遇的若干规定》、出台《关于党内政治生活的若干准则》、实行干部退休制度、设立中央顾问委员会等一系列重大举措，规范了党内政治生活、解决了干部新老交替问题，为推动改革开放提供了组织保障。

党的十一届三中全会后的三年多时间里，经过全党全军全国各族人民的艰苦努力，党在指导思想上完成了拨乱反正的艰巨任务，在各条战线的实际工作中取得了重大胜利，实现了历史性的伟大转变。

在 1979 年 4 月中央工作会议期间，邓小平听了广东省委负责人关于在毗邻港澳的深圳、珠海和汕头开办出口加工区的建议，赞同这一设想，认为这是一种新思路，是中国实施开放政策、促进经济发展的一个重要突破口。两个多月后，中央和国务院决定对广东、福建两省的对外经济活动给予更多的自主权，扩大对外贸易，同时决定在深圳、珠海划出部分地区试办出口特区。1980 年 5 月，将“出口特区”

考试笔记

改名为“经济特区”，同年8月批准在深圳、珠海、汕头和厦门设置经济特区。在来自全国各地的建设大军的艰苦努力下，经济特区快步发展，成为引进外资和先进技术的前沿地区。创办经济特区，是坚持实事求是、敢为人先的实践创新，在体制改革中发挥了试验田作用，在对外开放中发挥了重要窗口作用。与此同时，党中央还依托有利的国际环境，通过积极引进利用外资、改革对外贸易体制等重大举措拓展了对外开放。

2. 改革开放全面展开

1979年1月1日，全国人大常委会发表《告台湾同胞书》。1981年9月30日，叶剑英发表谈话，阐述台湾回归祖国、实现和平统一的“九条方针”。1982年1月，邓小平在会见海外人士时指出，“一个国家两种制度，两种制度是可以允许的，他们不要破坏大陆的制度，我们也不破坏他那个制度”。“一国两制”的构想，首先用于解决香港、澳门问题，为实现祖国和平统一开辟了新途径。

20世纪80年代，美苏关系从激烈对抗走向缓和，世界局势和国际力量对比发生新的变化。党的十二大、六届全国人大四次会议基本完成了对外政策的调整。这一时期，中国在同世界各国发展友好关系方面取得重大进展。1983—1989年，中国同12个国家建立外交关系，建交国总数达到137个。

1984年5月，正式确定开放天津、上海、大连、青岛、宁波、福州、广州等14个沿海城市。七届全国人大一次会议通过设立海南省和建立海南经济特区的决定。1985年2月，党中央、国务院同意将长江三角洲、珠江三角洲和闽南厦漳泉三角地区划为沿海经济开放区，至此，我国初步形成由“经济特区—沿海开放城市—沿海经济开放区—内地”构成的多层次、有重点、点面结合的对外开放格局，对外开放在广度和深度上进一步扩大。

1984年10月党的十二届三中全会通过《中共中央关于经济体制改革的决定》为标志，又可分为前后相连的两个阶段：前阶段改革首先从农村开始，开展试点，积累经验，逐步推广；后阶段改革重点逐渐从农村转向城市，以搞活国有企业为中心环节全面展开。农村改革主要内容：实行家庭联产承包责任制。家庭联产责任制是农民以家庭

考试笔记

为单位，向集体经济组织（主要是村、组）承包土地等生产资料和生产任务的农业生产责任制形式。其中，包干到户是中国农村家庭联产承包责任制的主要形式。

1987 年 10 月中国共产党第十三次全国代表大会对中国社会主义初级阶段的基本路线作出概括：领导和团结全国各族人民，以经济建设为中心，坚持四项基本原则，坚持改革开放，自力更生，艰苦创业，为把中国建设成为富强、民主、文明的社会主义现代化国家而奋斗。简称“一个中心，两个基本点”。党的十三大阐明了我国正处在社会主义初级阶段的历史方位，明确了党在初级阶段的基本路线，提出“三步走”的经济发展战略，初步回答了我国社会主义建设所处阶段、任务、动力、条件、布局和国际环境等基本问题，为深化改革开放提供了思想理论指引。

1992 年春，邓小平先后到武昌、深圳、珠海和上海等地视察，发表著名的南方谈话，强调要毫不动摇地坚持党的“一个中心，两个基本点”的基本路线，坚持不懈地推进改革开放；提出进一步明确什么是社会主义、怎样建设社会主义这一重大理论问题；提出判断改革开放的“三个有利于”标准，计划与市场都是手段，社会主义的本质是解放生产力、发展生产力，消灭剥削，消除两极分化，最终达到共同富裕；强调发展才是硬道理，明确坚持“两手抓、两手都要硬”，一手抓改革开放，一手抓打击各种犯罪活动；提出正确的政治路线要靠正确的组织路线来保证。邓小平南方谈话，是在国际国内政治风波严峻考验的重大历史关头，坚持党的十一届三中全会以来的理论和路线，深刻回答长期束缚人们思想的许多重大认识问题，把改革开放和现代化建设推进到新阶段的又一个解放思想、实事求是的宣言书。

3. 改革开放开创新局面

党的十四大将机构改革、精兵简政作为政治体制改革的紧迫任务，并将其作为深化经济改革、建立市场经济体制和加快现代化建设的重要条件。经过 1993 年和 1998 年两轮机构改革，与社会主义市场经济体制相配套的行政管理体制基本框架初步确立，中央政府与地方政府的关系得到理顺，政府职能有了明显转变。《中华人民共和国行政处罚法》《中华人民共和国价格法》等立法，标志着我国重大事项听证制度的确立，政府决策的透明度和科学化水平显著提升。

党的十五大高举邓小平理论旗帜，既明确了举什么旗、走什么路，又回答了改革开放和社会主义现代化建设的系列重大理论和实践问题，从政治、思想和组织上为我国实现跨世纪发展提供了重要保障，推动改革开放不断深入。大会强调，建设有中国特色社会主义的经济，就是在社会主义条件下发展市场经济，不断解放和发展生产力；建设有中国特色社会主义的政治，就是在中国共产党领导下，在人民当家作主的基础上依法治国，发展社会主义民主政治；建设有中国特色社会主义的文化，就是以马克思主义为指导，以培育有理想、有道德、有文化、有纪律的公民为目标，发展面向现代化、面向世界、面向未来的，民族的科学的大众的社会主义文化。这三个方面的基本目标和基本政策有机统一、不可分割，构成党在社会主义初级阶段的基本纲领。这个纲领是邓小平理论的重要内容，是党的基本路线在经济、政治、文化等方面的展开，是改革开放以来最主要经验的总结。

党的十五大后，中国的对外开放由南到北、由东到西层层推进，基本形成了“经济特区—沿海开放城市—沿海开放经济带—沿江和内陆开放城市—沿边开放城市”这样一个有重点，点线面结合的对外开放格局。20 世纪 90 年代后期，“引进来”与“走出去”相结合的全方位、多层次、宽领域的对外开放新格局初步形成。

4. 改革开放在科学发展中深化

党的十六大后，党中央团结带领全党全国各族人民，根据新的发展要求，深刻认识和回答了新形势下实现什么样的发展、怎样发展等重大问题；抓住重要战略机遇期，坚持以人为本、全面协调可持续发展，形成中国特色社会主义事业总体布局；推进党的执政能力建设和先进性建设，巩固和发展改革开放和社会主义现代化建设大局，成功在新形势下继续推进改革开放，成功在新的历史起点上坚持和发展了中国特色社会主义，彰显了中国特色社会主义的巨大优越性和强大生命力，增强了中国人民和中华民族的自豪感和凝聚力，提高了我国国际地位，中国道路越走越宽广。

党的十六届三中全会通过《中共中央关于完善社会主义市场经济体制若干问题的决定》，就完善社会主义市场经济体制作出一系列重大

考试笔记

考试笔记

部署。健全现代市场体系；巩固和发展国有经济制度建设；鼓励、支持、引导非公有制经济发展；进一步深化财政体制改革；深化税收制度改革；深化金融体制改革；推进资本市场的改革和发展；不断扩大对外开放。

党的十六届六中全会审议通过《中共中央关于构建社会主义和谐社会若干重大问题的决定》。构建社会主义和谐社会战略目标的提出，使中国特色社会主义事业总体布局由经济建设、政治建设、文化建设三位一体发展为经济建设、政治建设、社会建设、文化建设四位一体，丰富了改革开放和社会主义现代化建设的内涵。通过实行城乡免费义务教育、建设公共卫生和疾病防控体系、建立健全社会保障体系、建设资源节约型和环境友好型社会、推动建设和谐世界等一系列重大举措，正确处理了改革发展稳定关系，确保了人民安居乐业、社会安定有序、国家长治久安。

党的十七大对改革开放的宝贵经验作了“十个结合”的精辟概括，阐述了中国特色社会主义道路的基本内涵，首次提出中国特色社会主义理论体系的概念并作了概括。同时还对实现全面建设小康社会的宏伟目标作出全面部署，在经济、政治、文化、社会、生态文明五个方面提出新要求。大会还根据我国经济持续快速发展的实际，调整了党的十六大提出的到 2020 年力争实现国内生产总值比 2000 年翻两番的经济增长目标，提出实现人均国内生产总值到 2020 年比 2000 年翻两番的更高要求。

2008 年，由美国次贷危机引发的金融海啸波及全球引发国际金融危机。面对这种冲击和影响，党中央采取一系列促进经济平稳较快发展的政策措施。党的十七届三中全会提出，要多管齐下，采取灵活审慎的宏观经济政策，着力扩大国内需求特别是消费需求，保持经济、金融和资本市场稳定。在党中央的坚强领导下，我国应对国际金融危机冲击取得阶段性重大成果，在全球率先实现经济企稳回升，并积累了有效应对外部经济风险冲击、保持经济平稳较快发展的重要经验。

5. 改革开放进入新时代

改革开放以来，随着经济社会发展和实践深入，从建设社会主义物质文明、精神文明"两个文明"，到经济建设、政治建设、文化建设"三位一体"，再发展到经济建设、政治建设、文化建设、社会建设"四位一体"。党的十八大把生态文明建设纳入中国特色社会主义事业总体布局，形成经济建设、政治建设、文化建设、社会建设、生态文明建设"五位一体"的总布局，标志着中国特色社会主义总体布局更加完善、更加健全。

党的十八大以来，以习近平同志为核心的党中央立足中国特色社会主义新时代，坚持和加强党的全面领导，统筹推进"五位一体"总体布局、协调推进"四个全面"战略布局，坚持和完善中国特色社会主义制度、推进国家治理体系和治理能力现代化，坚持依规治党、形成比较完善的党内法规体系，战胜一系列重大风险挑战，实现第一个百年奋斗目标，明确实现第二个百年奋斗目标的战略安排，党和国家事业取得历史性成就、发生历史性变革，为实现中华民族伟大复兴提供了更为完善的制度保证、更为坚实的物质基础、更为主动的精神力量。中华民族迎来了从站起来、富起来到强起来的伟大飞跃，实现中华民族伟大复兴进入了不可逆转的历史进程。

党的十八届三中全会审议通过的《中共中央关于全面深化改革若干重大问题的决定》，站在中国特色社会主义事业发展全局的战略高度，对全面深化改革作出了顶层设计和总体规划，明确全面深化改革的指导思想、目标任务、重大原则，科学规划全面深化改革的战略重点、优先顺序、主攻方向、工作机制、推进方式和时间表、路线图。全面深化改革的总目标是完善和发展中国特色社会主义制度，推进国家治理体系和治理能力现代化。提出"使市场在资源配置中起决定性作用和更好发挥政府作用"的新观点新论断。

党的十八大提出全面建成小康社会的奋斗目标。党的十八届三中、四中、五中、六中全会，相继就全面深化改革、全面依法治国、全面建成小康社会、全面从严治党进行了专题研究，完成了"四个全面"战略布局的顶层设计。全面建成小康社会是实现中华民族伟大复兴中国梦的关键一步，在"四个全面"战略布局中居于引领地位；全面深化改革是"四个全面"战略布局中具有突破性和先导性的关键环节；全面依法治国是坚持和发展中国特色社会主义的本质要求，是国

考试笔记

考试笔记

家治理的一场深刻变革，是全面建成小康社会和实现中华民族伟大复兴不可或缺的坚实保障；全面从严治党是新时代应对执政考验、改革开放考验、市场经济考验、外部环境考验，克服精神懈怠的危险、能力不足的危险、脱离群众的危险、消极腐败的危险的必然选择，是协调推进“四个全面”战略布局的根本保证。

2017 年 10 月 18—24 日，中国共产党第十九次全国人民代表大会在北京举行。大会明确指出，中国共产党人的初心和使命就是为中国人民谋幸福、为中华民族谋复兴。提出实现伟大梦想，必须进行伟大斗争、建设伟大工程、推进伟大事业，“四个伟大”的战略决策。作出中国特色社会主义进入新时代的重大政治判断，提出我国社会主要矛盾已经转化为人民日益增长的美好生活需要和不平衡不充分的发展之间的矛盾。结合“两个一百年”奋斗目标，强调从 2020 年到本世纪中叶分两个阶段，第一阶段，从 2020 年到 2035 年，在全面建成小康社会的基础上，再奋斗 15 年，基本实现社会主义现代化。第二阶段，从 2035 年到本世纪中叶，在基本实现现代化的基础上，再奋斗 15 年，把我国建成富强民主文明和谐美丽的社会主义现代化强国。

党的十九大提出习近平新时代中国特色社会主义思想，并把这一思想确立为党必须长期坚持的指导思想，写进党章，实现了党的指导思想的与时俱进。十三届全国人大一次会议通过宪法修正案，郑重地把习近平新时代中国特色社会主义思想载入宪法。习近平新时代中国特色社会主义思想是对马列主义、毛泽东思想、邓小平理论、“三个代表”重要思想、科学发展观的继承和发展，是马克思主义中国化最新成果，是全党和全国人民实践经验和集体智慧的结晶，是全国人民为实现中华民族伟大复兴而奋斗的行动指南，必须长期坚持并不断发展，其内涵是“八个明确”和“十四个坚持”。党的十九届六中全会，把“八个明确”扩展为“十个明确”。

2018 年 12 月，习近平总书记在庆祝改革开放 40 周年大会上回顾改革开放 40 年的光辉历程，总结改革开放的伟大成就，深刻指出：改革开放是党和人民大踏步赶上时代的重要法宝，是坚持和发展中国特色社会主义的必由之路，是决定当代中国命运的关键一招，也是决定实现“两个一百年”奋斗目标，实现中华民族伟大复兴的关键一招。

党的十九届四中全会审议通过《中共中央关于坚持和完善中国特色社会主义制度、推进国家治理体系和治理能力现代化若干重大问题的决定》，系统总结我国国家制度和国家治理体系的巨大成就和显著优势，深入阐释了支撑中国特色社会主义制度的根本制度、基本制度、重要制度，对新时代坚持和完善中国特色社会主义制度、推进国家治理体系和治理能力现代化作出顶层设计和全面部署。确定“公有制为主体、多种所有制经济共同发展，按劳分配为主体、多种分配方式并存，社会主义市场经济体制等社会主义基本经济制度”。指出在长期的奋斗中，党带领人民创造了经济快速发展奇迹、社会长期稳定奇迹。

党的十九届五中全会审议通过的《中共中央关于制定国民经济和社会发展第十四个五年规划和二〇三五年远景目标的建议》，提出了“十四五”时期经济社会发展的主要目标，阐述了“十四五”时期经济社会发展和改革开放的重点任务和必须遵循的原则，按照新发展理念要求，明确从科技创新、产业发展、国内市场、深化改革、乡村振兴区域发展，到文化建设、绿色发展、对外开放、社会建设、安全发展、国防建设 12 个重点领域的发展思路和重点工作，并作出相应工作部署。建议明确“十四五”时期经济社会发展的基本思路、主要目标以及 2035 年远景目标。十三届全国人大四次会议审议通过的《中华人民共和国国民经济和社会发展第十四个五年规划和 2035 年远景目标纲要》，阐明国家战略意图，明确政府工作重点，是开启全面建设社会主义现代化国家新征程的宏伟蓝图，是全国各族人民共同的行动纲领。

2020 年 10 月 14 日和 11 月 12 日，习近平总书记分别在深圳经济特区建立 40 周年庆祝大会和浦东开发开放 30 周年庆祝大会上发表了重要讲话。指出经济特区的沧桑巨变是一代又一代特区建设者拼搏奋斗干出来的。在新起点上，经济特区广大干部群众要坚定不移贯彻落实党中央决策部署，永葆“闯”的精神、“创”的劲头、“干”的作风，努力续写更多“春天的故事”，努力创造让世界刮目相看的新的更大奇迹！

2020 年 12 月，习近平总书记在中央经济工作会议上提出，要立足新发展阶段、贯彻新发展理念、构建新发展格局。

2021 年 1 月在省部级主要领导干部学习贯彻党的十九届五中全会精神专题研讨班开班式上深刻回答了我国处于什么发展阶段、实现

考试笔记

什么样发展、怎样发展的重大问题，明确了新时代我国经济现代化的路径选择。

6. 坚定不移推进全面深化改革

推进供给侧结构性改革，是以习近平同志为核心的党中央深刻洞察国际国内形势变化，科学把握发展规律和我国现阶段经济运行主要矛盾，作出的具有开创性、全局性、长远性的重大决策部署，是习近平新时代中国特色社会主义思想的重要理论创新成果，也是解决突出矛盾和问题、推动经济社会持续健康发展的治本良方。《中共中央关于制定国民经济和社会发展第十四个五年规划和二〇三五年远景目标的建议》强调，“十四五”时期经济社会发展要以深化供给侧结构性改革为主线。

供给侧结构性改革是对马克思主义政治经济学的创新发展。习近平总书记关于供给侧结构性改革的一系列重要论述，回答了供给侧结构性改革为何改、改什么、怎么改等重大问题，明确了供给侧结构性改革的根本目的、主攻方向、本质属性、战略战术、主要任务、重大原则、实现途径，思想深刻、内容丰富，是系统的理论创新，是中国特色社会主义政治经济学的重大创新和发展，为推进供给侧结构性改革指明了方向、提供了遵循。

经过艰苦努力，“十三五”时期供给侧结构性改革不断深化。钢铁、煤炭等重点行业去产能目标完成，一批落后产能和“僵尸企业”出清，重点行业供求关系发生明显变化，传统产业加快转型升级。结构性去杠杆稳步推进。企业制度性交易成本和生产经营成本不断降低。重点领域补短板力度加大。重大科技创新成果不断涌现，战略性新兴产业和现代服务业加快发展，新技术新产业新业态迅速成长，在应对新冠疫情和促进经济社会秩序恢复中发挥了重要作用。

“十四五”时期，要根据我国发展环境的深刻复杂变化，围绕实现经济社会发展主要目标，坚定不移贯彻新发展理念，坚持以供给侧结构性改革为主线，坚持扩大内需这个战略基点，加快培育完整内需体系，把实施扩大内需战略同深化供给侧结构性改革有机结合起来，以创新驱动、高质量供给引领和创造新需求，增强经济持续增长动力。深化供给侧结构性改革、推动经济高质量发展，总的要求是“巩固、增强、提升、畅通”八字方针。

考试笔记

7. 坚定不移扩大高水平对外开放

2012 年 11 月，党的十八大明确提出要倡导“人类命运共同体”意识。习近平就任总书记后首次会见外国人士就表示，国际社会日益成为一个你中有我、我中有你的“命运共同体”。

2015 年 9 月，国家主席习近平在纽约联合国总部出席第七十届联合国大会一般性辩论时发表重要讲话指出：“当今世界，各国相互依存、休戚与共。我们要继承和弘扬联合国宪章的宗旨和原则，构建以合作共赢为核心的新型国际关系，打造人类命运共同体。”

党的十九届五中全会作出“十四五”时期要实行高水平对外开放，开拓合作共赢新局面的重要部署，符合历史逻辑，顺乎时代潮流。

党的十九届六中全会审议通过的《中共中央关于党的百年奋斗重大成就和历史经验的决议》指出，我国坚持共商共建共享，推动共建“一带一路”高质量发展，推进一大批关系沿线国家经济发展、民生改善的合作项目，建设和平之路、繁荣之路、开放之路、绿色之路、创新之路、文明之路，使共建“一带一路”成为当今世界深受欢迎的国际公共产品和国际合作平台。

进入新时代，面对国内外经济环境的重大变化，如何对待对外开放问题，以习近平同志为核心的党中央审时度势，给出了符合时代潮流和经济发展规律的明确答案，即“中国开放的大门只会越开越大”。《“十四五”规划纲要》也提出“实行高水平对外开放，开拓合作共赢新局面”的要求。2021 年 10 月 14 日，在第二届联合国全球可持续交通大会开幕式上的主旨讲话中，习近平总书记强调：“中国将继续高举真正的多边主义旗帜，坚持与世界相交，与时代相通，在实现自身发展的同时，为全球发展作出更大贡献。”重申：“中国构建更高水平开放型经济新体制的方向不会变，促进贸易和投资自由化便利化的决心不会变。中国开放的大门只会越开越大，永远不会关上！”推进更高水平对外开放，符合中国和世界的利益。

习近平总书记在党的二十大报告中强调：“推进高水平对外开放。依托我国超大规模市场优势，以国内大循环吸引全球资源要素，增强国内国际两个市场两种资源联动效应，提升贸易投资合作质量和水平。”

考试笔记

这一重要论述，为新时代新征程进一步推进高水平对外开放指明了前进方向。新征程上，我们要坚定不移推进高水平对外开放，不断开拓合作共赢新局面，奋力谱写全面建设社会主义现代化国家崭新篇章。

党的二十大报告指出，我们实行更加积极主动的开放战略，构建面向全球的高标准自由贸易区网络，加快推进自由贸易试验区、海南自由贸易港建设，共建“一带一路”成为深受欢迎的国际公共产品和国际合作平台。我国成为 140 多个国家和地区的主要贸易伙伴，货物贸易总额居世界第一，吸引外资和对外投资居世界前列，形成更大范围、更宽领域、更深层次对外开放格局。

考点4

社会主义发展史基础知识

1. 空想社会主义的产生和发展

空想社会主义这一学说最早见于 16 世纪托马斯·莫尔的《乌托邦》一书，是先贤柏拉图的理想国与欧洲不公现实的冲撞产物。在文艺复兴思潮的人文主义氛围影响下，与托马斯·莫尔同时代有相当一批人探索过这种思想，但一般认为莫尔为空想社会主义第一奠基人。不过在莫尔的时代并无“社会主义”这个词，“社会主义”一词是 19 世纪初圣西门创造的。与“共产主义”源自中世纪拉丁语词“市民公社”的情形类似，“社会主义”一词的拉丁语源，是中世纪时代的“社会”这个拉丁语词。

空想社会主义的发展经历了三个阶段：16—17 世纪、18 世纪和 19 世纪初。三个阶段的社会和历史条件各不相同，无产阶级的发展水平也不同。

16—17 世纪，空想社会主义者提出了“实行公有制”“人人劳动、按需分配”等社会主义基本原则，但对社会主义的设想还仅仅是一个粗糙而简单的轮廓而已。

18 世纪，这时期的空想社会主义者开始对社会主义进入理论探讨和论证阶段，并用“法典”形式作出明确规定；对资本主义私有制进行了批判，认为私有制引起经济上的不平等，进而导致政治上的不平等；当具备初步的阶级观点后，主张实行绝对平均主义的、斯巴达式的共产主义；在设计未来理想社会时，以农村公社和手工工厂为原型，主张在封建制度崩溃后，在农村公社和手工工厂的基础上建立社会主义；赞同君主制、终身制、家长制等。

19 世纪 30—40 年代，空想社会主义发展的顶峰时期。由于英国的工业革命在欧洲大陆迅速发展，资本主义制度的弊端日益暴露，这时期空想社会主义者对资本主义的社会制度、政治制度和道德观念进行了批判；理论上，提出政治制度的基础是经济状况，指出私有制产生阶级和阶级剥削；设计未来理想社会主义制度时以大工厂为原型，完全抛弃了平均主义和禁欲主义。

19 世纪早期，出现了空想社会主义著名代表人物，他们是法国的圣西门、傅立叶（空想社会主义的领导者）和英国的欧文。他们深刻揭露了资本主义的罪恶，对未来的理想社会提出许多美妙的天才设想。他们企图建立“人人平等，个个幸福”的新社会。这些思想对启发和提高工人觉悟起了重要的作用。但是空想社会主义只是一种不成熟的理论，反映了正在成长中的无产阶级最初的、还不明确的愿望。他们不能揭示资本主义的根本矛盾和发展规律，不懂得阶级斗争，不认识无产阶级的历史使命，所以他们的社会主义只能是一种无法实现的空想。当无产阶级成长为独立的政治力量，就需要有一个建立在科学基础上的革命理论来代替它。

2. 科学社会主义的创立及其实践

随着社会化大生产的发展和资本主义生产方式的普遍确立，以及资本主义社会中生产社会化与生产资料资本主义私人占有之间矛盾的激化，无产阶级与资产阶级的斗争更加激烈。无产阶级队伍不断壮大，并在与资产阶级的斗争中从自发走向自觉，表现出改造社会、创造历史的巨大力量。这些新的变化，为社会主义从空想发展为科学提供了社会需要和客观条件。马克思、恩格斯适应社会的需要，在新的历史条件下创立了唯物史观和剩余价值学说，为实现社会主义从空想到科学的飞跃奠定了坚实的理论基础。1848 年，马克思、恩格斯发表《共

考试笔记

产党宣言》，第一次全面系统地阐述了科学社会主义原理，社会主义实现了从空想到科学的飞跃。科学社会主义是马克思、恩格斯在继承人类优秀思想成果、深入社会实践的基础上创立的，揭示了人类社会发展规律、资本主义社会矛盾运动规律以及人类社会最终走向共产主义的必然趋势。1867 年发表的《资本论》和 1875 年的《哥达纲领批判》，对科学社会主义的理论原理进行深刻的论证。

科学社会主义自产生之后，逐步与工人运动相结合，指导无产阶级政党的革命斗争，并在这个过程中不断完善和发展。在这种理论与实践的互动中，社会主义从理想变为现实。

1864 年，国际工人协会（第一国际）应运而生。马克思是第一国际的灵魂。在马克思指导下，第一国际大力支援各国的工人运动，支持反封建的民主运动和民族解放运动，影响日益扩大。第一国际促进了马克思主义的传播及其与国际工人运动的结合，初步确立了马克思主义在工人运动中的指导地位。

3. 世界第一个社会主义国家的建立

19 世纪 70—90 年代，法国巴黎公社革命失败后，西欧无产阶级革命转入低潮，资本主义进入相对稳定发展时期。与此同时，在经济文化落后的俄国，反对沙皇专制制度的斗争蓬勃发展，推动工人运动如火如荼地开展起来。

布尔什维克党是列宁亲手缔造的马克思主义政党。它的创立，标志着俄国工人运动的重大转折，推动了俄国革命运动的发展，对国际共产主义运动产生了深远的影响。布尔什维克党自诞生之日起，就为争取俄国资产阶级民主革命和社会主义革命的胜利而不懈斗争。它积极参加了 1905 年和 1917 年两次资产阶级民主革命，并领导俄国工人、农民和士兵成功取得了十月革命的伟大胜利，建立了世界上第一个社会主义国家。它团结各国马克思主义者，同第二国际修正主义者进行了坚决的斗争，维护了马克思主义的纯洁性和无产阶级国际主义，支持和帮助了各国共产党的建立。苏维埃俄国建立后，1918 年 3 月，在俄国社会民主工党（布）第七次代表大会上，根据列宁的提议，改名为俄国共产党（布），简称俄共（布）。1925 年 12 月，在党的第十四次代表大会上，俄国共产党（布）更名为苏联共产党（布尔什维克），简称联共（布）。1952 年，在党的十九次代表大会上，正式改名为苏联共产党，简称苏共。

考试笔记

1915 年 8 月，列宁在《论欧洲联邦口号》中，首次提出“社会主义可能首先在少数甚至在单独一个资本主义国家内获得胜利”的观点，即“一国胜利论”。1916 年 8 月，他又在《无产阶级革命的军事纲领》中重申了这一观点。

历史证明了列宁判断的正确性。俄历 1917 年 10 月 24 日下午，武装起义开始。当晚，列宁来到斯莫尔尼宫，亲自领导了震撼世界的十月社会主义革命。10 月 25 日（公历 11 月 7 日）上午，起义者占领了彼得格勒的所有重要据点。晚上 9 时 40 分，根据革命军事委员会的命令，停泊在涅瓦河上的“阿芙乐尔”号巡洋舰发出了攻打冬宫的炮声。起义群众很快就占领了冬宫，逮捕了临时政府的成员。当晚，全俄苏维埃召开第二次代表大会，宣布建立苏维埃政府，政权掌握在无产阶级手中。临时政府被推翻，世界上第一个无产阶级专政的国家——俄罗斯苏维埃联邦社会主义共和国成立了。

十月革命胜利后，列宁领导布尔什维克党和俄国人民开始为巩固世界上第一个社会主义国家而斗争。列宁提出，党和国家的任务，就是在铲除旧制度的地基上，为新的社会主义大厦奠定坚实基础。

布尔什维克党在列宁领导下，开启了创建社会主义制度的重大历史探索。

4. 社会主义从一国到多国发展与苏联模式

十月革命后，在列宁、斯大林领导下，经过战时共产主义、新经济政策以及两个五年计划的实践，苏联最终确立了建设社会主义的方针政策和基本制度。为把社会主义建设成果以法律的形式固定下来，1936 年 11 月，苏维埃召开第八次非常代表大会，讨论制定新宪法。斯大林在《关于苏联宪法草案》的报告中自豪地宣布：“我们苏联社会已经做到在基本上实现了社会主义，建立了社会主义制度，即实现了马克思主义者又称为共产主义第一阶段或低级阶段的制度。这就是说，我们已经基本上实现了共产主义第一阶段，即社会主义。”新宪法的颁布，标志着苏联的社会主义制度已经建立起来。同时，新宪法以法律形式承认了苏联当时实行的高度集中的经济、政治、文化体制，意味着苏联模式逐步形成。

考试笔记

人类历史上首次大规模的社会主义建设，是从苏联开始的。列宁去世后，斯大林领导苏联共产党（布尔什维克）和苏联人民继承了列宁开创的事业，进行了巩固和建设世界上第一个社会主义国家的创造性探索。通过实施五年计划，加速推进国家工业化和农业集体化，苏联迅速从一个落后的农业国转变为强大的工业国。苏联社会主义建设的成就，特别是苏联在第二次世界大战中的巨大贡献，鼓舞了全世界民族独立和人民解放运动，推动社会主义从一国到多国发展。苏联在探索社会主义道路过程中，积累了重要经验，也留下了深刻的教训；苏联模式曾经发挥重要历史作用，也存在严重弊端。

5. 中国共产党对社会主义道路的探索

社会主义思想最早传入中国是 19 世纪末。1899 年，英国传教士李提摩太在上海出版的《万国公报》上，第一次介绍了马克思和他的学说，但当时并没有引起中国知识界的广泛注意。马克思主义和社会主义真正在中国广泛传播并产生重要影响，是俄国十月革命以后。十月革命一声炮响，使苦苦寻求救国良方的中国先进分子看到了一条崭新的道路，燃起了实现民族独立和人民解放的新希望，中国人民历史性地选择了社会主义。以毛泽东为主要代表的中国共产党人把马克思主义基本原理与中国实际相结合，创立了毛泽东思想，实现了马克思主义中国化的第一次历史性飞跃，领导中国人民取得了新民主主义革命的伟大胜利，建立了新中国，确立了社会主义制度，对如何建设社会主义进行了初步探索。科学社会主义在中国的实践，彻底改变了中国人民的命运和中国的面貌。

我国社会主义制度的确立，是以对农业、手工业和资本主义工商业的社会主义改造基本完成，生产资料私有制的社会主义改造取得决定性胜利为标志的。对资本主义工商业的社会主义改造，是通过国家资本主义途径实现的，创造性地采取了和平赎买的政策。在 1953 年年底以前，着重发展以加工订货为主的初级和中级国家资本主义形式。从 1954 年起，开始转入重点发展公私合营这种高级形式的国家资本主义。由于公私合营后企业生产迅速发展，私股分得的红利大都比私营时期的利润多，促使更多的资本家要求公私合营，积极性很高。有些小企业主提出，人民政府不能只吃苹果，不能只跟大企业合并合营，还要吃葡萄，还要

考试笔记

跟中小企业合营。1954 年年底，国务院决定采取“统筹兼顾、归口安排、按行业改造”的方针，以解决公私之间的矛盾；按行业采取以大带小、以先进带落后的办法实行合营，加快了改造私营工业的步伐。通过赎买的办法，在相当一段时期让资本家继续从企业分得一部分红利和股息，不仅有利于资本家接受改造，而且能继续发挥私营工商业在扩大生产、搞活流通、维持就业、增加税收等方面的积极作用。到 1956 年年底，资本主义工商业社会主义改造基本完成。

中华人民共和国成立后，我们党团结带领人民进行社会主义革命和建设，消灭在中国延续几千年的封建制度，确立社会主义基本制度，实现了中华民族有史以来最为广泛而深刻的社会变革。自力更生、发愤图强，开展全面的大规模经济建设，提出“四个现代化”战略构想，经过几个五年计划的艰苦努力，建立起独立的比较完整的工业体系和国民经济体系。以苏为鉴，把马克思列宁主义基本原理同中国社会主义革命和建设具体实际进行“第二次结合”，独立探索适合中国国情的社会主义建设道路。社会主义革命和建设的独创性理论成果和巨大成就，为现代化建设奠定根本政治前提和宝贵经验、理论准备、物质基础。

6. 世界社会主义的曲折与奋起

苏联解体、东欧剧变不仅是 20 世纪一场巨大的地缘政治灾难，彻底打破了国际格局的平衡，而且它更是世界社会主义遭遇的重大曲折，对社会主义发展和人类进步事业造成了严重影响。

苏东大多数国家在剧变后的 10 余年里，都经历了国民经济凋敝、人民生活水平大幅下降的过程。苏联解体后，俄罗斯国民经济生产总值下降一半以上，其破坏程度超过了 1929 年世界资本主义“大萧条”给西方造成的经济损失，也超过了 1941 年德国法西斯入侵苏联造成的国民经济损失。俄罗斯在一段相当长的时期内出现基本生活物资严重短缺，在没有外敌入侵和发生大规模自然灾害的情况下，人均寿命下降了 6 岁。俄罗斯、东欧国家掀起了“去苏联化”“去苏共化”“否定社会主义”浪潮，否定历史、自我抹黑的历史虚无主义大行其道。原苏东地区大中小学教育教学体系中，与原来社会主义时期有关的内容被彻底抛弃，原有的价值共识基础和社会认同的根基被彻底摧毁。

考试笔记

苏联解体、东欧剧变使世界社会主义事业陷入空前逆境。社会主义国家数量，由原先的 15 个锐减至 5 个；各国共产党组织和党员人数大幅下降，世界原有的 180 多个共产党组织减至 130 余个，除中国共产党以外的世界各国共产党员人数，由原来的 4400 余万骤减至 1000 余万。原苏东地区执政的共产党，在“民主社会主义”影响下纷纷“社会民主党化”，政党性质发生根本变化。意大利共产党、法国共产党、英国共产党、西班牙共产党、葡萄牙共产党等欧洲非执政的共产党，有的分裂解散，有的改旗易帜，影响趋于减弱，党员人数持续减少，议会选举得票数不断下降。亚非拉广大发展中国家的共产党组织，也遭到严重破坏；仍然存在的，人数也大为减少。

苏联解体、东欧剧变之后，西方政客和新自由主义学者，兴起了一轮又一轮攻击马克思主义、攻击科学社会主义的恶浪。他们发动舆论攻势，炮制各种“社会主义失败论”“资本主义制度永恒论”。

面对世界社会主义低潮和种种蛊惑疑虑，中国共产党人表现出空前鲜明的态度和清醒的认识。中国共产党经受住了苏联解体、东欧剧变的重大考验，在充分总结历史经验教训的基础上，采取了一系列重大措施，加大改革开放的力度，加快社会主义现代化建设步伐，大力加强党的自身建设，迅速扭转了形势、稳定了大局，成功捍卫和发展了中国的社会主义事业。中国共产党把马克思主义基本原理同当代中国实际和时代特征结合起来，既不走封闭僵化的老路，也不走改旗易帜的邪路，毫不动摇坚持走中国特色社会主义道路，领导中国人民披荆斩棘、破浪前行，取得了“当惊世界殊”的辉煌成就。

7. 中国特色社会主义开辟社会主义新纪元

1979 年 3 月，在中共中央召开的理论工作务虚会上，邓小平作了题为《坚持四项基本原则》的长篇讲话，首次提出四项基本原则概念，强调我们必须坚持改革开放，加快推进四个现代化，但在中国实现四个现代化的过程中，必须在思想政治上坚持四项基本原则。四项基本原则，即必须坚持社会主义道路、必须坚持人民民主专政、必须坚持共产党的领导、必须坚持马列主义毛泽东思想。这四项基本原则是实现四个现代化的根本前提，如果动摇了其中的任何一项，那就动摇了整个社会主义事业和整个现代化建设事业。四项基本原则是党的基本路线的重要内容，是长期历史经验的科学总结。

考试笔记

此后，经过党的十二大、十三大，四项基本原则与以经济建设为中心和改革开放一起，构成了党在社会主义初级阶段的基本路线，被概括为“一个中心、两个基本点”。这个基本路线，是新时期指导党和国家各项工作的总纲。邓小平指出，坚持党的十一届三中全会路线方针政策不动摇，关键是坚持党的基本路线不动摇！

从党的十一届三中全会到党的十二大召开前的短短4年，中国社会发生了巨大变化，古老神州生机勃勃。这就促使中国共产党人进一步思考：中国的改革开放和现代化建设事业怎样不断推进？中国共产党怎样坚持和发展社会主义？

1982年9月，中国共产党召开第十二次全国代表大会。邓小平在大会开幕词中明确提出，把马克思主义的普遍真理同我国的具体实际结合起来，走自己的道路，建设有中国特色的社会主义，这就是我们总结长期历史经验得出的基本结论。邓小平的这个基本结论，鲜明回答了中国的改革开放和现代化事业要怎样走，我们怎样坚持和发展社会主义的重大问题。

随着改革开放和现代化建设的不断推进，我们党对中国国情和中国特色社会主义的认识不断深化。1987年10月，中国共产党召开了第十三次全国代表大会。大会充分肯定了十一届三中全会以来的路线方针政策和改革开放取得的重大成就，系统阐述了社会主义初级阶段理论，完整地概括了党在社会主义初级阶段“一个中心、两个基本点”的基本路线，制定了“三步走”实现社会主义现代化的发展战略。社会主义初级阶段理论、党的基本路线和“三步走”战略的提出，丰富和发展了马克思主义关于社会主义建设的思想，为新时期党的路线方针政策的制定提供了重要依据，是中国共产党人对科学社会主义的一大贡献。至此，中国特色社会主义理论体系的轮廓日益清晰，中国特色社会主义道路初步形成。

20世纪80年代，改革成为中国发展的主旋律，经济体制、政治体制、科技体制、教育体制以及其他领域的改革不断推进。1980年8月，邓小平发表了《党和国家领导制度的改革》的讲话。1982年12月，五届全国人大五次会议通过了新的《中华人民共和国宪法》，标志着中国特色

考试笔记

社会主义法制建设迈出了重大的一步，此后中国特色社会主义法律体系逐步形成和确立，为改革开放和现代化建设顺利发展提供了重要保障。

1992 年，中国共产党第十四次全国代表大会在北京举行，大会作出了三项具有深远意义的决策。一是抓住机遇，加快发展，集中精力把经济建设搞上去。二是将我国经济体制改革的目标确定为建立社会主义市场经济体制。三是提出用邓小平同志建设有中国特色社会主义的理论武装全党。大会从发展道路、发展阶段、根本任务等九个方面，对建设有中国特色社会主义理论的主要内容作了概括，初步回答了在中国这样的经济文化比较落后的国家如何建设社会主义、如何巩固和发展社会主义的一系列基本问题。

1993 年，党的十四届三中全会审议通过《中共中央关于建立社会主义市场经济体制若干问题的决定》，制定了建立社会主义市场经济体制的总体规划。在坚持以公有制为主体、多种经济成分共同发展的基础上，建立现代企业制度、全国统一开放的市场体系、完善的宏观调控体系、合理的收入分配制度和多层次的社会保障制度。我国经济体制改革开始向着建立社会主义市场经济体制的目标整体性推进，全国呈现出经济建设迅猛发展的景象。

1997 年，中国共产党第十五次全国代表大会在北京举行。大会提出了党在社会主义初级阶段的基本纲领，阐明了建设有中国特色社会主义的经济、政治、文化的基本特征和基本要求，对我国社会主义初级阶段的所有制结构和公有制实现形式、依法治国和建设社会主义法治国家等重大问题作出新阐述。党的十五大把邓小平理论同马克思列宁主义、毛泽东思想一起作为党的指导思想写入党章。

2000 年，“九五”计划的主要任务均完成或超额完成，人均国民生产总值比 1980 年翻两番的目标提前 3 年完成，成功实现由计划经济体制向社会主义市场经济体制的转变，人民生活总体上达到小康水平，是中华民族发展史上一个新的里程碑。

2001 年，江泽民在庆祝中国共产党成立 80 周年大会上，系统阐述了“三个代表”重要思想，加深了对什么是社会主义、怎样建设社会主义和建设什么样的党、怎样建设党的认识。“三个代表”重要思想以新的思想、观点、论断，丰富和发展了马克思列宁主义、毛泽东思想和邓小平理论，是加强和改进党的建设、推进我国社会主义自我完善和发展的强大理论武器。

考试笔记

8. 中国特色社会主义进入新时代

2012 年 11 月 8 日，举世瞩目的中国共产党第十八次全国代表大会在北京开幕，中国共产党在开放与自信中写下继往开来、团结奋进的时代篇章。中国共产党第十八次全国代表大会，是在我国进入全面建成小康社会决定性阶段召开的一次十分重要的大会。大会的主题是：高举中国特色社会主义伟大旗帜，以邓小平理论、“三个代表”重要思想、科学发展观为指导，解放思想，改革开放，凝聚力量，攻坚克难，坚定不移沿着中国特色社会主义道路前进，为全面建成小康社会而奋斗。

党的十八大报告指出，中国特色社会主义道路，中国特色社会主义理论体系，中国特色社会主义制度，是党和人民九十多年奋斗、创造、积累的根本成就，必须倍加珍惜、始终坚持、不断发展。

党的十八大明确提出，确保到 2020 年实现全面建成小康社会宏伟目标。

习近平总书记强调，全面建成小康社会，是我们对全国人民的庄严承诺，必须实现，而且必须全面实现，没有任何讨价还价的余地。

“经过长期努力，中国特色社会主义进入了新时代，这是我国发展新的历史方位。”2017 年 10 月 18 日，习近平总书记在党的十九大报告中作出这一重大判断。

2021 年 2 月 25 日，习近平总书记在全国脱贫攻坚总结表彰大会上庄严宣告，经过全党全国各族人民共同努力，在迎来中国共产党成立一百周年的重要时刻，我国脱贫攻坚战取得了全面胜利，现行标准下 9899 万农村贫困人口全部脱贫，832 个贫困县全部摘帽，12.8 万个贫困村全部出列，区域性整体贫困得到解决，完成了消除绝对贫困的艰巨任务，创造了又一个彪炳史册的人间奇迹！

奋斗百年路，启航新征程。在以习近平同志为核心的党中央坚强领导下，全党全国各族人民坚定信心决心，以永不懈怠的精神状态、一往无前的奋斗姿态，真抓实干、埋头苦干，一定能够实现第二个百年奋斗目标，实现中华民族伟大复兴的中国梦。

考试笔记

第二节 中共中央关于党的百年奋斗重大成就和历史经验的决议

考点1

关于中国共产党的初心使命的论述

中国共产党自 1921 年成立以来，始终把为中国人民谋幸福、为中华民族谋复兴作为自己的初心使命，始终坚持共产主义理想和社会主义信念，团结带领全国各族人民为争取民族独立、人民解放和实现国家富强、人民幸福而不懈奋斗，已经走过一百年光辉历程。

一百年来，党领导人民浴血奋战、百折不挠，创造了新民主主义革命的伟大成就；自力更生、发愤图强，创造了社会主义革命和建设的伟大成就；解放思想、锐意进取，创造了改革开放和社会主义现代化建设的伟大成就；自信自强、守正创新，创造了新时代中国特色社会主义的伟大成就。党和人民百年奋斗，书写了中华民族几千年历史上最恢宏的史诗。

总结党的百年奋斗重大成就和历史经验，是在建党百年历史条件下开启全面建设社会主义现代化国家新征程、在新时代坚持和发展中国特色社会主义的需要；是增强政治意识、大局意识、核心意识、看齐意识，坚定道路自信、理论自信、制度自信、文化自信，做到坚决维护习近平同志党中央的核心、全党的核心地位，坚决维护党中央权威和集中统一领导，确保全党步调一致向前进的需要；是推进党的自我革命、提高全党斗争本领和应对风险挑战能力、永葆党的生机活力、团结带领全国各族人民为实现中华民族伟大复兴的中国梦而继续奋斗的需要。全党要坚持唯物史观和正确党史观，从党的百年奋斗中看清楚过去我们为什么能够成功、弄明白未来我们怎样才能继续成功，从而更加坚定、更加自觉地践行初心使命，在新时代更好地坚持和发展中国特色社会主义。

考试笔记

考点2

关于中国共产党百年奋斗主题的论述

习近平总书记指出:“中国共产党一经诞生，就把为中国人民谋幸福、为中华民族谋复兴确立为自己的初心使命。一百年来，中国共产党团结带领中国人民进行的一切奋斗、一切牺牲、一切创造，归结起来就是一个主题：实现中华民族伟大复兴。”这个重大论断，源自中国共产党百年辉煌历史，又从新的历史高度和理论高度凝练概括党的百年辉煌历史，进一步深化了我们对中国共产党历史规律和历史经验的认识，对于我们深入学习贯彻党的十九届六中全会通过的《中共中央关于党的百年奋斗重大成就和历史经验的决议》，具有重要意义。

考点3

关于伟大建党精神的论述

在庆祝中国共产党成立100周年大会上，习近平总书记首次提出并精辟概括伟大建党精神：一百年前，中国共产党的先驱们创建了中国共产党，形成了坚持真理、坚守理想，践行初心、担当使命，不怕牺牲、英勇斗争，对党忠诚、不负人民的伟大建党精神，这是中国共产党的精神之源。一百年来，一代代中国共产党人弘扬伟大建党精神，在长期奋斗中构建起中国共产党人的精神谱系，锤炼出鲜明的政治品格。

《中共中央关于党的百年奋斗重大成就和历史经验的决议》明确指出，在革命斗争中，党弘扬坚持真理、坚守理想，践行初心、担当使命，不怕牺牲、英勇斗争，对党忠诚、不负人民的伟大建党精神，实施和推进党的建设伟大工程，提出着重从思想上建党的原则，坚持民主集中制，坚持理论联系实际、密切联系群众、批评和自我批评三大优良作风，形成统一战线、武装斗争、党的建设三大法宝，努力建

考试笔记

设全国范围的、广大群众性的、思想上政治上组织上完全巩固的马克思主义政党。党从 1942 年开始在全党进行整风，这场马克思主义思想教育运动收到巨大成效。党制定《关于若干历史问题的决议》，使全党对中国革命基本问题的认识达到一致。党的七大为建立新民主主义的新中国制定了正确路线方针政策，使全党在思想上政治上组织上达到空前统一和团结。

考点4

中国共产党百年奋斗的历史意义

一百年来，党始终践行初心使命，团结带领全国各族人民绘就了人类发展史上的壮美画卷，中华民族伟大复兴展现出前所未有的光明前景。

1. 党的百年奋斗从根本上改变了中国人民的前途命运

近代以后，中国人民深受三座大山压迫，被西方列强辱为“东亚病夫”。一百年来，党领导人民经过波澜壮阔的伟大斗争，中国人民彻底摆脱了被欺负、被压迫、被奴役的命运，成为国家、社会和自己命运的主人，人民民主不断发展，十四亿多人口实现全面小康，中国人民对美好生活的向往不断变为现实。今天，中国人民更加自信、自立、自强，极大增强了志气、骨气、底气，在历史进程中积累的强大能量充分爆发出来，焕发出前所未有的历史主动精神、历史创造精神，正在信心百倍书写着新时代中国发展的伟大历史。

2. 党的百年奋斗开辟了实现中华民族伟大复兴的正确道路

近代以后，创造了灿烂文明的中华民族遭遇到文明难以赓续的深重危机，呈现在世界面前的是一派衰败凋零的景象。一百年来，党领导人民不懈奋斗、不断进取，成功开辟了实现中华民族伟大复兴的正确道路。中国从四分五裂、一盘散沙到高度统一、民族团结，从积贫积弱、一穷二白到全面小康、繁荣富强，从被动挨打、饱受欺凌到独立自主、坚定自信，仅用几十年时间就走完发达国家几百年走过的工业化历程，创造了经济快速发展和社会长期稳定两大奇迹。今天，中华民族向世界展现的是一派欣欣向荣的气象，巍然屹立于世界东方。

考试笔记

3. 党的百年奋斗展示了马克思主义的强大生命力

马克思主义揭示了人类社会发展规律，是认识世界、改造世界的科学真理。同时，坚持和发展马克思主义，从理论到实践都需要全世界的马克思主义者进行极为艰巨、极具挑战性的努力。一百年来，党坚持把马克思主义写在自己的旗帜上，不断推进马克思主义中国化时代化，用博大胸怀吸收人类创造的一切优秀文明成果，用马克思主义中国化的科学理论引领伟大实践。马克思主义的科学性和真理性在中国得到充分检验，马克思主义的人民性和实践性在中国得到充分贯彻，马克思主义的开放性和时代性在中国得到充分彰显。马克思主义中国化时代化不断取得成功，使马克思主义以崭新形象展现在世界上，使世界范围内社会主义和资本主义两种意识形态、两种社会制度的历史演进及其较量发生了有利于社会主义的重大转变。

4. 党的百年奋斗深刻影响了世界历史进程

党和人民事业是人类进步事业的重要组成部分。一百年来，党既为中国人民谋幸福、为中华民族谋复兴，也为人类谋进步、为世界谋大同，以自强不息的奋斗深刻改变了世界发展的趋势和格局。党领导人民成功走出中国式现代化道路，创造了人类文明新形态，拓展了发展中国家走向现代化的途径，给世界上那些既希望加快发展又希望保持自身独立性的国家和民族提供了全新选择。党推动构建人类命运共同体，为解决人类重大问题，建设持久和平、普遍安全、共同繁荣、开放包容、清洁美丽的世界贡献了中国智慧、中国方案、中国力量，成为推动人类发展进步的重要力量。

5. 党的百年奋斗锻造了走在时代前列的中国共产党

党成立时只有 50 多名党员，今天已成为拥有 9800 多万名党员、领导着 14 亿多人口大国、具有重大全球影响力的世界第一大执政党。一百年来，党坚持性质宗旨，坚持理想信念，坚守初心使命，勇于自我革命，在生死斗争和艰苦奋斗中经受住各种风险考验、付出巨大牺牲，锤炼出鲜明政治品格，形成了以伟大建党精神为源头的精神谱系，保持了党的先进性和纯洁性，党的执政能力和领导水平不断提

考试笔记

高，正领导中国人民在中国特色社会主义道路上不可逆转地走向中华民族伟大复兴，无愧为伟大光荣正确的党。

考点5

中国共产党百年奋斗的历史经验

一百年来，党领导人民进行伟大奋斗，在进取中突破，于挫折中奋起，从总结中提高，积累了宝贵的历史经验。

1. 坚持党的领导

中国共产党是领导我们事业的核心力量。中国人民和中华民族之所以能够扭转近代以后的历史命运、取得今天的伟大成就，最根本的是有中国共产党的坚强领导。历史和现实都证明，没有中国共产党，就没有新中国，就没有中华民族伟大复兴。治理好我们这个世界上最大的政党，必须坚持党的全面领导特别是党中央集中统一领导，坚持民主集中制，确保党始终总揽全局、协调各方。只要我们坚持党的全面领导不动摇，坚决维护党的核心和党中央权威，充分发挥党的领导政治优势，把党的领导落实到党和国家事业各领域各方面各环节，就一定能够确保全党全军全国各族人民团结一致向前进。

2. 坚持人民至上

党的根基在人民、血脉在人民、力量在人民，人民是党执政兴国的最大底气。民心是最大的政治，正义是最强的力量。党的最大政治优势是密切联系群众，党执政后的最大危险是脱离群众。党代表中国最广大人民根本利益，没有任何自己特殊的利益，从来不代表任何利益集团、任何权势团体、任何特权阶层的利益，这是党立于不败之地的根本所在。只要我们始终坚持全心全意为人民服务的根本宗旨，坚持党的群众路线，始终牢记江山就是人民、人民就是江山，坚持一切为了人民、一切依靠人民，坚持为人民执政、靠人民执政，坚持发展为了人民、发展依靠人民、发展成果由人民共享，坚定不移走全体人民共同富裕道路，就一定能够领导人民夺取中国特色社会主义新的更大胜利，任何想把中国共产党同中国人民分割开来、对立起来的企图就永远不会得逞。

考试笔记

3. 坚持理论创新

马克思主义是我们立党立国、兴党强国的根本指导思想。马克思主义理论不是教条而是行动指南，必须随着实践发展而发展，必须中国化才能落地生根、本土化才能深入人心。党之所以能够领导人民在一次次求索、一次次挫折、一次次开拓中完成中国其他各种政治力量不可能完成的艰巨任务，根本在于坚持解放思想、实事求是、与时俱进、求真务实，坚持把马克思主义基本原理同中国具体实际相结合、同中华优秀传统文化相结合，坚持实践是检验真理的唯一标准，坚持一切从实际出发，及时回答时代之问、人民之问，不断推进马克思主义中国化时代化。习近平总书记指出，当代中国的伟大社会变革，不是简单延续我国历史文化的母版，不是简单套用马克思主义经典作家设想的模板，不是其他国家社会主义实践的再版，也不是国外现代化发展的翻版。只要我们勇于结合新的实践不断推进理论创新、善于用新的理论指导新的实践，就一定能够让马克思主义在中国大地上展现出更强大、更有说服力的真理力量。

4. 坚持独立自主

独立自主是中华民族精神之魂，是我们立党立国的重要原则。走自己的路，是党百年奋斗得出的历史结论。党历来坚持独立自主开拓前进道路，坚持把国家和民族发展放在自己力量的基点上，坚持中国的事情必须由中国人民自己作主张、自己来处理。人类历史上没有一个民族、一个国家可以通过依赖外部力量、照搬外国模式、跟在他人后面亦步亦趋实现强大和振兴。那样做的结果，不是必然遭遇失败，就是必然成为他人的附庸。只要我们坚持独立自主、自力更生，既虚心学习借鉴国外的有益经验，又坚定民族自尊心和自信心，不信邪、不怕压，就一定能够把中国发展进步的命运始终牢牢掌握在自己手中。

5. 坚持中国道路

方向决定道路，道路决定命运。党在百年奋斗中始终坚持从我国国情出发，探索并形成符合中国实际的正确道路。中国特色社会主义

考试笔记

道路是创造人民美好生活、实现中华民族伟大复兴的康庄大道。脚踏中华大地，传承中华文明，走符合中国国情的正确道路，党和人民就具有无比广阔的舞台，具有无比深厚的历史底蕴，具有无比强大的前进定力。只要我们既不走封闭僵化的老路，也不走改旗易帜的邪路，坚定不移走中国特色社会主义道路，就一定能够把我国建设成为富强民主文明和谐美丽的社会主义现代化强国。

6. 坚持胸怀天下

大道之行，天下为公。党始终以世界眼光关注人类前途命运，从人类发展大潮流、世界变化大格局、中国发展大历史正确认识和处理同外部世界的关系，坚持开放、不搞封闭，坚持互利共赢、不搞零和博弈，坚持主持公道、伸张正义，站在历史正确的一边，站在人类进步的一边。只要我们坚持和平发展道路，既通过维护世界和平发展自己，又通过自身发展维护世界和平，同世界上一切进步力量携手前进，不依附别人，不掠夺别人，永远不称霸，就一定能够不断为人类文明进步贡献智慧和力量，同世界各国人民一道，推动历史车轮向着光明的前途前进。

7. 坚持开拓创新

创新是一个国家、一个民族发展进步的不竭动力。越是伟大的事业，越充满艰难险阻，越需要艰苦奋斗，越需要开拓创新。党领导人民披荆斩棘、上下求索、奋力开拓、锐意进取，不断推进理论创新、实践创新、制度创新、文化创新以及其他各方面创新，敢为天下先，走出了前人没有走出的路，任何艰难险阻都没能阻挡住党和人民前进的步伐。只要我们顺应时代潮流，回应人民要求，勇于推进改革，准确识变、科学应变、主动求变，永不僵化、永不停滞，就一定能够创造出更多令人刮目相看的人间奇迹。

8. 坚持敢于斗争

敢于斗争、敢于胜利，是党和人民不可战胜的强大精神力量。党和人民取得的一切成就，不是天上掉下来的，不是别人恩赐的，而是通过不断斗争取得的。党在内忧外患中诞生、在历经磨难中成长、在攻坚克难中壮大，为了人民、国家、民族，为了理想信念，无论敌人如何强大、道路如何艰险、挑战如何严峻，党总是绝不畏惧、绝不退缩，不怕牺牲、百折不挠。只要我们把握新的伟大斗争的历史特点，抓住和用好历史机遇，下好先手棋、打好主动仗，发扬斗争精神，增强斗争本领，凝聚起全党全国人民的意志和力量，就一定能够战胜一切可以预见和难以预见的风险挑战。

考试笔记

9. 坚持统一战线

团结就是力量。建立最广泛的统一战线，是党克敌制胜的重要法宝，也是党执政兴国的重要法宝。党始终坚持大团结大联合，团结一切可以团结的力量，调动一切可以调动的积极因素，促进政党关系、民族关系、宗教关系、阶层关系、海内外同胞关系和谐，最大限度凝聚起共同奋斗的力量。只要我们不断巩固和发展各民族大团结、全国人民大团结、全体中华儿女大团结，铸牢中华民族共同体意识，形成海内外全体中华儿女心往一处想、劲往一处使的生动局面，就一定能够汇聚起实现中华民族伟大复兴的磅礴伟力。

10. 坚持自我革命

勇于自我革命是中国共产党区别于其他政党的显著标志。自我革命精神是党永葆青春活力的强大支撑。先进的马克思主义政党不是天生的，而是在不断自我革命中淬炼而成的。党历经百年沧桑更加充满活力，其奥秘就在于始终坚持真理、修正错误。党的伟大不在于不犯错误，而在于从不讳疾忌医，积极开展批评和自我批评，敢于直面问题，勇于自我革命。只要我们不断清除一切损害党的先进性和纯洁性的因素，不断清除一切侵蚀党的健康肌体的病毒，就一定能够确保党不变质、不变色、不变味，确保党在新时代坚持和发展中国特色社会主义的历史进程中始终成为坚强领导核心。

以上十个方面，是经过长期实践积累的宝贵经验，是党和人民共同创造的精神财富，必须倍加珍惜、长期坚持，并在新时代实践中不断丰富和发展。

考试笔记

第三节　2024年3月以来国内外时政大事

考点1

国内大事

1. 全党扎实开展党纪学习教育　推动全面从严治党向纵深发展

2024年4月起，党纪学习教育在全党深入开展。以党纪为主题在全党开展集中性教育，在我们党的历史上是首次。各地区各部门深入学习贯彻习近平总书记关于全面加强党的纪律建设的重要论述，原原本本、逐章逐条学习新修订的《中国共产党纪律处分条例》，抓好以案促学、以训助学，教育引导党员干部学纪、知纪、明纪、守纪，以严明的纪律确保全党自觉同以习近平同志为核心的党中央保持高度一致，统一思想、统一行动，知行知止、令行禁止，形成推进中国式现代化的强大动力和合力。

2. 战略高技术领域迎来新跨越　重大科技工程捷报频传

2024年4月和10月，神舟十八号、十九号载人飞船相继出征太空；12月，神舟十九号乘组以9小时时长刷新中国航天员单次出舱活动时长纪录。6月25日，历时53天的嫦娥六号任务在人类历史上首次实现月球背面采样返回。11月1日，中国第41次南极考察队破浪出征，开展对2月7日落成的中国第五座南极考察站秦岭站的配套设施设备建设，进行科研和后勤保障领域的国际合作。截至11月26日，“中国天眼”FAST发现脉冲星数量已突破1000颗，超过同一时期国际其他望远镜发现脉冲星数量的总和。我国战略高技术领域迭创佳绩，重大科技工程捷报频传，见证我国加快建设科技强国，科技创新能力快速提升。

3. 捍卫国家主权和领土完整　坚决有力震慑“台独”分裂势力

针对台湾地区领导人赖清德顽固坚持“台独”立场、大肆宣扬分裂谬论，妄图“倚外谋独”“以武谋独”，大陆方面严正表示，对于任何形式的“台独”分裂行径，决不容忍、决不姑息。2024年5月

考试
笔记

23—24 日，中国人民解放军东部战区组织战区陆军、海军、空军、火箭军等兵力，在台岛周边开展“联合利剑—2024A”演习；2024 年 10 月 14 日，中国人民解放军东部战区组织战区陆军、海军、空军、火箭军等兵力，在台湾海峡、台岛北部、台岛南部、台岛以东开展“联合利剑—2024B”演习。这是对台湾地区领导人谋“独”挑衅的坚决惩戒，是对“台独”分裂势力谋“独”行径的强力震慑，是对外部势力纵容支持“台独”、干涉中国内政的严厉警告，是捍卫国家主权和领土完整的正义之举。

4. 党的二十届三中全会再启改革新篇　开辟中国式现代化广阔前景

党的二十届三中全会 2024 年 7 月 15—18 日在北京举行。会议审议通过《中共中央关于进一步全面深化改革、推进中国式现代化的决定》。2 万余字的《决定》明确了进一步全面深化改革的主题、指导思想、总目标、重大原则、改革举措、根本保证，锚定 2035 年基本实现社会主义现代化的目标，重点部署未来 5 年改革任务，提出 300 多项重要改革举措，是新时代新征程上推动全面深化改革向广度和深度进军的总动员、总部署。

5. 元首外交书写恢宏新篇章　高水平对外开放扎实推进

2024 年 9 月 4—6 日，近年最大规模主场外交——中非合作论坛北京峰会举行。9 月 5 日上午，国家主席习近平在北京人民大会堂出席中非合作论坛北京峰会开幕式并发表题为《携手推进现代化，共筑命运共同体》的主旨讲话。一年来，习近平主席在国内外密集开展元首外交，出席和平共处五项原则发表 70 周年纪念大会等重要活动，进行欧洲之行、中亚之行、金砖之行、拉美之行四次重要出访，参加一系列多边峰会，引领和平发展、合作共赢时代潮流。中国特色大国外交为中国式现代化营造良好外部环境。高水平对外开放扎实推进，高质量共建“一带一路”走深走实，进博会、链博会等国际展会接连举办，优化外国人来华政策受到广泛欢迎。推动构建人类命运共同体，倡导平等有序的世界多极化和普惠包容的经济全球化，落实三大全球倡议，为应对全球性挑战贡献中国方案，为世界和平与发展注入强劲正能量。

考试笔记

6. 渐进式延迟退休改革方案出台　推动人力资源充分利用

2024 年 9 月 13 日，十四届全国人大常委会第十一次会议在北京人民大会堂闭幕。会议表决通过了关于实施渐进式延迟法定退休年龄的决定，从 2025 年 1 月 1 日起，我国将用 15 年时间，逐步将男职工的法定退休年龄从原 60 周岁延迟到 63 周岁，将女职工的法定退休年龄从原 50 周岁、55 周岁，分别延迟到 55 周岁、58 周岁。这是职工法定退休年龄 70 多年来首次进行调整，是积极应对人口老龄化推出的重大改革，有助于我国人力资源的充分利用。

7. 坚持发展全过程人民民主　更好发挥政治制度优越性

2024 年 9 月 14 日，习近平总书记出席庆祝全国人民代表大会成立 70 周年大会，对在新的历史起点上坚持好、完善好、运行好人民代表大会制度作出全面部署、提出明确要求。9 月 20 日，习近平总书记出席庆祝中国人民政治协商会议成立 75 周年大会，为新时代新征程人民政协事业高质量发展指明前进方向。习近平总书记的重要讲话引领全党全军全国各族人民坚定不移走中国特色社会主义政治发展道路，进一步坚定道路自信、理论自信、制度自信、文化自信，发展全过程人民民主，更好发挥中国特色社会主义政治制度优越性，凝聚推进中国式现代化的磅礴力量。

8. 党中央部署一揽子增量政策　经济回升向好综合国力增强

2024 年 9 月 26 日，中共中央政治局召开会议，分析研究经济形势，果断部署一揽子增量政策。2024 年以来，面对外部压力加大、内部困难增多的复杂严峻形势，以习近平同志为核心的党中央团结带领全党全国各族人民，沉着应变、综合施策，加大财政货币政策逆周期调节力度，促进房地产市场止跌回稳，努力提振资本市场，帮助企业渡过难关，推动经济运行总体平稳、稳中有进，高质量发展扎实推进，新质生产力稳步发展，全国粮食总产量首次迈上 1.4 万亿斤新台阶，重点领域风险化解有序有效，民生保障扎实有力，我国经济实力、科技实力、综合国力持续增强，2024 年经济社会发展主要目标任务顺利完成，中国式现代化迈出新的坚实步伐。

9. 喜庆新中国 75 周年华诞　亿万中华儿女共享祖国荣光

2024 年 9 月 29 日，国家勋章和国家荣誉称号颁授仪式在人民大

考试笔记

会堂举行，以国之名褒扬英雄。当晚，庆祝中华人民共和国成立 75 周年音乐会举行，以深情乐章礼赞伟大时代。9 月 30 日，烈士纪念日向人民英雄敬献花篮仪式、庆祝中华人民共和国成立 75 周年招待会接续举行。14 亿多中华儿女满怀喜悦与豪情，同庆新中国华诞，共享祖国荣光。新中国成立 75 年来，中国共产党团结带领全国各族人民不懈奋斗，创造了经济快速发展和社会长期稳定两大奇迹，中国发生沧海桑田的巨大变化，中华民族伟大复兴进入了不可逆转的历史进程。

10. 春节申遗成功彰显中国文化影响力

2024 年 12 月 4 日，“春节——中国人庆祝传统新年的社会实践”列入联合国教科文组织人类非物质文化遗产代表作名录。一年来，春节、北京中轴线等申遗成功，中国提议设立文明对话国际日获国际社会一致支持，在免签政策助力下“中国游”成为国际旅游市场新热潮，国产游戏《黑神话：悟空》吸引全球玩家。中国文化的全球影响力不断增强，全球文明倡议在世界上获得越来越多支持。

11. 庆祝澳门回归祖国 25 周年　开创“一国两制”事业发展新局面

2024 年 12 月 20 日，庆祝澳门回归祖国 25 周年大会暨澳门特别行政区第六届政府就职典礼在澳门东亚运动会体育馆隆重举行。中共中央总书记、国家主席、中央军委主席习近平出席并发表重要讲话。澳门回归祖国 25 年来，具有澳门特色的“一国两制”实践取得巨大成功，澳门发生翻天覆地的变化，国际影响力大幅提升。澳门回归祖国以来取得的辉煌成就向世人证明，“一国两制”具有显著制度优势和强大生命力，是保持香港、澳门长期繁荣稳定的好制度，是服务强国建设、民族复兴伟业的好制度，是实现不同社会制度和平共处、合作共赢的好制度，必须长期坚持。

12. 2025 年首个重大水利工程开工

2025 年首个重大水利工程——广西左江治旱黑水河现代化灌区工程于 1 月 3 日开工，该工程是“两重”建设标志性重大水利工程之一，估算总投资 76.97 亿元，建设工期 44 个月，供水范围涉及 8 个乡镇，覆盖城乡供水人口 26.69 万人。

工程以那岸水库为主要水源，通过改扩建那岸水库，新建和续建

考试笔记

配套改造输配水工程，将那岸水库与已建的 6 座水库组成“长藤结瓜”灌溉系统。

工程地处广西三大旱片之一的左江旱片，灌区范围涉及崇左市扶绥县、大新县、龙州县和江州区 4 个县（区）13 个乡镇，设计灌溉面积 92.21 万亩。工程建成后，可以进一步优化调配郁江上游区域水资源，将有效改善广西崇左市的农业灌溉和村镇供水条件，助力发展乡村特色产业。

13. 中国队夺得世界杯钢架雪车混合团体冠军

北京时间 2025 年 1 月 4 日凌晨，2024—2025 赛季国际雪车联合会钢架雪车世界杯在德国温特贝格进行。在混合接力比赛中，中国组合赵丹 / 林勤炜以总成绩 2 分 00 秒 87 获得冠军。这是中国队首次夺得世界杯钢架雪车混合团体冠军。

14. 西藏日喀则市定日县 6.8 级地震

北京时间 2025 年 1 月 7 日 9 时 5 分，西藏日喀则市定日县发生 6.8 级地震，造成重大人员伤亡，大量房屋倒塌。

地震发生后，中共中央总书记、国家主席、中央军委主席习近平高度重视并做出重要指示，要全力开展人员搜救，全力救治受伤人员，最大限度减少人员伤亡，防止发生次生灾害，妥善安置受灾群众，做好善后等工作；要加强震情监测预警，及时调拨抢险救援物资，抓紧抢修损毁基础设施，安排好群众基本生活，确保安全温暖过冬。

15. 第九届亚洲冬季运动会在哈尔滨隆重开幕

2025 年 2 月 7 日晚，第九届亚洲冬季运动会在黑龙江省哈尔滨市隆重开幕。国家主席习近平出席开幕式并宣布本届亚冬会开幕。本届亚冬会吸引了来自亚洲 34 个国家和地区的 1200 余名运动员参赛，规模创下亚冬会历史之最。

16. 我国航天员首次完成在轨航天器舱外设施的维修任务

2025 年 3 月 2 日，经过约 8 小时的出舱活动，神舟十七号航天员汤洪波、唐胜杰、江新林密切协同，在空间站机械臂和地面科研人员的配合支持下，完成全部既定任务，航天员汤洪波、江新林安全返回问天实验舱，神舟十七号航天员乘组第二次出舱活动取得圆满成功。在上次出舱维修试验的基础上，这次出舱活动重点完成了天和核心舱太阳翼维修工作，消除了前期因太空微小颗粒撞击产生的影响，经评估分析，太阳翼发电性能状态正常。这是我国航天员首次完成在轨航天器舱外设施的维修任务。

考试笔记

17.《哪吒之魔童闹海》成全球单一市场首部票房超过10亿美元电影

《哪吒之魔童闹海》自大年初一上映以来票房一路高歌猛进，刷新多个影史纪录。

据国家电影事业发展专项资金管理委员会办公室数据：截至2025年2月9日12时，《哪吒之魔童闹海》票房已超过75亿元人民币，成为全球单一市场首部票房超过10亿美元的电影；截至2月9日19时20分，2025年全国电影票房达153.81亿元。

业内人士表示，2025年电影市场迎来开门红，极大振奋了行业信心。事实证明，中国观众对大银幕的需求并未减少，而是对国产电影的艺术质量提出了更高的要求；观众对优质电影有足够高的热情，能够支撑起好电影的市场基础。

18. 2025年全国两会顺利召开

十四届全国人大三次会议于2025年3月5日上午开幕，3月11日下午闭幕，会期7天；全国政协十四届三次会议于2025年3月4日下午3时在北京开幕，3月10日上午闭幕，会期6天。

全国政协十四届三次会议与会全国政协委员审议通过政协第十四届全国委员会第三次会议议程，听取政协全国委员会常务委员会工作报告和政协全国委员会常务委员会关于政协十四届二次会议以来提案工作情况的报告。十四届全国人大三次会议听取国务院总理李强关于政府工作的报告，审查国务院关于2024年国民经济和社会发展计划执行情况与2025年国民经济和社会发展计划草案的报告及2025年国民经济和社会发展计划草案，审查国务院关于2024年中央和地方预算执行情况与2025年中央和地方预算草案的报告及2025年中央和地方预算草案，听取全国人大常委会副委员长李鸿忠关于中华人民共和国全国人民代表大会和地方各级人民代表大会代表法修正草案的说明并审议政府工作报告。

考试笔记

考点2

国际大事

1.“北欧响应 2024”军演在北欧北部地区举行

“北欧响应 2024”演习活动的主要部分于 2024 年 3 月 3—14 日在北欧北部地区举行。来自 13 个北约盟国的 2 万多名士兵参加了此次演习。参加国家有比利时、加拿大、丹麦、芬兰、法国、德国、意大利、荷兰、挪威、西班牙、瑞典、英国和美国。此次演习的重点在挪威北部、瑞典和芬兰以及相应的空域和海域。有超过 50 艘潜艇、护卫舰、航空母舰和各种两栖舰艇，以及超过 100 架战斗机、运输机、海上侦察机参加演习。

“北欧响应 2024”是冷战后北约最大规模的军演“坚定捍卫者 2024”大规模军事演习的一部分。

2. 欧洲多国政局生变

2024 年 6 月，欧洲议会选举，右翼和极右翼政党席位增加，极右翼势力借民众对经济、民生、移民等问题的不满进一步崛起。在内外压力下，欧洲多国政局出现变动：法国年内三换总理；英国保守党在议会选举中大败，工党时隔 14 年再次执政；德国执政联盟瓦解后，总理朔尔茨未通过联邦议院信任投票。

3. 美联储降息开启新一轮宽松周期

2024 年 9 月 18 日，美联储宣布大幅降息 50 个基点，开启新一轮宽松周期，此后于 11 月、12 月分别降息 25 个基点。欧洲央行等主要央行随之调整货币政策。美联储货币政策转向为国际市场提供更多流动性，短期有利于缓解一些国家的通胀和美元偿债压力，但也给世界经济带来新的不确定性。

4. 人工智能多点开花推动创新浪潮

2024 年 10 月 8 日和 9 日，2024 年诺贝尔物理学奖和化学奖相继揭晓，机器学习和蛋白质结构预测模型成为“赢家”，人工智能已成科研创新重要工具。一年来，Sora 大模型引领文生视频新浪潮，人工

考试笔记

智能终端拉动消费电子复苏，科技巨头加码布局人工智能芯片。中国推动联合国大会协商一致通过加强人工智能能力建设国际合作决议，为全球人工智能发展和治理贡献智慧力量。

5.“大金砖合作”引领全球南方加速崛起

2024 年 10 月 22—24 日，金砖国家领导人第十六次会晤在俄罗斯举行，“大金砖合作”开局起步。当前，全球南方声势卓然壮大。中国始终是全球南方重要成员。一年来，习近平主席提出全球南方开放包容合作倡议，宣布支持全球南方合作八项举措、同阿拉伯国家启动构建“五大合作格局”、中非携手推进现代化十大伙伴行动和中国支持全球发展八项行动，为推动全球南方团结自强持续做出中国贡献。

6. 乌克兰危机延宕加剧俄同西方对立

2024 年 11 月 19 日，乌克兰首次用美制导弹袭击俄罗斯境内纵深目标。同日，俄罗斯更新核威慑国家基本政策，向西方发出明确警告。一年来，乌军突袭俄本土，俄军在乌东推进，远程武器、集束炸弹相继投入战场，美国等西方国家继续向乌克兰输送武器。北约举行冷战结束以来最大规模军演，并吸纳瑞典加入，完成北扩。俄同北约矛盾更加尖锐。

7. 叙利亚反对派武装推翻巴沙尔政府

2024 年 12 月 8 日，“叙利亚沙姆解放武装”等武装组织以闪电攻势占领首都大马士革，推翻巴沙尔·阿萨德领导的叙利亚政府，持续 13 年的叙利亚内战出现重大转折。以色列随即占领戈兰高地叙方控制区，大规模空袭叙军事目标。叙利亚局势突变，引发地区国家和域外大国激烈博弈，为中东地区局势增添更多变数。

8. 巴以冲突致地区紧张局势轮番升级

截至 2024 年 12 月 16 日，以色列在加沙地带的军事行动已造成巴勒斯坦逾 4.5 万人死亡，超过 10 万人受伤。新一轮巴以冲突爆发 14 个月以来，加沙被炸成废墟，200 万居民在封锁和炮火中挣扎，人道主义底线被一再突破。巴以、黎以、伊以、红海紧张局势轮番升级。美国不断向以色列输送军火，一意孤行阻挠联合国安理会通过涉加沙停火决议草案，遭到国际社会强烈谴责。

考试笔记

9. 特朗普正式就职美国第 47 任总统

美国东部时间 2025 年 1 月 20 日中午，特朗普在国会大厦圆形大厅宣誓就任美国第 47 任总统。特朗普随后发表就职演讲，他说，美国政府面临信任危机。他还宣布将签署一系列行政令，包括宣布南部边境进入国家紧急状态，并派遣军队抵御所谓非法移民“灾难性入侵”；宣布国家能源紧急状态，加大传统能源开采，结束拜登政府“绿色新政”，撤销电动车优惠政策以拯救美国传统汽车工业等。

10. 东南亚多国联合出击，严惩电诈毒瘤

2025 年 2 月 27 日，泰国军方为在缅甸东部诈骗中心工作的印尼国民提供安全保障。缅甸、泰国、老挝、马来西亚等东南亚国家采取断电断网、加强立法执法等多项举措，严厉打击电信诈骗和网络赌博等跨境犯罪活动。

下篇

法律基础

考试笔记

第一章　宪法及宪法相关法

第一节　宪法

考点1

我国的基本制度

我国的基本制度是社会主义制度。社会主义制度包含：根本政治制度；基本经济制度；基本分配制度；基本政治制度。

第一条　中华人民共和国是工人阶级领导的、以工农联盟为基础的人民民主专政的社会主义国家。

社会主义制度是中华人民共和国的根本制度。中国共产党领导是中国特色社会主义最本质的特征。禁止任何组织或者个人破坏社会主义制度。

社会主义制度内容包括：

（1）根本政治制度：人民代表大会制度。

（2）基本经济制度：公有制经济为主体，多种所有制经济共同发展。

（3）基本分配制度：按劳分配为主体，多种分配方式并存。

（4）基本政治制度：中国共产党领导的多党合作和政治协商制度、民族区域自治制度以及基层群众自治制度。

考点2

考试笔记

我国的根本任务

国家的根本任务是，沿着中国特色社会主义道路，集中力量进行社会主义现代化建设。中国各族人民将继续在中国共产党领导下，在马克思列宁主义、毛泽东思想、邓小平理论、“三个代表”重要思想、科学发展观、习近平新时代中国特色社会主义思想指引下，坚持人民民主专政，坚持社会主义道路，坚持改革开放，不断完善社会主义的各项制度，发展社会主义市场经济，发展社会主义民主，健全社会主义法治，贯彻新发展理念，自力更生，艰苦奋斗，逐步实现工业、农业、国防和科学技术的现代化，推动物质文明、政治文明、精神文明、社会文明、生态文明协调发展，把我国建设成为富强民主文明和谐美丽的社会主义现代化强国，实现中华民族伟大复兴。

考点3

我国的基本国策

基本国策，是国家赖以生存发展的基本准则和保障。《中华人民共和国宪法》关于我国的基本国策包括：计划生育的基本国策；环境保护的基本国策；耕地保护的基本国策；科教兴国的基本国策；对外开放的基本国策。

考点4

国家发展文化事业、加强社会主义精神文明建设有关规定

第二十二条　国家发展为人民服务、为社会主义服务的文学艺术

考试笔记

事业、新闻广播电视事业、出版发行事业、图书馆博物馆文化馆和其他文化事业，开展群众性的文化活动。

国家保护名胜古迹、珍贵文物和其他重要历史文化遗产。

第二十四条　国家通过普及理想教育、道德教育、文化教育、纪律和法制教育，通过在城乡不同范围的群众中制定和执行各种守则、公约，加强社会主义精神文明的建设。

国家倡导社会主义核心价值观，提倡爱祖国、爱人民、爱劳动、爱科学、爱社会主义的公德，在人民中进行爱国主义、集体主义和国际主义、共产主义的教育，进行辩证唯物主义和历史唯物主义的教育，反对资本主义的、封建主义的和其他的腐朽思想。

第四十七条　中华人民共和国公民有进行科学研究、文学艺术创作和其他文化活动的自由。国家对于从事教育、科学、技术、文学、艺术和其他文化事业的公民的有益于人民的创造性工作，给以鼓励和帮助。

考点5

公民的基本权利和义务

第三十三条　凡具有中华人民共和国国籍的人都是中华人民共和国公民。

中华人民共和国公民在法律面前一律平等。

国家尊重和保障人权。

任何公民享有宪法和法律规定的权利，同时必须履行宪法和法律规定的义务。

第三十四条　中华人民共和国年满十八周岁的公民，不分民族、种族、性别、职业、家庭出身、宗教信仰、教育程度、财产状况、居住期限，都有选举权和被选举权；但是依照法律被剥夺政治权利的人除外。

第三十五条　中华人民共和国公民有言论、出版、集会、结社、

考试笔记

游行、示威的自由。

第三十六条　中华人民共和国公民有宗教信仰自由。

任何国家机关、社会团体和个人不得强制公民信仰宗教或者不信仰宗教，不得歧视信仰宗教的公民和不信仰宗教的公民。

国家保护正常的宗教活动。任何人不得利用宗教进行破坏社会秩序、损害公民身体健康、妨碍国家教育制度的活动。

宗教团体和宗教事务不受外国势力的支配。

第三十七条　中华人民共和国公民的人身自由不受侵犯。

任何公民，非经人民检察院批准或者决定或者人民法院决定，并由公安机关执行，不受逮捕。

禁止非法拘禁和以其他方法非法剥夺或者限制公民的人身自由，禁止非法搜查公民的身体。

第三十八条　中华人民共和国公民的人格尊严不受侵犯。禁止用任何方法对公民进行侮辱、诽谤和诬告陷害。

第三十九条　中华人民共和国公民的住宅不受侵犯。禁止非法搜查或者非法侵入公民的住宅。

第四十条　中华人民共和国公民的通信自由和通信秘密受法律的保护。除因国家安全或者追查刑事犯罪的需要，由公安机关或者检察机关依照法律规定的程序对通信进行检查外，任何组织或者个人不得以任何理由侵犯公民的通信自由和通信秘密。

第四十一条　中华人民共和国公民对于任何国家机关和国家工作人员，有提出批评和建议的权利；对于任何国家机关和国家工作人员的违法失职行为，有向有关国家机关提出申诉、控告或者检举的权利，但是不得捏造或者歪曲事实进行诬告陷害。

对于公民的申诉、控告或者检举，有关国家机关必须查清事实，负责处理。任何人不得压制和打击报复。

由于国家机关和国家工作人员侵犯公民权利而受到损失的人，有依照法律规定取得赔偿的权利。

第四十二条　中华人民共和国公民有劳动的权利和义务。

国家通过各种途径，创造劳动就业条件，加强劳动保护，改善劳动条件，并在发展生产的基础上，提高劳动报酬和福利待遇。

考试笔记

劳动是一切有劳动能力的公民的光荣职责。国有企业和城乡集体经济组织的劳动者都应当以国家主人翁的态度对待自己的劳动。国家提倡社会主义劳动竞赛，奖励劳动模范和先进工作者。国家提倡公民从事义务劳动。

国家对就业前的公民进行必要的劳动就业训练。

第四十三条　中华人民共和国劳动者有休息的权利。

国家发展劳动者休息和休养的设施，规定职工的工作时间和休假制度。

第四十四条　国家依照法律规定实行企业事业组织的职工和国家机关工作人员的退休制度。退休人员的生活受到国家和社会的保障。

第四十五条　中华人民共和国公民在年老、疾病或者丧失劳动能力的情况下，有从国家和社会获得物质帮助的权利。国家发展为公民享受这些权利所需要的社会保险、社会救济和医疗卫生事业。

国家和社会保障残废军人的生活，抚恤烈士家属，优待军人家属。

国家和社会帮助安排盲、聋、哑和其他有残疾的公民的劳动、生活和教育。

第四十六条　中华人民共和国公民有受教育的权利和义务。

国家培养青年、少年、儿童在品德、智力、体质等方面全面发展。

第四十七条　中华人民共和国公民有进行科学研究、文学艺术创作和其他文化活动的自由。国家对于从事教育、科学、技术、文学、艺术和其他文化事业的公民的有益于人民的创造性工作，给以鼓励和帮助。

第四十八条　中华人民共和国妇女在政治的、经济的、文化的、社会的和家庭的生活等各方面享有同男子平等的权利。

国家保护妇女的权利和利益，实行男女同工同酬，培养和选拔妇女干部。

第四十九条　婚姻、家庭、母亲和儿童受国家的保护。

夫妻双方有实行计划生育的义务。

父母有抚养教育未成年子女的义务，成年子女有赡养扶助父母的

考试笔记

义务。

禁止破坏婚姻自由，禁止虐待老人、妇女和儿童。

第五十条　中华人民共和国保护华侨的正当的权利和利益，保护归侨和侨眷的合法的权利和利益。

第五十一条　中华人民共和国公民在行使自由和权利的时候，不得损害国家的、社会的、集体的利益和其他公民的合法的自由和权利。

第五十二条　中华人民共和国公民有维护国家统一和全国各民族团结的义务。

第五十三条　中华人民共和国公民必须遵守宪法和法律，保守国家秘密，爱护公共财产，遵守劳动纪律，遵守公共秩序，尊重社会公德。

第五十四条　中华人民共和国公民有维护祖国的安全、荣誉和利益的义务，不得有危害祖国的安全、荣誉和利益的行为。

第五十五条　保卫祖国、抵抗侵略是中华人民共和国每一个公民的神圣职责。

依照法律服兵役和参加民兵组织是中华人民共和国公民的光荣义务。

第五十六条　中华人民共和国公民有依照法律纳税的义务。

第二节　国旗法

考点1

国旗图案

第二条　中华人民共和国国旗是五星红旗。

中华人民共和国国旗按照中国人民政治协商会议第一届全体会议主席团公布的国旗制法说明制作。

考试笔记

第三条　国旗的通用尺度为国旗制法说明中所列明的五种尺度。特殊情况使用其他尺度的国旗，应当按照通用尺度成比例适当放大或者缩小。

国旗、旗杆的尺度比例应当适当，并与使用目的、周围建筑、周边环境相适应。

第四条　中华人民共和国国旗是中华人民共和国的象征和标志。

每个公民和组织，都应当尊重和爱护国旗。

考点2

国旗的升挂和使用有关规定

第五条　下列场所或者机构所在地，应当每日升挂国旗：

（一）北京天安门广场、新华门；

（二）中国共产党中央委员会，全国人民代表大会常务委员会，国务院，中央军事委员会，中国共产党中央纪律检查委员会、国家监察委员会，最高人民法院，最高人民检察院；中国人民政治协商会议全国委员会；

（三）外交部；

（四）出境入境的机场、港口、火车站和其他边境口岸，边防海防哨所。

第六条　下列机构所在地应当在工作日升挂国旗：

（一）中国共产党中央各部门和地方各级委员会；

（二）国务院各部门；

（三）地方各级人民代表大会常务委员会；

（四）地方各级人民政府；

（五）中国共产党地方各级纪律检查委员会、地方各级监察委员会；

（六）地方各级人民法院和专门人民法院；

（七）地方各级人民检察院和专门人民检察院；

考试笔记

（八）中国人民政治协商会议地方各级委员会；

（九）各民主党派、各人民团体；

（十）中央人民政府驻香港特别行政区有关机构、中央人民政府驻澳门特别行政区有关机构。

学校除寒假、暑假和休息日外，应当每日升挂国旗。有条件的幼儿园参照学校的规定升挂国旗。

图书馆、博物馆、文化馆、美术馆、科技馆、纪念馆、展览馆、体育馆、青少年宫等公共文化体育设施应当在开放日升挂、悬挂国旗。

第七条　国庆节、国际劳动节、元旦、春节和国家宪法日等重要节日、纪念日，各级国家机关、各人民团体以及大型广场、公园等公共活动场所应当升挂国旗；企业事业组织，村民委员会、居民委员会，居民院（楼、小区）有条件的应当升挂国旗。

民族自治地方在民族自治地方成立纪念日和主要传统民族节日应当升挂国旗。

举行宪法宣誓仪式时，应当在宣誓场所悬挂国旗。

第八条　举行重大庆祝、纪念活动，大型文化、体育活动，大型展览会，可以升挂国旗。

第十八条　在直立的旗杆上升降国旗，应当徐徐升降。升起时，必须将国旗升至杆顶；降下时，不得使国旗落地。

下半旗时，应当先将国旗升至杆顶，然后降至旗顶与杆顶之间的距离为旗杆全长的三分之一处；降下时，应当先将国旗升至杆顶，然后再降下。

第十九条　不得升挂或者使用破损、污损、褪色或者不合规格的国旗，不得倒挂、倒插或者以其他有损国旗尊严的方式升挂、使用国旗。

不得随意丢弃国旗。破损、污损、褪色或者不合规格的国旗应当按照国家有关规定收回、处置。大型群众性活动结束后，活动主办方应当收回或者妥善处置活动现场使用的国旗。

第二十条　国旗及其图案不得用作商标、授予专利权的外观设计和商业广告，不得用于私人丧事活动等不适宜的情形。

考试笔记

第三节　国歌法

考点1

国歌名称

第二条　中华人民共和国国歌是《义勇军进行曲》。

第三条　中华人民共和国国歌是中华人民共和国的象征和标志。一切公民和组织都应当尊重国歌，维护国歌的尊严。

考点2

奏唱、使用国歌的有关规定

第四条　在下列场合，应当奏唱国歌：

（一）全国人民代表大会会议和地方各级人民代表大会会议的开幕、闭幕；中国人民政治协商会议全国委员会会议和地方各级委员会会议的开幕、闭幕；

（二）各政党、各人民团体的各级代表大会等；

（三）宪法宣誓仪式；

（四）升国旗仪式；

（五）各级机关举行或者组织的重大庆典、表彰、纪念仪式等；

（六）国家公祭仪式；

（七）重大外交活动；

（八）重大体育赛事；

（九）其他应当奏唱国歌的场合。

第六条　奏唱国歌，应当按照本法附件所载国歌的歌词和曲谱，不得采取有损国歌尊严的奏唱形式。

第七条　奏唱国歌时，在场人员应当肃立，举止庄重，不得有不尊重国歌的行为。

考试笔记

第八条 国歌不得用于或者变相用于商标、商业广告，不得在私人丧事活动等不适宜的场合使用，不得作为公共场所的背景音乐等。

第十五条 在公共场合，故意篡改国歌歌词、曲谱，以歪曲、贬损方式奏唱国歌，或者以其他方式侮辱国歌的，由公安机关处以警告或者十五日以下拘留；构成犯罪的，依法追究刑事责任。

第四节 国徽法

考点1

国徽图案

第二条 中华人民共和国国徽，中间是五星照耀下的天安门，周围是谷穗和齿轮。

中华人民共和国国徽按照1950年中央人民政府委员会通过的《中华人民共和国国徽图案》和中央人民政府委员会办公厅公布的《中华人民共和国国徽图案制作说明》制作。

第三条 中华人民共和国国徽是中华人民共和国的象征和标志。一切组织和公民，都应当尊重和爱护国徽。

考点2

悬挂、使用国徽的有关规定

第四条 下列机构应当悬挂国徽：

（一）各级人民代表大会常务委员会；

（二）各级人民政府；

（三）中央军事委员会；

（四）各级监察委员会；

考试笔记

（五）各级人民法院和专门人民法院；

（六）各级人民检察院和专门人民检察院；

（七）外交部；

（八）国家驻外使馆、领馆和其他外交代表机构；

（九）中央人民政府驻香港特别行政区有关机构、中央人民政府驻澳门特别行政区有关机构。

国徽应当悬挂在机关正门上方正中处。

第五条　下列场所应当悬挂国徽：

（一）北京天安门城楼、人民大会堂；

（二）县级以上各级人民代表大会及其常务委员会会议厅，乡、民族乡、镇的人民代表大会会场；

（三）各级人民法院和专门人民法院的审判庭；

（四）宪法宣誓场所；

（五）出境入境口岸的适当场所。

第六条　下列机构的印章应当刻有国徽图案：

（一）全国人民代表大会常务委员会，国务院，中央军事委员会，国家监察委员会，最高人民法院，最高人民检察院；

（二）全国人民代表大会各专门委员会和全国人民代表大会常务委员会办公厅、工作委员会，国务院各部、各委员会、各直属机构、国务院办公厅以及国务院规定应当使用刻有国徽图案印章的办事机构，中央军事委员会办公厅以及中央军事委员会规定应当使用刻有国徽图案印章的其他机构；

（三）县级以上地方各级人民代表大会常务委员会、人民政府、监察委员会、人民法院、人民检察院，专门人民法院，专门人民检察院；

（四）国家驻外使馆、领馆和其他外交代表机构。

第七条　本法第六条规定的机构应当在其网站首页显著位置使用国徽图案。

网站使用的国徽图案标准版本在中国人大网和中国政府网上发布。

第八条　下列文书、出版物等应当印有国徽图案：

（一）全国人民代表大会常务委员会、中华人民共和国主席和国务院颁发的荣誉证书、任命书、外交文书；

考试笔记

（二）中华人民共和国主席、副主席，全国人民代表大会常务委员会委员长、副委员长，国务院总理、副总理、国务委员，中央军事委员会主席、副主席，国家监察委员会主任，最高人民法院院长和最高人民检察院检察长以职务名义对外使用的信封、信笺、请柬等；

（三）全国人民代表大会常务委员会公报、国务院公报、最高人民法院公报和最高人民检察院公报的封面；

（四）国家出版的法律、法规正式版本的封面。

第九条　标示国界线的界桩、界碑和标示领海基点方位的标志碑以及其他用于显示国家主权的标志物可以使用国徽图案。

中国人民银行发行的法定货币可以使用国徽图案。

第十条　下列证件、证照可以使用国徽图案：

（一）国家机关工作人员的工作证件、执法证件等；

（二）国家机关颁发的营业执照、许可证书、批准证书、资格证书、权利证书等；

（三）居民身份证，中华人民共和国护照等法定出入境证件。

国家机关和武装力量的徽章可以将国徽图案作为核心图案。

公民在庄重的场合可以佩戴国徽徽章，表达爱国情感。

第十一条　外事活动和国家驻外使馆、领馆以及其他外交代表机构对外使用国徽图案的办法，由外交部规定，报国务院批准后施行。

第十二条　在本法规定的范围以外需要悬挂国徽或者使用国徽图案的，由全国人民代表大会常务委员会办公厅或者国务院办公厅会同有关主管部门规定。

第十三条　国徽及其图案不得用于：

（一）商标、授予专利权的外观设计、商业广告；

（二）日常用品、日常生活的陈设布置；

（三）私人庆吊活动；

（四）国务院办公厅规定不得使用国徽及其图案的其他场合。

第十四条　不得悬挂破损、污损或者不合规格的国徽。

第十八条　在公共场合故意以焚烧、毁损、涂划、玷污、践踏等方式侮辱中华人民共和国国徽的，依法追究刑事责任；情节较轻的，由公安机关处以十五日以下拘留。

考试笔记

第二章　民法典

第一节　《民法典》总则编

考点1

自然人的民事权利能力

第十三条　自然人从出生时起到死亡时止，具有民事权利能力，依法享有民事权利，承担民事义务。

第十四条　自然人的民事权利能力一律平等。

第十五条　自然人的出生时间和死亡时间，以出生证明、死亡证明记载的时间为准；没有出生证明、死亡证明的，以户籍登记或者其他有效身份登记记载的时间为准。有其他证据足以推翻以上记载时间的，以该证据证明的时间为准。

第十六条　涉及遗产继承、接受赠与等胎儿利益保护的，胎儿视为具有民事权利能力。但是，胎儿娩出时为死体的，其民事权利能力自始不存在。

考点2

法人的定义和范围

第五十七条　法人是具有民事权利能力和民事行为能力，依法独立享有民事权利和承担民事义务的组织。

考试笔记

第五十八条　法人应当依法成立。

法人应当有自己的名称、组织机构、住所、财产或者经费。法人成立的具体条件和程序，依照法律、行政法规的规定。

设立法人，法律、行政法规规定须经有关机关批准的，依照其规定。

第五十九条　法人的民事权利能力和民事行为能力，从法人成立时产生，到法人终止时消灭。

第六十条　法人以其全部财产独立承担民事责任。

第六十一条　依照法律或者法人章程的规定，代表法人从事民事活动的负责人，为法人的法定代表人。

法定代表人以法人名义从事的民事活动，其法律后果由法人承受。

法人章程或者法人权力机构对法定代表人代表权的限制，不得对抗善意相对人。

考点3

非法人组织的定义和范围

第一百零二条　非法人组织是不具有法人资格，但是能够依法以自己的名义从事民事活动的组织。

非法人组织包括个人独资企业、合伙企业、不具有法人资格的专业服务机构等。

考点4

有关代理的规定

1. 一般规定

第一百六十一条　民事主体可以通过代理人实施民事法律行为。

考试笔记

依照法律规定、当事人约定或者民事法律行为的性质，应当由本人亲自实施的民事法律行为，不得代理。

第一百六十二条　代理人在代理权限内，以被代理人名义实施的民事法律行为，对被代理人发生效力。

第一百六十三条　代理包括委托代理和法定代理。

委托代理人按照被代理人的委托行使代理权。法定代理人依照法律的规定行使代理权。

第一百六十四条　代理人不履行或者不完全履行职责，造成被代理人损害的，应当承担民事责任。

代理人和相对人恶意串通，损害被代理人合法权益的，代理人和相对人应当承担连带责任。

2. 委托代理

第一百六十五条　委托代理授权采用书面形式的，授权委托书应当载明代理人的姓名或者名称、代理事项、权限和期限，并由被代理人签名或者盖章。

第一百六十六条　数人为同一代理事项的代理人的，应当共同行使代理权，但是当事人另有约定的除外。

第一百六十七条　代理人知道或者应当知道代理事项违法仍然实施代理行为，或者被代理人知道或者应当知道代理人的代理行为违法未作反对表示的，被代理人应当承担连带责任。

第一百六十八条　代理人不得以被代理人的名义与自己实施民事法律行为，但是被代理人同意或者追认的除外。

代理人不得以被代理人的名义与自己同时代理的其他人实施民事法律行为，但是被代理的双方同意或者追认的除外。

第一百六十九条　代理人需要转委托第三人代理的，应当取得被代理人的同意或者追认。

转委托代理经被代理人同意或者追认的，被代理人可以就代理事务直接指示转委托的第三人，代理人仅就第三人的选任以及对第三人的指示承担责任。

转委托代理未经被代理人同意或者追认的，代理人应当对转委托的第三人的行为承担责任；但是，在紧急情况下代理人为了维护被代理人的利益需要转委托第三人代理的除外。

第一百七十条　执行法人或者非法人组织工作任务的人员，就其职权范围内的事项，以法人或者非法人组织的名义实施的民事法律行为，对法人或者非法人组织发生效力。

法人或者非法人组织对执行其工作任务的人员职权范围的限制，不得对抗善意相对人。

第一百七十一条　行为人没有代理权、超越代理权或者代理权终止后，仍然实施代理行为，未经被代理人追认的，对被代理人不发生效力。

相对人可以催告被代理人自收到通知之日起三十日内予以追认。被代理人未作表示的，视为拒绝追认。行为人实施的行为被追认前，善意相对人有撤销的权利。撤销应当以通知的方式作出。

行为人实施的行为未被追认的，善意相对人有权请求行为人履行债务或者就其受到的损害请求行为人赔偿。但是，赔偿的范围不得超过被代理人追认时相对人所能获得的利益。

相对人知道或者应当知道行为人无权代理的，相对人和行为人按照各自的过错承担责任。

第一百七十二条　行为人没有代理权、超越代理权或者代理权终止后，仍然实施代理行为，相对人有理由相信行为人有代理权的，代理行为有效。

3. 代理终止

第一百七十三条　有下列情形之一的，委托代理终止：

（一）代理期限届满或者代理事务完成；

（二）被代理人取消委托或者代理人辞去委托；

（三）代理人丧失民事行为能力；

（四）代理人或者被代理人死亡；

（五）作为代理人或者被代理人的法人、非法人组织终止。

第一百七十四条　被代理人死亡后，有下列情形之一的，委托代理人实施的代理行为有效：

（一）代理人不知道且不应当知道被代理人死亡；

（二）被代理人的继承人予以承认；

考试笔记

（三）授权中明确代理权在代理事务完成时终止；

（四）被代理人死亡前已经实施，为了被代理人的继承人的利益继续代理。

作为被代理人的法人、非法人组织终止的，参照适用前款规定。

第一百七十五条　有下列情形之一的，法定代理终止：

（一）被代理人取得或者恢复完全民事行为能力；

（二）代理人丧失民事行为能力；

（三）代理人或者被代理人死亡；

（四）法律规定的其他情形。

第二节　《民法典》合同编

考点1

合同的订立有关规定

第四百六十九条　当事人订立合同，可以采用书面形式、口头形式或者其他形式。

书面形式是合同书、信件、电报、电传、传真等可以有形地表现所载内容的形式。

以电子数据交换、电子邮件等方式能够有形地表现所载内容，并可以随时调取查用的数据电文，视为书面形式。

第四百七十条　合同的内容由当事人约定，一般包括下列条款：

（一）当事人的姓名或者名称和住所；

（二）标的；

（三）数量；

（四）质量；

（五）价款或者报酬；

（六）履行期限、地点和方式；

考试笔记

（七）违约责任；

（八）解决争议的方法。

当事人可以参照各类合同的示范文本订立合同。

第四百七十一条 当事人订立合同，可以采取要约、承诺方式或者其他方式。

第四百七十二条 要约是希望与他人订立合同的意思表示，该意思表示应当符合下列条件：

（一）内容具体确定；

（二）表明经受要约人承诺，要约人即受该意思表示约束。

第四百七十三条 要约邀请是希望他人向自己发出要约的表示。拍卖公告、招标公告、招股说明书、债券募集办法、基金招募说明书、商业广告和宣传、寄送的价目表等为要约邀请。

商业广告和宣传的内容符合要约条件的，构成要约。

第四百七十四条 要约生效的时间适用本法第一百三十七条的规定。

第四百七十五条 要约可以撤回。要约的撤回适用本法第一百四十一条的规定。

第四百七十六条 要约可以撤销，但是有下列情形之一的除外：

（一）要约人以确定承诺期限或者其他形式明示要约不可撤销；

（二）受要约人有理由认为要约是不可撤销的，并已经为履行合同做了合理准备工作。

第四百七十七条 撤销要约的意思表示以对话方式作出的，该意思表示的内容应当在受要约人作出承诺之前为受要约人所知道；撤销要约的意思表示以非对话方式作出的，应当在受要约人作出承诺之前到达受要约人。

第四百七十八条 有下列情形之一的，要约失效：

（一）要约被拒绝；

（二）要约被依法撤销；

（三）承诺期限届满，受要约人未作出承诺；

（四）受要约人对要约的内容作出实质性变更。

第四百七十九条 承诺是受要约人同意要约的意思表示。

考试笔记

第四百八十条　承诺应当以通知的方式作出；但是，根据交易习惯或者要约表明可以通过行为作出承诺的除外。

第四百八十一条　承诺应当在要约确定的期限内到达要约人。

要约没有确定承诺期限的，承诺应当依照下列规定到达：

（一）要约以对话方式作出的，应当即时作出承诺；

（二）要约以非对话方式作出的，承诺应当在合理期限内到达。

第四百八十二条　要约以信件或者电报作出的，承诺期限自信件载明的日期或者电报交发之日开始计算。信件未载明日期的，自投寄该信件的邮戳日期开始计算。要约以电话、传真、电子邮件等快速通讯方式作出的，承诺期限自要约到达受要约人时开始计算。

第四百八十三条　承诺生效时合同成立，但是法律另有规定或者当事人另有约定的除外。

第四百八十四条　以通知方式作出的承诺，生效的时间适用本法第一百三十七条的规定。

承诺不需要通知的，根据交易习惯或者要约的要求作出承诺的行为时生效。

第四百八十五条　承诺可以撤回。承诺的撤回适用本法第一百四十一条的规定。

第四百八十六条　受要约人超过承诺期限发出承诺，或者在承诺期限内发出承诺，按照通常情形不能及时到达要约人的，为新要约；但是，要约人及时通知受要约人该承诺有效的除外。

第四百八十七条　受要约人在承诺期限内发出承诺，按照通常情形能够及时到达要约人，但是因其他原因致使承诺到达要约人时超过承诺期限的，除要约人及时通知受要约人因承诺超过期限不接受该承诺外，该承诺有效。

第四百八十八条　承诺的内容应当与要约的内容一致。受要约人对要约的内容作出实质性变更的，为新要约。有关合同标的、数量、质量、价款或者报酬、履行期限、履行地点和方式、违约责任和解决争议方法等的变更，是对要约内容的实质性变更。

第四百八十九条　承诺对要约的内容作出非实质性变更的，除要约人及时表示反对或者要约表明承诺不得对要约的内容作出任何变更外，该承诺有效，合同的内容以承诺的内容为准。

第四百九十条　当事人采用合同书形式订立合同的，自当事人均签名、盖章或者按指印时合同成立。在签名、盖章或者按指印之前，当事人一方已经履行主要义务，对方接受时，该合同成立。

法律、行政法规规定或者当事人约定合同应当采用书面形式订立，当事人未采用书面形式但是一方已经履行主要义务，对方接受时，该合同成立。

第四百九十一条　当事人采用信件、数据电文等形式订立合同要求签订确认书的，签订确认书时合同成立。

当事人一方通过互联网等信息网络发布的商品或者服务信息符合要约条件的，对方选择该商品或者服务并提交订单成功时合同成立，但是当事人另有约定的除外。

第四百九十二条　承诺生效的地点为合同成立的地点。

采用数据电文形式订立合同的，收件人的主营业地为合同成立的地点；没有主营业地的，其住所地为合同成立的地点。当事人另有约定的，按照其约定。

第四百九十三条　当事人采用合同书形式订立合同的，最后签名、盖章或者按指印的地点为合同成立的地点，但是当事人另有约定的除外。

第四百九十四条　国家根据抢险救灾、疫情防控或者其他需要下达国家订货任务、指令性任务的，有关民事主体之间应当依照有关法律、行政法规规定的权利和义务订立合同。

依照法律、行政法规的规定负有发出要约义务的当事人，应当及时发出合理的要约。

依照法律、行政法规的规定负有作出承诺义务的当事人，不得拒绝对方合理的订立合同要求。

第四百九十五条　当事人约定在将来一定期限内订立合同的认购书、订购书、预订书等，构成预约合同。

当事人一方不履行预约合同约定的订立合同义务的，对方可以请求其承担预约合同的违约责任。

第四百九十六条　格式条款是当事人为了重复使用而预先拟定，

考试笔记

考试笔记

并在订立合同时未与对方协商的条款。

采用格式条款订立合同的，提供格式条款的一方应当遵循公平原则确定当事人之间的权利和义务，并采取合理的方式提示对方注意免除或者减轻其责任等与对方有重大利害关系的条款，按照对方的要求，对该条款予以说明。提供格式条款的一方未履行提示或者说明义务，致使对方没有注意或者理解与其有重大利害关系的条款的，对方可以主张该条款不成为合同的内容。

第四百九十七条　有下列情形之一的，该格式条款无效：

（一）具有本法第一编第六章第三节和本法第五百零六条规定的无效情形；

（二）提供格式条款一方不合理地免除或者减轻其责任、加重对方责任、限制对方主要权利；

（三）提供格式条款一方排除对方主要权利。

第四百九十八条　对格式条款的理解发生争议的，应当按照通常理解予以解释。对格式条款有两种以上解释的，应当作出不利于提供格式条款一方的解释。格式条款和非格式条款不一致的，应当采用非格式条款。

第四百九十九条　悬赏人以公开方式声明对完成特定行为的人支付报酬的，完成该行为的人可以请求其支付。

第五百条　当事人在订立合同过程中有下列情形之一，造成对方损失的，应当承担赔偿责任：

（一）假借订立合同，恶意进行磋商；

（二）故意隐瞒与订立合同有关的重要事实或者提供虚假情况；

（三）有其他违背诚信原则的行为。

第五百零一条　当事人在订立合同过程中知悉的商业秘密或者其他应当保密的信息，无论合同是否成立，不得泄露或者不正当地使用；泄露、不正当地使用该商业秘密或者信息，造成对方损失的，应当承担赔偿责任。

考点2

考试笔记

合同的效力有关规定

第五百零二条 依法成立的合同，自成立时生效，但是法律另有规定或者当事人另有约定的除外。

依照法律、行政法规的规定，合同应当办理批准等手续的，依照其规定。未办理批准等手续影响合同生效的，不影响合同中履行报批等义务条款以及相关条款的效力。应当办理申请批准等手续的当事人未履行义务的，对方可以请求其承担违反该义务的责任。

依照法律、行政法规的规定，合同的变更、转让、解除等情形应当办理批准等手续的，适用前款规定。

第五百零三条 无权代理人以被代理人的名义订立合同，被代理人已经开始履行合同义务或者接受相对人履行的，视为对合同的追认。

第五百零四条 法人的法定代表人或者非法人组织的负责人超越权限订立的合同，除相对人知道或者应当知道其超越权限外，该代表行为有效，订立的合同对法人或者非法人组织发生效力。

第五百零五条 当事人超越经营范围订立的合同的效力，应当依照本法第一编第六章第三节和本编的有关规定确定，不得仅以超越经营范围确认合同无效。

第五百零六条 合同中的下列免责条款无效：

（一）造成对方人身损害的；

（二）因故意或者重大过失造成对方财产损失的。

第五百零七条 合同不生效、无效、被撤销或者终止的，不影响合同中有关解决争议方法的条款的效力。

第五百零八条 本编对合同的效力没有规定的，适用本法第一编第六章的有关规定。

考试笔记

考点3

违约责任有关规定

第五百七十七条　当事人一方不履行合同义务或者履行合同义务不符合约定的，应当承担继续履行、采取补救措施或者赔偿损失等违约责任。

第五百七十八条　当事人一方明确表示或者以自己的行为表明不履行合同义务的，对方可以在履行期限届满前请求其承担违约责任。

第五百七十九条　当事人一方未支付价款、报酬、租金、利息，或者不履行其他金钱债务的，对方可以请求其支付。

第五百八十条　当事人一方不履行非金钱债务或者履行非金钱债务不符合约定的，对方可以请求履行，但是有下列情形之一的除外：

（一）法律上或者事实上不能履行；

（二）债务的标的不适于强制履行或者履行费用过高；

（三）债权人在合理期限内未请求履行。

有前款规定的除外情形之一，致使不能实现合同目的的，人民法院或者仲裁机构可以根据当事人的请求终止合同权利义务关系，但是不影响违约责任的承担。

第五百八十一条　当事人一方不履行债务或者履行债务不符合约定，根据债务的性质不得强制履行的，对方可以请求其负担由第三人替代履行的费用。

第五百八十二条　履行不符合约定的，应当按照当事人的约定承担违约责任。对违约责任没有约定或者约定不明确，依据本法第五百一十条的规定仍不能确定的，受损害方根据标的的性质以及损失的大小，可以合理选择请求对方承担修理、重作、更换、退货、减少价款或者报酬等违约责任。

第五百八十三条　当事人一方不履行合同义务或者履行合同义务不符合约定的，在履行义务或者采取补救措施后，对方还有其他损失的，应当赔偿损失。

考试笔记

第五百八十四条 当事人一方不履行合同义务或者履行合同义务不符合约定，造成对方损失的，损失赔偿额应当相当于因违约所造成的损失，包括合同履行后可以获得的利益；但是，不得超过违约一方订立合同时预见到或者应当预见到的因违约可能造成的损失。

第五百八十五条 当事人可以约定一方违约时应当根据违约情况向对方支付一定数额的违约金，也可以约定因违约产生的损失赔偿额的计算方法。

约定的违约金低于造成的损失的，人民法院或者仲裁机构可以根据当事人的请求予以增加；约定的违约金过分高于造成的损失的，人民法院或者仲裁机构可以根据当事人的请求予以适当减少。

当事人就迟延履行约定违约金的，违约方支付违约金后，还应当履行债务。

第五百八十六条 当事人可以约定一方向对方给付定金作为债权的担保。定金合同自实际交付定金时成立。

定金的数额由当事人约定；但是，不得超过主合同标的额的百分之二十，超过部分不产生定金的效力。实际交付的定金数额多于或者少于约定数额的，视为变更约定的定金数额。

第五百八十七条 债务人履行债务的，定金应当抵作价款或者收回。给付定金的一方不履行债务或者履行债务不符合约定，致使不能实现合同目的的，无权请求返还定金；收受定金的一方不履行债务或者履行债务不符合约定，致使不能实现合同目的的，应当双倍返还定金。

第五百八十八条 当事人既约定违约金，又约定定金的，一方违约时，对方可以选择适用违约金或者定金条款。

定金不足以弥补一方违约造成的损失的，对方可以请求赔偿超过定金数额的损失。

第五百八十九条 债务人按照约定履行债务，债权人无正当理由拒绝受领的，债务人可以请求债权人赔偿增加的费用。

在债权人受领迟延期间，债务人无须支付利息。

第五百九十条 当事人一方因不可抗力不能履行合同的，根据不可抗力的影响，部分或者全部免除责任，但是法律另有规定的除外。因不可抗力不能履行合同的，应当及时通知对方，以减轻可能给对方

考试笔记

造成的损失，并应当在合理期限内提供证明。

当事人迟延履行后发生不可抗力的，不免除其违约责任。

第五百九十一条　当事人一方违约后，对方应当采取适当措施防止损失的扩大；没有采取适当措施致使损失扩大的，不得就扩大的损失请求赔偿。

当事人因防止损失扩大而支出的合理费用，由违约方负担。

第五百九十二条　当事人都违反合同的，应当各自承担相应的责任。

当事人一方违约造成对方损失，对方对损失的发生有过错的，可以减少相应的损失赔偿额。

第五百九十三条　当事人一方因第三人的原因造成违约的，应当依法向对方承担违约责任。当事人一方和第三人之间的纠纷，依照法律规定或者按照约定处理。

第五百九十四条　因国际货物买卖合同和技术进出口合同争议提起诉讼或者申请仲裁的时效期间为四年。

考点4

买卖合同有关规定

第五百九十五条　买卖合同是出卖人转移标的物的所有权于买受人，买受人支付价款的合同。

第五百九十六条　买卖合同的内容一般包括标的物的名称、数量、质量、价款、履行期限、履行地点和方式、包装方式、检验标准和方法、结算方式、合同使用的文字及其效力等条款。

第五百九十七条　因出卖人未取得处分权致使标的物所有权不能转移的，买受人可以解除合同并请求出卖人承担违约责任。

法律、行政法规禁止或者限制转让的标的物，依照其规定。

第五百九十八条　出卖人应当履行向买受人交付标的物或者交付提取标的物的单证，并转移标的物所有权的义务。

第五百九十九条　出卖人应当按照约定或者交易习惯向买受人交

考试笔记

付提取标的物单证以外的有关单证和资料。

第六百条 出卖具有知识产权的标的物的，除法律另有规定或者当事人另有约定外，该标的物的知识产权不属于买受人。

第六百零一条 出卖人应当按照约定的时间交付标的物。约定交付期限的，出卖人可以在该交付期限内的任何时间交付。

第六百零二条 当事人没有约定标的物的交付期限或者约定不明确的，适用本法第五百一十条、第五百一十一条第四项的规定。

第六百零三条 出卖人应当按照约定的地点交付标的物。

当事人没有约定交付地点或者约定不明确，依据本法第五百一十条的规定仍不能确定的，适用下列规定：

（一）标的物需要运输的，出卖人应当将标的物交付给第一承运人以运交给买受人；

（二）标的物不需要运输，出卖人和买受人订立合同时知道标的物在某一地点的，出卖人应当在该地点交付标的物；不知道标的物在某一地点的，应当在出卖人订立合同时的营业地交付标的物。

第六百零四条 标的物毁损、灭失的风险，在标的物交付之前由出卖人承担，交付之后由买受人承担，但是法律另有规定或者当事人另有约定的除外。

第六百零五条 因买受人的原因致使标的物未按照约定的期限交付的，买受人应当自违反约定时起承担标的物毁损、灭失的风险。

第六百零六条 出卖人出卖交由承运人运输的在途标的物，除当事人另有约定外，毁损、灭失的风险自合同成立时起由买受人承担。

第六百零七条 出卖人按照约定将标的物运送至买受人指定地点并交付给承运人后，标的物毁损、灭失的风险由买受人承担。

当事人没有约定交付地点或者约定不明确，依据本法第六百零三条第二款第一项的规定标的物需要运输的，出卖人将标的物交付给第一承运人后，标的物毁损、灭失的风险由买受人承担。

第六百零八条 出卖人按照约定或者依据本法第六百零三条第二款第二项的规定将标的物置于交付地点，买受人违反约定没有收取的，标的物毁损、灭失的风险自违反约定时起由买受人承担。

第六百零九条 出卖人按照约定未交付有关标的物的单证和资料

考试笔记

的，不影响标的物毁损、灭失风险的转移。

第六百一十条　因标的物不符合质量要求，致使不能实现合同目的的，买受人可以拒绝接受标的物或者解除合同。买受人拒绝接受标的物或者解除合同的，标的物毁损、灭失的风险由出卖人承担。

第六百一十一条　标的物毁损、灭失的风险由买受人承担的，不影响因出卖人履行义务不符合约定，买受人请求其承担违约责任的权利。

第六百一十二条　出卖人就交付的标的物，负有保证第三人对该标的物不享有任何权利的义务，但是法律另有规定的除外。

第六百一十三条　买受人订立合同时知道或者应当知道第三人对买卖的标的物享有权利的，出卖人不承担前条规定的义务。

第六百一十四条　买受人有确切证据证明第三人对标的物享有权利的，可以中止支付相应的价款，但是出卖人提供适当担保的除外。

第六百一十五条　出卖人应当按照约定的质量要求交付标的物。出卖人提供有关标的物质量说明的，交付的标的物应当符合该说明的质量要求。

第六百一十六条　当事人对标的物的质量要求没有约定或者约定不明确，依据本法第五百一十条的规定仍不能确定的，适用本法第五百一十一条第一项的规定。

第六百一十七条　出卖人交付的标的物不符合质量要求的，买受人可以依据本法第五百八十二条至第五百八十四条的规定请求承担违约责任。

第六百一十八条　当事人约定减轻或者免除出卖人对标的物瑕疵承担的责任，因出卖人故意或者重大过失不告知买受人标的物瑕疵的，出卖人无权主张减轻或者免除责任。

第六百一十九条　出卖人应当按照约定的包装方式交付标的物。对包装方式没有约定或者约定不明确，依据本法第五百一十条的规定仍不能确定的，应当按照通用的方式包装；没有通用方式的，应当采取足以保护标的物且有利于节约资源、保护生态环境的包装方式。

第六百二十条　买受人收到标的物时应当在约定的检验期限内检验。没有约定检验期限的，应当及时检验。

考试笔记

第六百二十一条　当事人约定检验期限的，买受人应当在检验期限内将标的物的数量或者质量不符合约定的情形通知出卖人。买受人怠于通知的，视为标的物的数量或者质量符合约定。

当事人没有约定检验期限的，买受人应当在发现或者应当发现标的物的数量或者质量不符合约定的合理期限内通知出卖人。买受人在合理期限内未通知或者自收到标的物之日起二年内未通知出卖人的，视为标的物的数量或者质量符合约定；但是，对标的物有质量保证期的，适用质量保证期，不适用该二年的规定。

出卖人知道或者应当知道提供的标的物不符合约定的，买受人不受前两款规定的通知时间的限制。

第六百二十二条　当事人约定的检验期限过短，根据标的物的性质和交易习惯，买受人在检验期限内难以完成全面检验的，该期限仅视为买受人对标的物的外观瑕疵提出异议的期限。

约定的检验期限或者质量保证期短于法律、行政法规规定期限的，应当以法律、行政法规规定的期限为准。

第六百二十三条　当事人对检验期限未作约定，买受人签收的送货单、确认单等载明标的物数量、型号、规格的，推定买受人已经对数量和外观瑕疵进行检验，但是有相关证据足以推翻的除外。

第六百二十四条　出卖人依照买受人的指示向第三人交付标的物，出卖人和买受人约定的检验标准与买受人和第三人约定的检验标准不一致的，以出卖人和买受人约定的检验标准为准。

第六百二十五条　依照法律、行政法规的规定或者按照当事人的约定，标的物在有效使用年限届满后应予回收的，出卖人负有自行或者委托第三人对标的物予以回收的义务。

第六百二十六条　买受人应当按照约定的数额和支付方式支付价款。对价款的数额和支付方式没有约定或者约定不明确的，适用本法第五百一十条、第五百一十一条第二项和第五项的规定。

第六百二十七条　买受人应当按照约定的地点支付价款。对支付地点没有约定或者约定不明确，依据本法第五百一十条的规定仍不能确定的，买受人应当在出卖人的营业地支付；但是，约定支付价款以交付标的物或者交付提取标的物单证为条件的，在交付标的物或者交

考试笔记

付提取标的物单证的所在地支付。

第六百二十八条　买受人应当按照约定的时间支付价款。对支付时间没有约定或者约定不明确，依据本法第五百一十条的规定仍不能确定的，买受人应当在收到标的物或者提取标的物单证的同时支付。

第六百二十九条　出卖人多交标的物的，买受人可以接收或者拒绝接收多交的部分。买受人接收多交部分的，按照约定的价格支付价款；买受人拒绝接收多交部分的，应当及时通知出卖人。

第六百三十条　标的物在交付之前产生的孳息，归出卖人所有；交付之后产生的孳息，归买受人所有。但是，当事人另有约定的除外。

第六百三十一条　因标的物的主物不符合约定而解除合同的，解除合同的效力及于从物。因标的物的从物不符合约定被解除的，解除的效力不及于主物。

第六百三十二条　标的物为数物，其中一物不符合约定的，买受人可以就该物解除。但是，该物与他物分离使标的物的价值显受损害的，买受人可以就数物解除合同。

第六百三十三条　出卖人分批交付标的物的，出卖人对其中一批标的物不交付或者交付不符合约定，致使该批标的物不能实现合同目的的，买受人可以就该批标的物解除。

出卖人不交付其中一批标的物或者交付不符合约定，致使之后其他各批标的物的交付不能实现合同目的的，买受人可以就该批以及之后其他各批标的物解除。

买受人如果就其中一批标的物解除，该批标的物与其他各批标的物相互依存的，可以就已经交付和未交付的各批标的物解除。

第六百三十四条　分期付款的买受人未支付到期价款的数额达到全部价款的五分之一，经催告后在合理期限内仍未支付到期价款的，出卖人可以请求买受人支付全部价款或者解除合同。

出卖人解除合同的，可以向买受人请求支付该标的物的使用费。

第六百三十五条　凭样品买卖的当事人应当封存样品，并可以对样品质量予以说明。出卖人交付的标的物应当与样品及其说明的质量相同。

第六百三十六条　凭样品买卖的买受人不知道样品有隐蔽瑕疵

的，即使交付的标的物与样品相同，出卖人交付的标的物的质量仍然应当符合同种物的通常标准。

考试笔记

第六百三十七条　试用买卖的当事人可以约定标的物的试用期限。对试用期限没有约定或者约定不明确，依据本法第五百一十条的规定仍不能确定的，由出卖人确定。

第六百三十八条　试用买卖的买受人在试用期内可以购买标的物，也可以拒绝购买。试用期限届满，买受人对是否购买标的物未作表示的，视为购买。

试用买卖的买受人在试用期内已经支付部分价款或者对标的物实施出卖、出租、设立担保物权等行为的，视为同意购买。

第六百三十九条　试用买卖的当事人对标的物使用费没有约定或者约定不明确的，出卖人无权请求买受人支付。

第六百四十条　标的物在试用期内毁损、灭失的风险由出卖人承担。

第六百四十一条　当事人可以在买卖合同中约定买受人未履行支付价款或者其他义务的，标的物的所有权属于出卖人。

出卖人对标的物保留的所有权，未经登记，不得对抗善意第三人。

第六百四十二条　当事人约定出卖人保留合同标的物的所有权，在标的物所有权转移前，买受人有下列情形之一，造成出卖人损害的，除当事人另有约定外，出卖人有权取回标的物：

（一）未按照约定支付价款，经催告后在合理期限内仍未支付；

（二）未按照约定完成特定条件；

（三）将标的物出卖、出质或者作出其他不当处分。

出卖人可以与买受人协商取回标的物；协商不成的，可以参照适用担保物权的实现程序。

第六百四十三条　出卖人依据前条第一款的规定取回标的物后，买受人在双方约定或者出卖人指定的合理回赎期限内，消除出卖人取回标的物的事由的，可以请求回赎标的物。

买受人在回赎期限内没有回赎标的物，出卖人可以以合理价格将标的物出卖给第三人，出卖所得价款扣除买受人未支付的价款以及必要费用后仍有剩余的，应当返还买受人；不足部分由买受人清偿。

考试笔记

第六百四十四条　招标投标买卖的当事人的权利和义务以及招标投标程序等，依照有关法律、行政法规的规定。

第六百四十五条　拍卖的当事人的权利和义务以及拍卖程序等，依照有关法律、行政法规的规定。

第六百四十六条　法律对其他有偿合同有规定的，依照其规定；没有规定的，参照适用买卖合同的有关规定。

第六百四十七条　当事人约定易货交易，转移标的物的所有权的，参照适用买卖合同的有关规定。

考点5

委托合同有关规定

第九百一十九条　委托合同是委托人和受托人约定，由受托人处理委托人事务的合同。

第九百二十条　委托人可以特别委托受托人处理一项或者数项事务，也可以概括委托受托人处理一切事务。

第九百二十一条　委托人应当预付处理委托事务的费用。受托人为处理委托事务垫付的必要费用，委托人应当偿还该费用并支付利息。

第九百二十二条　受托人应当按照委托人的指示处理委托事务。需要变更委托人指示的，应当经委托人同意；因情况紧急，难以和委托人取得联系的，受托人应当妥善处理委托事务，但是事后应当将该情况及时报告委托人。

第九百二十三条　受托人应当亲自处理委托事务。经委托人同意，受托人可以转委托。转委托经同意或者追认的，委托人可以就委托事务直接指示转委托的第三人，受托人仅就第三人的选任及其对第三人的指示承担责任。转委托未经同意或者追认的，受托人应当对转委托的第三人的行为承担责任；但是，在紧急情况下受托人为了维护委托人的利益需要转委托第三人的除外。

第九百二十四条　受托人应当按照委托人的要求，报告委托事务的处理情况。委托合同终止时，受托人应当报告委托事务的结果。

第九百二十五条 受托人以自己的名义，在委托人的授权范围内与第三人订立的合同，第三人在订立合同时知道受托人与委托人之间的代理关系的，该合同直接约束委托人和第三人；但是，有确切证据证明该合同只约束受托人和第三人的除外。

第九百二十六条 受托人以自己的名义与第三人订立合同时，第三人不知道受托人与委托人之间的代理关系的，受托人因第三人的原因对委托人不履行义务，受托人应当向委托人披露第三人，委托人因此可以行使受托人对第三人的权利。但是，第三人与受托人订立合同时如果知道该委托人就不会订立合同的除外。

受托人因委托人的原因对第三人不履行义务，受托人应当向第三人披露委托人，第三人因此可以选择受托人或者委托人作为相对人主张其权利，但是第三人不得变更选定的相对人。

委托人行使受托人对第三人的权利的，第三人可以向委托人主张其对受托人的抗辩。第三人选定委托人作为其相对人的，委托人可以向第三人主张其对受托人的抗辩以及受托人对第三人的抗辩。

第九百二十七条 受托人处理委托事务取得的财产，应当转交给委托人。

第九百二十八条 受托人完成委托事务的，委托人应当按照约定向其支付报酬。

因不可归责于受托人的事由，委托合同解除或者委托事务不能完成的，委托人应当向受托人支付相应的报酬。当事人另有约定的，按照其约定。

第九百二十九条 有偿的委托合同，因受托人的过错造成委托人损失的，委托人可以请求赔偿损失。无偿的委托合同，因受托人的故意或者重大过失造成委托人损失的，委托人可以请求赔偿损失。

受托人超越权限造成委托人损失的，应当赔偿损失。

第九百三十条 受托人处理委托事务时，因不可归责于自己的事由受到损失的，可以向委托人请求赔偿损失。

第九百三十一条 委托人经受托人同意，可以在受托人之外委托第三人处理委托事务。因此造成受托人损失的，受托人可以向委托人

考试笔记

考试笔记

请求赔偿损失。

第九百三十二条　两个以上的受托人共同处理委托事务的，对委托人承担连带责任。

第九百三十三条　委托人或者受托人可以随时解除委托合同。因解除合同造成对方损失的，除不可归责于该当事人的事由外，无偿委托合同的解除方应当赔偿因解除时间不当造成的直接损失，有偿委托合同的解除方应当赔偿对方的直接损失和合同履行后可以获得的利益。

第九百三十四条　委托人死亡、终止或者受托人死亡、丧失民事行为能力、终止的，委托合同终止；但是，当事人另有约定或者根据委托事务的性质不宜终止的除外。

第九百三十五条　因委托人死亡或者被宣告破产、解散，致使委托合同终止将损害委托人利益的，在委托人的继承人、遗产管理人或者清算人承受委托事务之前，受托人应当继续处理委托事务。

第九百三十六条　因受托人死亡、丧失民事行为能力或者被宣告破产、解散，致使委托合同终止的，受托人的继承人、遗产管理人、法定代理人或者清算人应当及时通知委托人。因委托合同终止将损害委托人利益的，在委托人作出善后处理之前，受托人的继承人、遗产管理人、法定代理人或者清算人应当采取必要措施。

考点6

行纪合同有关规定

第九百五十一条　行纪合同是行纪人以自己的名义为委托人从事贸易活动，委托人支付报酬的合同。

第九百五十二条　行纪人处理委托事务支出的费用，由行纪人负担，但是当事人另有约定的除外。

第九百五十三条　行纪人占有委托物的，应当妥善保管委托物。

第九百五十四条　委托物交付给行纪人时有瑕疵或者容易腐烂、变质的，经委托人同意，行纪人可以处分该物；不能与委托人及时取得联系的，行纪人可以合理处分。

第九百五十五条 行纪人低于委托人指定的价格卖出或者高于委托人指定的价格买入的，应当经委托人同意；未经委托人同意，行纪人补偿其差额的，该买卖对委托人发生效力。

行纪人高于委托人指定的价格卖出或者低于委托人指定的价格买入的，可以按照约定增加报酬；没有约定或者约定不明确，依据本法第五百一十条的规定仍不能确定的，该利益属于委托人。

委托人对价格有特别指示的，行纪人不得违背该指示卖出或者买入。

第九百五十六条 行纪人卖出或者买入具有市场定价的商品，除委托人有相反的意思表示外，行纪人自己可以作为买受人或者出卖人。

行纪人有前款规定情形的，仍然可以请求委托人支付报酬。

第九百五十七条 行纪人按照约定买入委托物，委托人应当及时受领。经行纪人催告，委托人无正当理由拒绝受领的，行纪人依法可以提存委托物。

委托物不能卖出或者委托人撤回出卖，经行纪人催告，委托人不取回或者不处分该物的，行纪人依法可以提存委托物。

第九百五十八条 行纪人与第三人订立合同的，行纪人对该合同直接享有权利、承担义务。

第三人不履行义务致使委托人受到损害的，行纪人应当承担赔偿责任，但是行纪人与委托人另有约定的除外。

第九百五十九条 行纪人完成或者部分完成委托事务的，委托人应当向其支付相应的报酬。委托人逾期不支付报酬的，行纪人对委托物享有留置权，但是当事人另有约定的除外。

第九百六十条 本章没有规定的，参照适用委托合同的有关规定。

考试笔记

第三节 《民法典》人格权编

考点1

姓名权和名称权

第一千零一十二条　自然人享有姓名权，有权依法决定、使用、变更或者许可他人使用自己的姓名，但是不得违背公序良俗。

第一千零一十三条　法人、非法人组织享有名称权，有权依法决定、使用、变更、转让或者许可他人使用自己的名称。

第一千零一十四条　任何组织或者个人不得以干涉、盗用、假冒等方式侵害他人的姓名权或者名称权。

第一千零一十五条　自然人应当随父姓或者母姓，但是有下列情形之一的，可以在父姓和母姓之外选取姓氏：

（一）选取其他直系长辈血亲的姓氏；

（二）因由法定扶养人以外的人扶养而选取扶养人姓氏；

（三）有不违背公序良俗的其他正当理由。

少数民族自然人的姓氏可以遵从本民族的文化传统和风俗习惯。

第一千零一十六条　自然人决定、变更姓名，或者法人、非法人组织决定、变更、转让名称的，应当依法向有关机关办理登记手续，但是法律另有规定的除外。

民事主体变更姓名、名称的，变更前实施的民事法律行为对其具有法律约束力。

第一千零一十七条　具有一定社会知名度，被他人使用足以造成公众混淆的笔名、艺名、网名、译名、字号、姓名和名称的简称等，参照适用姓名权和名称权保护的有关规定。

考点2

肖像权

第一千零一十八条　自然人享有肖像权，有权依法制作、使用、公开或者许可他人使用自己的肖像。

肖像是通过影像、雕塑、绘画等方式在一定载体上所反映的特定自然人可以被识别的外部形象。

第一千零一十九条　任何组织或者个人不得以丑化、污损，或者利用信息技术手段伪造等方式侵害他人的肖像权。未经肖像权人同意，不得制作、使用、公开肖像权人的肖像，但是法律另有规定的除外。

未经肖像权人同意，肖像作品权利人不得以发表、复制、发行、出租、展览等方式使用或者公开肖像权人的肖像。

第一千零二十条　合理实施下列行为的，可以不经肖像权人同意：

（一）为个人学习、艺术欣赏、课堂教学或者科学研究，在必要范围内使用肖像权人已经公开的肖像；

（二）为实施新闻报道，不可避免地制作、使用、公开肖像权人的肖像；

（三）为依法履行职责，国家机关在必要范围内制作、使用、公开肖像权人的肖像；

（四）为展示特定公共环境，不可避免地制作、使用、公开肖像权人的肖像；

（五）为维护公共利益或者肖像权人合法权益，制作、使用、公开肖像权人的肖像的其他行为。

第一千零二十一条　当事人对肖像许可使用合同中关于肖像使用条款的理解有争议的，应当作出有利于肖像权人的解释。

第一千零二十二条　当事人对肖像许可使用期限没有约定或者约定不明确的，任何一方当事人可以随时解除肖像许可使用合同，但是

考试笔记

考试笔记

应当在合理期限之前通知对方。当事人对肖像许可使用期限有明确约定，肖像权人有正当理由的，可以解除肖像许可使用合同，但是应当在合理期限之前通知对方。因解除合同造成对方损失的，除不可归责于肖像权人的事由外，应当赔偿损失。

第一千零二十三条　对姓名等的许可使用，参照适用肖像许可使用的有关规定。

对自然人声音的保护，参照适用肖像权保护的有关规定。

考点3

名誉权和荣誉权

第一千零二十四条　民事主体享有名誉权。任何组织或者个人不得以侮辱、诽谤等方式侵害他人的名誉权。

名誉是对民事主体的品德、声望、才能、信用等的社会评价。

第一千零二十五条　行为人为公共利益实施新闻报道、舆论监督等行为，影响他人名誉的，不承担民事责任，但是有下列情形之一的除外：

（一）捏造、歪曲事实；

（二）对他人提供的严重失实内容未尽到合理核实义务；

（三）使用侮辱性言辞等贬损他人名誉。

第一千零二十六条　认定行为人是否尽到前条第二项规定的合理核实义务，应当考虑下列因素：

（一）内容来源的可信度；

（二）对明显可能引发争议的内容是否进行了必要的调查；

（三）内容的时限性；

（四）内容与公序良俗的关联性；

（五）受害人名誉受贬损的可能性；

（六）核实能力和核实成本。

第一千零二十七条　行为人发表的文学、艺术作品以真人真事或者特定人为描述对象，含有侮辱、诽谤内容，侵害他人名誉权的，受害人有权依法请求该行为人承担民事责任。

行为人发表的文学、艺术作品不以特定人为描述对象，仅其中的情节与该特定人的情况相似的，不承担民事责任。

第一千零二十八条　民事主体有证据证明报刊、网络等媒体报道的内容失实，侵害其名誉权的，有权请求该媒体及时采取更正或者删除等必要措施。

第一千零二十九条　民事主体可以依法查询自己的信用评价；发现信用评价不当的，有权提出异议并请求采取更正、删除等必要措施。信用评价人应当及时核查，经核查属实的，应当及时采取必要措施。

第一千零三十条　民事主体与征信机构等信用信息处理者之间的关系，适用本编有关个人信息保护的规定和其他法律、行政法规的有关规定。

第一千零三十一条　民事主体享有荣誉权。任何组织或者个人不得非法剥夺他人的荣誉称号，不得诋毁、贬损他人的荣誉。

获得的荣誉称号应当记载而没有记载的，民事主体可以请求记载；获得的荣誉称号记载错误的，民事主体可以请求更正。

考点4

隐私权和个人信息保护

第一千零三十二条　自然人享有隐私权。任何组织或者个人不得以刺探、侵扰、泄露、公开等方式侵害他人的隐私权。

隐私是自然人的私人生活安宁和不愿为他人知晓的私密空间、私密活动、私密信息。

第一千零三十三条　除法律另有规定或者权利人明确同意外，任何组织或者个人不得实施下列行为：

（一）以电话、短信、即时通讯工具、电子邮件、传单等方式侵扰他人的私人生活安宁；

考试笔记

考试笔记

（二）进入、拍摄、窥视他人的住宅、宾馆房间等私密空间；

（三）拍摄、窥视、窃听、公开他人的私密活动；

（四）拍摄、窥视他人身体的私密部位；

（五）处理他人的私密信息；

（六）以其他方式侵害他人的隐私权。

第一千零三十四条　自然人的个人信息受法律保护。

个人信息是以电子或者其他方式记录的能够单独或者与其他信息结合识别特定自然人的各种信息，包括自然人的姓名、出生日期、身份证件号码、生物识别信息、住址、电话号码、电子邮箱、健康信息、行踪信息等。

个人信息中的私密信息，适用有关隐私权的规定；没有规定的，适用有关个人信息保护的规定。

第一千零三十五条　处理个人信息的，应当遵循合法、正当、必要原则，不得过度处理，并符合下列条件：

（一）征得该自然人或者其监护人同意，但是法律、行政法规另有规定的除外；

（二）公开处理信息的规则；

（三）明示处理信息的目的、方式和范围；

（四）不违反法律、行政法规的规定和双方的约定。

个人信息的处理包括个人信息的收集、存储、使用、加工、传输、提供、公开等。

第一千零三十六条　处理个人信息，有下列情形之一的，行为人不承担民事责任：

（一）在该自然人或者其监护人同意的范围内合理实施的行为；

（二）合理处理该自然人自行公开的或者其他已经合法公开的信息，但是该自然人明确拒绝或者处理该信息侵害其重大利益的除外；

（三）为维护公共利益或者该自然人合法权益，合理实施的其他行为。

第一千零三十七条　自然人可以依法向信息处理者查阅或者复制其个人信息；发现信息有错误的，有权提出异议并请求及时采取更正等必要措施。

考试笔记

自然人发现信息处理者违反法律、行政法规的规定或者双方的约定处理其个人信息的，有权请求信息处理者及时删除。

第一千零三十八条 信息处理者不得泄露或者篡改其收集、存储的个人信息；未经自然人同意，不得向他人非法提供其个人信息，但是经过加工无法识别特定个人且不能复原的除外。

信息处理者应当采取技术措施和其他必要措施，确保其收集、存储的个人信息安全，防止信息泄露、篡改、丢失；发生或者可能发生个人信息泄露、篡改、丢失的，应当及时采取补救措施，按照规定告知自然人并向有关主管部门报告。

第一千零三十九条 国家机关、承担行政职能的法定机构及其工作人员对于履行职责过程中知悉的自然人的隐私和个人信息，应当予以保密，不得泄露或者向他人非法提供。

第四节 《民法典》侵权责任编

考点1

关于用工单位责任和劳务派遣单位、劳务用工单位责任，个人劳务关系中的侵权责任

第一千一百九十一条 用人单位的工作人员因执行工作任务造成他人损害的，由用人单位承担侵权责任。用人单位承担侵权责任后，可以向有故意或者重大过失的工作人员追偿。

劳务派遣期间，被派遣的工作人员因执行工作任务造成他人损害的，由接受劳务派遣的用工单位承担侵权责任；劳务派遣单位有过错的，承担相应的责任。

第一千一百九十二条 个人之间形成劳务关系，提供劳务一方因劳务造成他人损害的，由接受劳务一方承担侵权责任。接受劳务一方承担侵权责任后，可以向有故意或者重大过失的提供劳务一方追

考试笔记

偿。提供劳务一方因劳务受到损害的，根据双方各自的过错承担相应的责任。

提供劳务期间，因第三人的行为造成提供劳务一方损害的，提供劳务一方有权请求第三人承担侵权责任，也有权请求接受劳务一方给予补偿。接受劳务一方补偿后，可以向第三人追偿。

考点2

安全保障义务人责任

第一千一百九十八条　宾馆、商场、银行、车站、机场、体育场馆、娱乐场所等经营场所、公共场所的经营者、管理者或者群众性活动的组织者，未尽到安全保障义务，造成他人损害的，应当承担侵权责任。

因第三人的行为造成他人损害的，由第三人承担侵权责任；经营者、管理者或者组织者未尽到安全保障义务的，承担相应的补充责任。经营者、管理者或者组织者承担补充责任后，可以向第三人追偿。

考点3

损害赔偿有关规定

第一千一百七十九条　侵害他人造成人身损害的，应当赔偿医疗费、护理费、交通费、营养费、住院伙食补助费等为治疗和康复支出的合理费用，以及因误工减少的收入。造成残疾的，还应当赔偿辅助器具费和残疾赔偿金；造成死亡的，还应当赔偿丧葬费和死亡赔偿金。

第一千一百八十条　因同一侵权行为造成多人死亡的，可以以相同数额确定死亡赔偿金。

第一千一百八十一条　被侵权人死亡的，其近亲属有权请求侵权人承担侵权责任。被侵权人为组织，该组织分立、合并的，承继权利的组织有权请求侵权人承担侵权责任。

被侵权人死亡的，支付被侵权人医疗费、丧葬费等合理费用的人有权请求侵权人赔偿费用，但是侵权人已经支付该费用的除外。

第一千一百八十二条　侵害他人人身权益造成财产损失的，按照被侵权人因此受到的损失或者侵权人因此获得的利益赔偿；被侵权人因此受到的损失以及侵权人因此获得的利益难以确定，被侵权人和侵权人就赔偿数额协商不一致，向人民法院提起诉讼的，由人民法院根据实际情况确定赔偿数额。

第一千一百八十三条　侵害自然人人身权益造成严重精神损害的，被侵权人有权请求精神损害赔偿。

因故意或者重大过失侵害自然人具有人身意义的特定物造成严重精神损害的，被侵权人有权请求精神损害赔偿。

第一千一百八十四条　侵害他人财产的，财产损失按照损失发生时的市场价格或者其他合理方式计算。

第一千一百八十五条　故意侵害他人知识产权，情节严重的，被侵权人有权请求相应的惩罚性赔偿。

第一千一百八十六条　受害人和行为人对损害的发生都没有过错的，依照法律的规定由双方分担损失。

第一千一百八十七条　损害发生后，当事人可以协商赔偿费用的支付方式。协商不一致的，赔偿费用应当一次性支付；一次性支付确有困难的，可以分期支付，但是被侵权人有权请求提供相应的担保。

考试笔记

考试笔记

第三章　税收法律制度

第一节　税收征收管理法

考点

纳税人、扣缴义务人缴纳或者解缴税款义务有关规定

第四条　法律、行政法规规定负有纳税义务的单位和个人为纳税人。

法律、行政法规规定负有代扣代缴、代收代缴税款义务的单位和个人为扣缴义务人。

纳税人、扣缴义务人必须依照法律、行政法规的规定缴纳税款、代扣代缴、代收代缴税款。

第二十五条　纳税人必须依照法律、行政法规规定或者税务机关依照法律、行政法规的规定确定的申报期限、申报内容如实办理纳税申报，报送纳税申报表、财务会计报表以及税务机关根据实际需要要求纳税人报送的其他纳税资料。

扣缴义务人必须依照法律、行政法规规定或者税务机关依照法律、行政法规的规定确定的申报期限、申报内容如实报送代扣代缴、代收代缴税款报告表以及税务机关根据实际需要要求扣缴义务人报送的其他有关资料。

第三十条　扣缴义务人依照法律、行政法规的规定履行代扣、代收税款的义务。对法律、行政法规没有规定负有代扣、代收税款义务

的单位和个人，税务机关不得要求其履行代扣、代收税款义务。

扣缴义务人依法履行代扣、代收税款义务时，纳税人不得拒绝。纳税人拒绝的，扣缴义务人应当及时报告税务机关处理。

税务机关按照规定付给扣缴义务人代扣、代收手续费。

第三十一条　纳税人、扣缴义务人按照法律、行政法规规定或者税务机关依照法律、行政法规的规定确定的期限，缴纳或者解缴税款。

纳税人因有特殊困难，不能按期缴纳税款的，经省、自治区、直辖市国家税务局、地方税务局批准，可以延期缴纳税款，但是最长不得超过三个月。

第三十二条　纳税人未按照规定期限缴纳税款的，扣缴义务人未按照规定期限解缴税款的，税务机关除责令限期缴纳外，从滞纳税款之日起，按日加收滞纳税款万分之五的滞纳金。

第六十七条　以暴力、威胁方法拒不缴纳税款的，是抗税，除由税务机关追缴其拒缴的税款、滞纳金外，依法追究刑事责任。情节轻微，未构成犯罪的，由税务机关追缴其拒缴的税款、滞纳金，并处拒缴税款一倍以上五倍以下的罚款。

第六十八条　纳税人、扣缴义务人在规定期限内不缴或者少缴应纳或者应解缴的税款，经税务机关责令限期缴纳，逾期仍未缴纳的，税务机关除依照本法第四十条的规定采取强制执行措施追缴其不缴或者少缴的税款外，可以处不缴或者少缴的税款百分之五十以上五倍以下的罚款。

第六十九条　扣缴义务人应扣未扣、应收而不收税款的，由税务机关向纳税人追缴税款，对扣缴义务人处应扣未扣、应收未收税款百分之五十以上三倍以下的罚款。

考试笔记

考试笔记

第二节　个人所得税法

考点

关于个人纳税义务的规定

第一条　在中国境内有住所，或者无住所而一个纳税年度内在中国境内居住累计满一百八十三天的个人，为居民个人。居民个人从中国境内和境外取得的所得，依照本法规定缴纳个人所得税。

在中国境内无住所又不居住，或者无住所而一个纳税年度内在中国境内居住累计不满一百八十三天的个人，为非居民个人。非居民个人从中国境内取得的所得，依照本法规定缴纳个人所得税。

纳税年度，自公历一月一日起至十二月三十一日止。

第二条　下列各项个人所得，应当缴纳个人所得税：

（一）工资、薪金所得；

（二）劳务报酬所得；

（三）稿酬所得；

（四）特许权使用费所得；

（五）经营所得；

（六）利息、股息、红利所得；

（七）财产租赁所得；

（八）财产转让所得；

（九）偶然所得。

居民个人取得前款第一项至第四项所得（以下称综合所得），按纳税年度合并计算个人所得税；非居民个人取得前款第一项至第四项所得，按月或者按次分项计算个人所得税。纳税人取得前款第五项至第九项所得，依照本法规定分别计算个人所得税。

考试笔记

第三节　企业所得税法

考点

关于企业纳税义务的规定

第二条　企业分为居民企业和非居民企业。

本法所称居民企业，是指依法在中国境内成立，或者依照外国（地区）法律成立但实际管理机构在中国境内的企业。

本法所称非居民企业，是指依照外国（地区）法律成立且实际管理机构不在中国境内，但在中国境内设立机构、场所的，或者在中国境内未设立机构、场所，但有来源于中国境内所得的企业。

第三条　居民企业应当就其来源于中国境内、境外的所得缴纳企业所得税。

非居民企业在中国境内设立机构、场所的，应当就其所设机构、场所取得的来源于中国境内的所得，以及发生在中国境外但与其所设机构、场所有实际联系的所得，缴纳企业所得税。

非居民企业在中国境内未设立机构、场所的，或者虽设立机构、场所但取得的所得与其所设机构、场所没有实际联系的，应当就其来源于中国境内的所得缴纳企业所得税。

考试
笔记

第四章　安全法律制度

第一节　国家安全法

考点1

关于总体国家安全观的规定

第三条　国家安全工作应当坚持总体国家安全观，以人民安全为宗旨，以政治安全为根本，以经济安全为基础，以军事、文化、社会安全为保障，以促进国际安全为依托，维护各领域国家安全，构建国家安全体系，走中国特色国家安全道路。

第八条　国家安全工作应当统筹内部安全和外部安全、国土安全和国民安全、传统安全和非传统安全、自身安全和共同安全。

考点2

关于文化安全的规定

第二十三条　国家坚持社会主义先进文化前进方向，继承和弘扬中华民族优秀传统文化，培育和践行社会主义核心价值观，防范和抵制不良文化的影响，掌握意识形态领域主导权，增强文化整体实力和竞争力。

考试笔记

第二节　网络安全法

考点1

关于网络运行安全的规定

1. 一般规定

第二十一条　国家实行网络安全等级保护制度。网络运营者应当按照网络安全等级保护制度的要求，履行下列安全保护义务，保障网络免受干扰、破坏或者未经授权的访问，防止网络数据泄露或者被窃取、篡改：

（一）制定内部安全管理制度和操作规程，确定网络安全负责人，落实网络安全保护责任；

（二）采取防范计算机病毒和网络攻击、网络侵入等危害网络安全行为的技术措施；

（三）采取监测、记录网络运行状态、网络安全事件的技术措施，并按照规定留存相关的网络日志不少于六个月；

（四）采取数据分类、重要数据备份和加密等措施；

（五）法律、行政法规规定的其他义务。

第二十二条　网络产品、服务应当符合相关国家标准的强制性要求。网络产品、服务的提供者不得设置恶意程序；发现其网络产品、服务存在安全缺陷、漏洞等风险时，应当立即采取补救措施，按照规定及时告知用户并向有关主管部门报告。

网络产品、服务的提供者应当为其产品、服务持续提供安全维护；在规定或者当事人约定的期限内，不得终止提供安全维护。

网络产品、服务具有收集用户信息功能的，其提供者应当向用户明示并取得同意；涉及用户个人信息的，还应当遵守本法和有关法律、行政法规关于个人信息保护的规定。

第二十三条　网络关键设备和网络安全专用产品应当按照相关国

考试笔记

家标准的强制性要求，由具备资格的机构安全认证合格或者安全检测符合要求后，方可销售或者提供。国家网信部门会同国务院有关部门制定、公布网络关键设备和网络安全专用产品目录，并推动安全认证和安全检测结果互认，避免重复认证、检测。

第二十四条　网络运营者为用户办理网络接入、域名注册服务，办理固定电话、移动电话等入网手续，或者为用户提供信息发布、即时通讯等服务，在与用户签订协议或者确认提供服务时，应当要求用户提供真实身份信息。用户不提供真实身份信息的，网络运营者不得为其提供相关服务。

国家实施网络可信身份战略，支持研究开发安全、方便的电子身份认证技术，推动不同电子身份认证之间的互认。

第二十五条　网络运营者应当制定网络安全事件应急预案，及时处置系统漏洞、计算机病毒、网络攻击、网络侵入等安全风险；在发生危害网络安全的事件时，立即启动应急预案，采取相应的补救措施，并按照规定向有关主管部门报告。

第二十六条　开展网络安全认证、检测、风险评估等活动，向社会发布系统漏洞、计算机病毒、网络攻击、网络侵入等网络安全信息，应当遵守国家有关规定。

第二十七条　任何个人和组织不得从事非法侵入他人网络、干扰他人网络正常功能、窃取网络数据等危害网络安全的活动；不得提供专门用于从事侵入网络、干扰网络正常功能及防护措施、窃取网络数据等危害网络安全活动的程序、工具；明知他人从事危害网络安全的活动的，不得为其提供技术支持、广告推广、支付结算等帮助。

第二十八条　网络运营者应当为公安机关、国家安全机关依法维护国家安全和侦查犯罪的活动提供技术支持和协助。

第二十九条　国家支持网络运营者之间在网络安全信息收集、分析、通报和应急处置等方面进行合作，提高网络运营者的安全保障能力。

有关行业组织建立健全本行业的网络安全保护规范和协作机制，加强对网络安全风险的分析评估，定期向会员进行风险警示，支持、协助会员应对网络安全风险。

第三十条　网信部门和有关部门在履行网络安全保护职责中获取

的信息，只能用于维护网络安全的需要，不得用于其他用途。

考试笔记

2. 关键信息基础设施的运行安全

第三十一条 国家对公共通信和信息服务、能源、交通、水利、金融、公共服务、电子政务等重要行业和领域，以及其他一旦遭到破坏、丧失功能或者数据泄露，可能严重危害国家安全、国计民生、公共利益的关键信息基础设施，在网络安全等级保护制度的基础上，实行重点保护。关键信息基础设施的具体范围和安全保护办法由国务院制定。

国家鼓励关键信息基础设施以外的网络运营者自愿参与关键信息基础设施保护体系。

第三十二条 按照国务院规定的职责分工，负责关键信息基础设施安全保护工作的部门分别编制并组织实施本行业、本领域的关键信息基础设施安全规划，指导和监督关键信息基础设施运行安全保护工作。

第三十三条 建设关键信息基础设施应当确保其具有支持业务稳定、持续运行的性能，并保证安全技术措施同步规划、同步建设、同步使用。

第三十四条 除本法第二十一条的规定外，关键信息基础设施的运营者还应当履行下列安全保护义务：

（一）设置专门安全管理机构和安全管理负责人，并对该负责人和关键岗位的人员进行安全背景审查；

（二）定期对从业人员进行网络安全教育、技术培训和技能考核；

（三）对重要系统和数据库进行容灾备份；

（四）制定网络安全事件应急预案，并定期进行演练；

（五）法律、行政法规规定的其他义务。

第三十五条 关键信息基础设施的运营者采购网络产品和服务，可能影响国家安全的，应当通过国家网信部门会同国务院有关部门组织的国家安全审查。

第三十六条 关键信息基础设施的运营者采购网络产品和服务，应当按照规定与提供者签订安全保密协议，明确安全和保密义务与责任。

第三十七条 关键信息基础设施的运营者在中华人民共和国境内

考试笔记

运营中收集和产生的个人信息和重要数据应当在境内存储。因业务需要，确需向境外提供的，应当按照国家网信部门会同国务院有关部门制定的办法进行安全评估；法律、行政法规另有规定的，依照其规定。

第三十八条　关键信息基础设施的运营者应当自行或者委托网络安全服务机构对其网络的安全性和可能存在的风险每年至少进行一次检测评估，并将检测评估情况和改进措施报送相关负责关键信息基础设施安全保护工作的部门。

第三十九条　国家网信部门应当统筹协调有关部门对关键信息基础设施的安全保护采取下列措施：

（一）对关键信息基础设施的安全风险进行抽查检测，提出改进措施，必要时可以委托网络安全服务机构对网络存在的安全风险进行检测评估；

（二）定期组织关键信息基础设施的运营者进行网络安全应急演练，提高应对网络安全事件的水平和协同配合能力；

（三）促进有关部门、关键信息基础设施的运营者以及有关研究机构、网络安全服务机构等之间的网络安全信息共享；

（四）对网络安全事件的应急处置与网络功能的恢复等，提供技术支持和协助。

考点2

关于网络信息安全的规定

第四十条　网络运营者应当对其收集的用户信息严格保密，并建立健全用户信息保护制度。

第四十一条　网络运营者收集、使用个人信息，应当遵循合法、正当、必要的原则，公开收集、使用规则，明示收集、使用信息的目的、方式和范围，并经被收集者同意。

网络运营者不得收集与其提供的服务无关的个人信息，不得违反法律、行政法规的规定和双方的约定收集、使用个人信息，并应当依

考试笔记

照法律、行政法规的规定和与用户的约定，处理其保存的个人信息。

第四十二条　网络运营者不得泄露、篡改、毁损其收集的个人信息；未经被收集者同意，不得向他人提供个人信息。但是，经过处理无法识别特定个人且不能复原的除外。

网络运营者应当采取技术措施和其他必要措施，确保其收集的个人信息安全，防止信息泄露、毁损、丢失。在发生或者可能发生个人信息泄露、毁损、丢失的情况时，应当立即采取补救措施，按照规定及时告知用户并向有关主管部门报告。

第四十三条　个人发现网络运营者违反法律、行政法规的规定或者双方的约定收集、使用其个人信息的，有权要求网络运营者删除其个人信息；发现网络运营者收集、存储的其个人信息有错误的，有权要求网络运营者予以更正。网络运营者应当采取措施予以删除或者更正。

第四十四条　任何个人和组织不得窃取或者以其他非法方式获取个人信息，不得非法出售或者非法向他人提供个人信息。

第四十五条　依法负有网络安全监督管理职责的部门及其工作人员，必须对在履行职责中知悉的个人信息、隐私和商业秘密严格保密，不得泄露、出售或者非法向他人提供。

第四十六条　任何个人和组织应当对其使用网络的行为负责，不得设立用于实施诈骗，传授犯罪方法，制作或者销售违禁物品、管制物品等违法犯罪活动的网站、通讯群组，不得利用网络发布涉及实施诈骗，制作或者销售违禁物品、管制物品以及其他违法犯罪活动的信息。

第四十七条　网络运营者应当加强对其用户发布的信息的管理，发现法律、行政法规禁止发布或者传输的信息的，应当立即停止传输该信息，采取消除等处置措施，防止信息扩散，保存有关记录，并向有关主管部门报告。

第四十八条　任何个人和组织发送的电子信息、提供的应用软件，不得设置恶意程序，不得含有法律、行政法规禁止发布或者传输的信息。

电子信息发送服务提供者和应用软件下载服务提供者，应当履行安全管理义务，知道其用户有前款规定行为的，应当停止提供服务，采取消除等处置措施，保存有关记录，并向有关主管部门报告。

考试笔记

第四十九条　网络运营者应当建立网络信息安全投诉、举报制度，公布投诉、举报方式等信息，及时受理并处理有关网络信息安全的投诉和举报。

网络运营者对网信部门和有关部门依法实施的监督检查，应当予以配合。

第五十条　国家网信部门和有关部门依法履行网络信息安全监督管理职责，发现法律、行政法规禁止发布或者传输的信息的，应当要求网络运营者停止传输，采取消除等处置措施，保存有关记录；对来源于中华人民共和国境外的上述信息，应当通知有关机构采取技术措施和其他必要措施阻断传播。

第三节　个人信息保护法

考点1

处理个人信息的基本原则

第四条　个人信息是以电子或者其他方式记录的与已识别或者可识别的自然人有关的各种信息，不包括匿名化处理后的信息。

个人信息的处理包括个人信息的收集、存储、使用、加工、传输、提供、公开、删除等。

第五条　处理个人信息应当遵循合法、正当、必要和诚信原则，不得通过误导、欺诈、胁迫等方式处理个人信息。

第六条　处理个人信息应当具有明确、合理的目的，并应当与处理目的直接相关，采取对个人权益影响最小的方式。

收集个人信息，应当限于实现处理目的的最小范围，不得过度收集个人信息。

第七条　处理个人信息应当遵循公开、透明原则，公开个人信息处理规则，明示处理的目的、方式和范围。

第八条　处理个人信息应当保证个人信息的质量，避免因个人信息不准确、不完整对个人权益造成不利影响。

第九条　个人信息处理者应当对其个人信息处理活动负责，并采取必要措施保障所处理的个人信息的安全。

第十条　任何组织、个人不得非法收集、使用、加工、传输他人个人信息，不得非法买卖、提供或者公开他人个人信息；不得从事危害国家安全、公共利益的个人信息处理活动。

考点2

个人信息处理的一般规则

第十三条　符合下列情形之一的，个人信息处理者方可处理个人信息：

（一）取得个人的同意；

（二）为订立、履行个人作为一方当事人的合同所必需，或者按照依法制定的劳动规章制度和依法签订的集体合同实施人力资源管理所必需；

（三）为履行法定职责或者法定义务所必需；

（四）为应对突发公共卫生事件，或者紧急情况下为保护自然人的生命健康和财产安全所必需；

（五）为公共利益实施新闻报道、舆论监督等行为，在合理的范围内处理个人信息；

（六）依照本法规定在合理的范围内处理个人自行公开或者其他已经合法公开的个人信息；

（七）法律、行政法规规定的其他情形。

依照本法其他有关规定，处理个人信息应当取得个人同意，但是有前款第二项至第七项规定情形的，不需取得个人同意。

第十四条　基于个人同意处理个人信息的，该同意应当由个人在充分知情的前提下自愿、明确作出。法律、行政法规规定处理个人信

考试笔记

息应当取得个人单独同意或者书面同意的，从其规定。

个人信息的处理目的、处理方式和处理的个人信息种类发生变更的，应当重新取得个人同意。

第十五条　基于个人同意处理个人信息的，个人有权撤回其同意。个人信息处理者应当提供便捷的撤回同意的方式。

个人撤回同意，不影响撤回前基于个人同意已进行的个人信息处理活动的效力。

第十六条　个人信息处理者不得以个人不同意处理其个人信息或者撤回同意为由，拒绝提供产品或者服务；处理个人信息属于提供产品或者服务所必需的除外。

第十七条　个人信息处理者在处理个人信息前，应当以显著方式、清晰易懂的语言真实、准确、完整地向个人告知下列事项：

（一）个人信息处理者的名称或者姓名和联系方式；

（二）个人信息的处理目的、处理方式，处理的个人信息种类、保存期限；

（三）个人行使本法规定权利的方式和程序；

（四）法律、行政法规规定应当告知的其他事项。

前款规定事项发生变更的，应当将变更部分告知个人。

个人信息处理者通过制定个人信息处理规则的方式告知第一款规定事项的，处理规则应当公开，并且便于查阅和保存。

第十八条　个人信息处理者处理个人信息，有法律、行政法规规定应当保密或者不需要告知的情形的，可以不向个人告知前条第一款规定的事项。

紧急情况下为保护自然人的生命健康和财产安全无法及时向个人告知的，个人信息处理者应当在紧急情况消除后及时告知。

第十九条　除法律、行政法规另有规定外，个人信息的保存期限应当为实现处理目的所必要的最短时间。

第二十条　两个以上的个人信息处理者共同决定个人信息的处理目的和处理方式的，应当约定各自的权利和义务。但是，该约定不影响个人向其中任何一个个人信息处理者要求行使本法规定的权利。

个人信息处理者共同处理个人信息，侵害个人信息权益造成损害的，应当依法承担连带责任。

第二十一条 个人信息处理者委托处理个人信息的，应当与受托人约定委托处理的目的、期限、处理方式、个人信息的种类、保护措施以及双方的权利和义务等，并对受托人的个人信息处理活动进行监督。

受托人应当按照约定处理个人信息，不得超出约定的处理目的、处理方式等处理个人信息；委托合同不生效、无效、被撤销或者终止的，受托人应当将个人信息返还个人信息处理者或者予以删除，不得保留。

未经个人信息处理者同意，受托人不得转委托他人处理个人信息。

第二十二条 个人信息处理者因合并、分立、解散、被宣告破产等原因需要转移个人信息的，应当向个人告知接收方的名称或者姓名和联系方式。接收方应当继续履行个人信息处理者的义务。接收方变更原先的处理目的、处理方式的，应当依照本法规定重新取得个人同意。

第二十三条 个人信息处理者向其他个人信息处理者提供其处理的个人信息的，应当向个人告知接收方的名称或者姓名、联系方式、处理目的、处理方式和个人信息的种类，并取得个人的单独同意。接收方应当在上述处理目的、处理方式和个人信息的种类等范围内处理个人信息。接收方变更原先的处理目的、处理方式的，应当依照本法规定重新取得个人同意。

第二十四条 个人信息处理者利用个人信息进行自动化决策，应当保证决策的透明度和结果公平、公正，不得对个人在交易价格等交易条件上实行不合理的差别待遇。

通过自动化决策方式向个人进行信息推送、商业营销，应当同时提供不针对其个人特征的选项，或者向个人提供便捷的拒绝方式。

通过自动化决策方式作出对个人权益有重大影响的决定，个人有权要求个人信息处理者予以说明，并有权拒绝个人信息处理者仅通过自动化决策的方式作出决定。

第二十五条 个人信息处理者不得公开其处理的个人信息，取得个人单独同意的除外。

第二十六条 在公共场所安装图像采集、个人身份识别设备，应

考试笔记

当为维护公共安全所必需，遵守国家有关规定，并设置显著的提示标识。所收集的个人图像、身份识别信息只能用于维护公共安全的目的，不得用于其他目的；取得个人单独同意的除外。

第二十七条　个人信息处理者可以在合理的范围内处理个人自行公开或者其他已经合法公开的个人信息；个人明确拒绝的除外。个人信息处理者处理已公开的个人信息，对个人权益有重大影响的，应当依照本法规定取得个人同意。

考点3

敏感个人信息处理的处理规则

第二十八条　敏感个人信息是一旦泄露或者非法使用，容易导致自然人的人格尊严受到侵害或者人身、财产安全受到危害的个人信息，包括生物识别、宗教信仰、特定身份、医疗健康、金融账户、行踪轨迹等信息，以及不满十四周岁未成年人的个人信息。

只有在具有特定的目的和充分的必要性，并采取严格保护措施的情形下，个人信息处理者方可处理敏感个人信息。

第二十九条　处理敏感个人信息应当取得个人的单独同意；法律、行政法规规定处理敏感个人信息应当取得书面同意的，从其规定。

第三十条　个人信息处理者处理敏感个人信息的，除本法第十七条第一款规定的事项外，还应当向个人告知处理敏感个人信息的必要性以及对个人权益的影响；依照本法规定可以不向个人告知的除外。

第三十一条　个人信息处理者处理不满十四周岁未成年人个人信息的，应当取得未成年人的父母或者其他监护人的同意。

个人信息处理者处理不满十四周岁未成年人个人信息的，应当制定专门的个人信息处理规则。

第三十二条　法律、行政法规对处理敏感个人信息规定应当取得相关行政许可或者作出其他限制的，从其规定。

考试笔记

第四节 安全生产法

考点1

关于生产经营单位的安全生产管理机构以及安全生产管理人员职责的规定

第二十四条 矿山、金属冶炼、建筑施工、运输单位和危险物品的生产、经营、储存、装卸单位，应当设置安全生产管理机构或者配备专职安全生产管理人员。

前款规定以外的其他生产经营单位，从业人员超过一百人的，应当设置安全生产管理机构或者配备专职安全生产管理人员；从业人员在一百人以下的，应当配备专职或者兼职的安全生产管理人员。

第二十五条 生产经营单位的安全生产管理机构以及安全生产管理人员履行下列职责：

（一）组织或者参与拟订本单位安全生产规章制度、操作规程和生产安全事故应急救援预案；

（二）组织或者参与本单位安全生产教育和培训，如实记录安全生产教育和培训情况；

（三）组织开展危险源辨识和评估，督促落实本单位重大危险源的安全管理措施；

（四）组织或者参与本单位应急救援演练；

（五）检查本单位的安全生产状况，及时排查生产安全事故隐患，提出改进安全生产管理的建议；

（六）制止和纠正违章指挥、强令冒险作业、违反操作规程的行为；

（七）督促落实本单位安全生产整改措施。

生产经营单位可以设置专职安全生产分管负责人，协助本单位主要负责人履行安全生产管理职责。

考试笔记

第二十六条　生产经营单位的安全生产管理机构以及安全生产管理人员应当恪尽职守，依法履行职责。

生产经营单位作出涉及安全生产的经营决策，应当听取安全生产管理机构以及安全生产管理人员的意见。

考点2

关于生产经营单位安全检查的规定

第四十三条　生产经营单位的安全生产管理人员应当根据本单位的生产经营特点，对安全生产状况进行经常性检查；对检查中发现的安全问题，应当立即处理；不能处理的，应当及时报告本单位有关负责人，有关负责人应当及时处理。检查及处理情况应当如实记录在案。

生产经营单位的安全生产管理人员在检查中发现重大事故隐患，依照前款规定向本单位有关负责人报告，有关负责人不及时处理的，安全生产管理人员可以向主管的负有安全生产监督管理职责的部门报告，接到报告的部门应当依法及时处理。

第四十五条　两个以上生产经营单位在同一作业区域内进行生产经营活动，可能危及对方生产安全的，应当签订安全生产管理协议，明确各自的安全生产管理职责和应当采取的安全措施，并指定专职安全生产管理人员进行安全检查与协调。

第四十九条　生产经营单位不得将生产经营项目、场所、设备发包或者出租给不具备安全生产条件或者相应资质的单位或者个人。

生产经营项目、场所发包或者出租给其他单位的，生产经营单位应当与承包单位、承租单位签订专门的安全生产管理协议，或者在承包合同、租赁合同中约定各自的安全生产管理职责；生产经营单位对承包单位、承租单位的安全生产工作统一协调、管理，定期进行安全检查，发现安全问题的，应当及时督促整改。

第五节　突发事件应对法

考试笔记

考点1

突发事件的概念

第二条　本法所称突发事件，是指突然发生，造成或者可能造成严重社会危害，需要采取应急处置措施予以应对的自然灾害、事故灾难、公共卫生事件和社会安全事件。

突发事件的预防与应急准备、监测与预警、应急处置与救援、事后恢复与重建等应对活动，适用本法。

《中华人民共和国传染病防治法》等有关法律对突发公共卫生事件应对作出规定的，适用其规定。有关法律没有规定的，适用本法。

考点2

突发事件应对工作应当坚持的原则

第五条　突发事件应对工作应当坚持总体国家安全观，统筹发展与安全；坚持人民至上、生命至上；坚持依法科学应对，尊重和保障人权；坚持预防为主、预防与应急相结合。

考点3

关于禁止编造、传播虚假信息的规定

第五十四条　任何单位和个人不得编造、传播有关突发事件事态发展或者应急处置工作的虚假信息。

考试笔记

第六十五条　违反本法规定，编造并传播有关突发事件事态发展或者应急处置工作的虚假信息，或者明知是有关突发事件事态发展或者应急处置工作的虚假信息而进行传播的，责令改正，给予警告；造成严重后果的，依法暂停其业务活动或者吊销其执业许可证；负有直接责任的人员是国家工作人员的，还应当对其依法给予处分；构成违反治安管理行为的，由公安机关依法给予处罚。

考点4

关于应对突发事件征用财产与征用补偿的规定

第十二条　县级以上人民政府及其部门为应对突发事件的紧急需要，可以征用单位和个人的设备、设施、场地、交通工具等财产。被征用的财产在使用完毕或者突发事件应急处置工作结束后，应当及时返还。财产被征用或者征用后毁损、灭失的，应当给予公平、合理的补偿。

考点5

关于单位预防突发事件义务的规定

第二十二条　所有单位应当建立健全安全管理制度，定期检查本单位各项安全防范措施的落实情况，及时消除事故隐患；掌握并及时处理本单位存在的可能引发社会安全事件的问题，防止矛盾激化和事态扩大；对本单位可能发生的突发事件和采取安全防范措施的情况，应当按照规定及时向所在地人民政府或者人民政府有关部门报告。

考试笔记

考点6

关于公共场所和其他人员密集场所的经营单位或者管理单位预防突发事件义务的规定

第二十四条　公共交通工具、公共场所和其他人员密集场所的经营单位或者管理单位应当制定具体应急预案，为交通工具和有关场所配备报警装置和必要的应急救援设备、设施，注明其使用方法，并显著标明安全撤离的通道、路线，保证安全通道、出口的畅通。

有关单位应当定期检测、维护其报警装置和应急救援设备、设施，使其处于良好状态，确保正常使用。

考点7

关于突发事件信息报告义务的规定

第三十七条　国务院建立全国统一的突发事件信息系统。

县级以上地方各级人民政府应当建立或者确定本地区统一的突发事件信息系统，汇集、储存、分析、传输有关突发事件的信息，并与上级人民政府及其有关部门、下级人民政府及其有关部门、专业机构和监测网点的突发事件信息系统实现互联互通，加强跨部门、跨地区的信息交流与情报合作。

第三十八条　县级以上人民政府及其有关部门、专业机构应当通过多种途径收集突发事件信息。

县级人民政府应当在居民委员会、村民委员会和有关单位建立专职或者兼职信息报告员制度。

获悉突发事件信息的公民、法人或者其他组织，应当立即向所在地人民政府、有关主管部门或者指定的专业机构报告。

第三十九条　地方各级人民政府应当按照国家有关规定向上级人

考试笔记

民政府报送突发事件信息。县级以上人民政府有关主管部门应当向本级人民政府相关部门通报突发事件信息。专业机构、监测网点和信息报告员应当及时向所在地人民政府及其有关主管部门报告突发事件信息。

有关单位和人员报送、报告突发事件信息，应当做到及时、客观、真实，不得迟报、谎报、瞒报、漏报。

考点8

有关单位在突发事件应急处置中的义务

第七十八条　受到自然灾害危害或者发生事故灾难、公共卫生事件的单位，应当立即组织本单位应急救援队伍和工作人员营救受害人员，疏散、撤离、安置受到威胁的人员，控制危险源，标明危险区域，封锁危险场所，并采取其他防止危害扩大的必要措施，同时向所在地县级人民政府报告；对因本单位的问题引发的或者主体是本单位人员的社会安全事件，有关单位应当按照规定上报情况，并迅速派出负责人赶赴现场开展劝解、疏导工作。

突发事件发生地的其他单位应当服从人民政府发布的决定、命令，配合人民政府采取的应急处置措施，做好本单位的应急救援工作，并积极组织人员参加所在地的应急救援和处置工作。

考点9

关于突发事件应急处置中对个人信息的保护的规定

第八十四条　在突发事件应急处置中，有关单位和个人因依照本法规定配合突发事件应对工作或者履行相关义务，需要获取他人个人信息的，应当依照法律规定的程序和方式取得并确保信息安全，不得

考试笔记

非法收集、使用、加工、传输他人个人信息，不得非法买卖、提供或者公开他人个人信息。

第八十五条　因依法履行突发事件应对工作职责或者义务获取的个人信息，只能用于突发事件应对，并在突发事件应对工作结束后予以销毁。确因依法作为证据使用或者调查评估需要留存或者延期销毁的，应当按照规定进行合法性、必要性、安全性评估，并采取相应保护和处理措施，严格依法使用。

第六节　消防法

考点1

关于消防安全检查告知承诺管理的规定

第十五条　公众聚集场所投入使用、营业前消防安全检查实行告知承诺管理。公众聚集场所在投入使用、营业前，建设单位或者使用单位应当向场所所在地的县级以上地方人民政府消防救援机构申请消防安全检查，作出场所符合消防技术标准和管理规定的承诺，提交规定的材料，并对其承诺和材料的真实性负责。

消防救援机构对申请人提交的材料进行审查；申请材料齐全、符合法定形式的，应当予以许可。消防救援机构应当根据消防技术标准和管理规定，及时对作出承诺的公众聚集场所进行核查。

申请人选择不采用告知承诺方式办理的，消防救援机构应当自受理申请之日起十个工作日内，根据消防技术标准和管理规定，对该场所进行检查。经检查符合消防安全要求的，应当予以许可。

公众聚集场所未经消防救援机构许可的，不得投入使用、营业。消防安全检查的具体办法，由国务院应急管理部门制定。

考试笔记

考点2

团体、企业等单位消防安全职责有关规定

第十六条　机关、团体、企业、事业等单位应当履行下列消防安全职责：

（一）落实消防安全责任制，制定本单位的消防安全制度、消防安全操作规程，制定灭火和应急疏散预案；

（二）按照国家标准、行业标准配置消防设施、器材，设置消防安全标志，并定期组织检验、维修，确保完好有效；

（三）对建筑消防设施每年至少进行一次全面检测，确保完好有效，检测记录应当完整准确，存档备查；

（四）保障疏散通道、安全出口、消防车通道畅通，保证防火防烟分区、防火间距符合消防技术标准；

（五）组织防火检查，及时消除火灾隐患；

（六）组织进行有针对性的消防演练；

（七）法律、法规规定的其他消防安全职责。

单位的主要负责人是本单位的消防安全责任人。

第十七条　县级以上地方人民政府消防救援机构应当将发生火灾可能性较大以及发生火灾可能造成重大的人身伤亡或者财产损失的单位，确定为本行政区域内的消防安全重点单位，并由应急管理部门报本级人民政府备案。

消防安全重点单位除应当履行本法第十六条规定的职责外，还应当履行下列消防安全职责：

（一）确定消防安全管理人，组织实施本单位的消防安全管理工作；

（二）建立消防档案，确定消防安全重点部位，设置防火标志，实行严格管理；

（三）实行每日防火巡查，并建立巡查记录；

（四）对职工进行岗前消防安全培训，定期组织消防安全培训和

考试笔记

消防演练。

第十八条　同一建筑物由两个以上单位管理或者使用的，应当明确各方的消防安全责任，并确定责任人对共用的疏散通道、安全出口、建筑消防设施和消防车通道进行统一管理。

住宅区的物业服务企业应当对管理区域内的共用消防设施进行维护管理，提供消防安全防范服务。

第十九条　生产、储存、经营易燃易爆危险品的场所不得与居住场所设置在同一建筑物内，并应当与居住场所保持安全距离。

生产、储存、经营其他物品的场所与居住场所设置在同一建筑物内的，应当符合国家工程建设消防技术标准。

第二十条　举办大型群众性活动，承办人应当依法向公安机关申请安全许可，制定灭火和应急疏散预案并组织演练，明确消防安全责任分工，确定消防安全管理人员，保持消防设施和消防器材配置齐全、完好有效，保证疏散通道、安全出口、疏散指示标志、应急照明和消防车通道符合消防技术标准和管理规定。

第二十一条　禁止在具有火灾、爆炸危险的场所吸烟、使用明火。因施工等特殊情况需要使用明火作业的，应当按照规定事先办理审批手续，采取相应的消防安全措施；作业人员应当遵守消防安全规定。

进行电焊、气焊等具有火灾危险作业的人员和自动消防系统的操作人员，必须持证上岗，并遵守消防安全操作规程。

第二十八条　任何单位、个人不得损坏、挪用或者擅自拆除、停用消防设施、器材，不得埋压、圈占、遮挡消火栓或者占用防火间距，不得占用、堵塞、封闭疏散通道、安全出口、消防车通道。人员密集场所的门窗不得设置影响逃生和灭火救援的障碍物。

第二十九条　负责公共消防设施维护管理的单位，应当保持消防供水、消防通信、消防车通道等公共消防设施的完好有效。在修建道路以及停电、停水、截断通信线路时有可能影响消防队灭火救援的，有关单位必须事先通知当地消防救援机构。

考点3

考试笔记

消防安全许可有关规定

第八条　地方各级人民政府应当将包括消防安全布局、消防站、消防供水、消防通信、消防车通道、消防装备等内容的消防规划纳入城乡规划，并负责组织实施。

城乡消防安全布局不符合消防安全要求的，应当调整、完善；公共消防设施、消防装备不足或者不适应实际需要的，应当增建、改建、配置或者进行技术改造。

第九条　建设工程的消防设计、施工必须符合国家工程建设消防技术标准。建设、设计、施工、工程监理等单位依法对建设工程的消防设计、施工质量负责。

第十条　对按照国家工程建设消防技术标准需要进行消防设计的建设工程，实行建设工程消防设计审查验收制度。

第十一条　国务院住房和城乡建设主管部门规定的特殊建设工程，建设单位应当将消防设计文件报送住房和城乡建设主管部门审查，住房和城乡建设主管部门依法对审查的结果负责。

前款规定以外的其他建设工程，建设单位申请领取施工许可证或者申请批准开工报告时应当提供满足施工需要的消防设计图纸及技术资料。

第十二条　特殊建设工程未经消防设计审查或者审查不合格的，建设单位、施工单位不得施工；其他建设工程，建设单位未提供满足施工需要的消防设计图纸及技术资料的，有关部门不得发放施工许可证或者批准开工报告。

第十三条　国务院住房和城乡建设主管部门规定应当申请消防验收的建设工程竣工，建设单位应当向住房和城乡建设主管部门申请消防验收。

前款规定以外的其他建设工程，建设单位在验收后应当报住房和城乡建设主管部门备案，住房和城乡建设主管部门应当进行抽查。

依法应当进行消防验收的建设工程，未经消防验收或者消防验收不合格的，禁止投入使用；其他建设工程经依法抽查不合格的，

考试笔记

应当停止使用。

第十四条　建设工程消防设计审查、消防验收、备案和抽查的具体办法，由国务院住房和城乡建设主管部门规定。

第十五条　公众聚集场所投入使用、营业前消防安全检查实行告知承诺管理。公众聚集场所在投入使用、营业前，建设单位或者使用单位应当向场所所在地的县级以上地方人民政府消防救援机构申请消防安全检查，作出场所符合消防技术标准和管理规定的承诺，提交规定的材料，并对其承诺和材料的真实性负责。

消防救援机构对申请人提交的材料进行审查；申请材料齐全、符合法定形式的，应当予以许可。消防救援机构应当根据消防技术标准和管理规定，及时对作出承诺的公众聚集场所进行核查。

申请人选择不采用告知承诺方式办理的，消防救援机构应当自受理申请之日起十个工作日内，根据消防技术标准和管理规定，对该场所进行检查。经检查符合消防安全要求的，应当予以许可。

公众聚集场所未经消防救援机构许可的，不得投入使用、营业。消防安全检查的具体办法，由国务院应急管理部门制定。

第二十条　举办大型群众性活动，承办人应当依法向公安机关申请安全许可，制定灭火和应急疏散预案并组织演练，明确消防安全责任分工，确定消防安全管理人员，保持消防设施和消防器材配置齐全、完好有效，保证疏散通道、安全出口、疏散指示标志、应急照明和消防车通道符合消防技术标准和管理规定。

考点4

关于单位和个人火灾报警和救援义务的规定

第二条　消防工作贯彻预防为主、防消结合的方针，按照政府统一领导、部门依法监管、单位全面负责、公民积极参与的原则，实行消防安全责任制，建立健全社会化的消防工作网络。

第五条　任何单位和个人都有维护消防安全、保护消防设施、预

考试笔记

防火灾、报告火警的义务。任何单位和成年人都有参加有组织的灭火工作的义务。

第七节　治安管理处罚法

考点1

关于扰乱文化、体育等大型群众性活动秩序的行为及其处罚的规定

第二十四条　有下列行为之一，扰乱文化、体育等大型群众性活动秩序的，处警告或者二百元以下罚款；情节严重的，处五日以上十日以下拘留，可以并处五百元以下罚款：

（一）强行进入场内的；

（二）违反规定，在场内燃放烟花爆竹或者其他物品的；

（三）展示侮辱性标语、条幅等物品的；

（四）围攻裁判员、运动员或者其他工作人员的；

（五）向场内投掷杂物，不听制止的；

（六）扰乱大型群众性活动秩序的其他行为。

因扰乱体育比赛秩序被处以拘留处罚的，可以同时责令其十二个月内不得进入体育场馆观看同类比赛；违反规定进入体育场馆的，强行带离现场。

考点2

关于举办大型活动违反有关规定的行为及其处罚的规定

第三十八条　举办文化、体育等大型群众性活动，违反有关规

定，有发生安全事故危险的，责令停止活动，立即疏散。对组织者处五日以上十日以下拘留，并处二百元以上五百元以下罚款；情节较轻的，处五日以下拘留或者五百元以下罚款。

考试笔记

考点3

关于娱乐场、运动场等供社会公众活动的场所经营管理人员违反有关规定的行为及其处罚的规定

第三十九条 旅馆、饭店、影剧院、娱乐场、运动场、展览馆或者其他供社会公众活动的场所的经营管理人员，违反安全规定，致使该场所有发生安全事故危险，经公安机关责令改正，拒不改正的，处五日以下拘留。

考点4

关于恐怖、残忍表演的处罚的规定

第四十条 有下列行为之一的，处十日以上十五日以下拘留，并处五百元以上一千元以下罚款；情节较轻的，处五日以上十日以下拘留，并处二百元以上五百元以下罚款：

（一）组织、胁迫、诱骗不满十六周岁的人或者残疾人进行恐怖、残忍表演的；

（二）以暴力、威胁或者其他手段强迫他人劳动的；

（三）非法限制他人人身自由、非法侵入他人住宅或者非法搜查他人身体的。

考试笔记

考点5

关于伪造、变造或者买卖文艺演出票等有价票证、凭证等行为的处罚的规定

第五十二条　有下列行为之一的，处十日以上十五日以下拘留，可以并处一千元以下罚款；情节较轻的，处五日以上十日以下拘留，可以并处五百元以下罚款：

（一）伪造、变造或者买卖国家机关、人民团体、企业、事业单位或者其他组织的公文、证件、证明文件、印章的；

（二）买卖或者使用伪造、变造的国家机关、人民团体、企业、事业单位或者其他组织的公文、证件、证明文件的；

（三）伪造、变造、倒卖车票、船票、航空客票、文艺演出票、体育比赛入场券或者其他有价票证、凭证的；

（四）伪造、变造船舶户牌，买卖或者使用伪造、变造的船舶户牌，或者涂改船舶发动机号码的。

考点6

关于组织播放淫秽音像、组织或者进行淫秽表演以及为上述活动提供条件的违法行为及其处罚的规定

第六十九条　有下列行为之一的，处十日以上十五日以下拘留，并处五百元以上一千元以下罚款：

（一）组织播放淫秽音像的；

（二）组织或者进行淫秽表演的；

（三）参与聚众淫乱活动的。

明知他人从事前款活动，为其提供条件的，依照前款的规定处罚。

考试笔记

第八节 大型群众性活动安全管理条例

考点1

大型群众性活动的定义

第二条 本条例所称大型群众性活动，是指法人或者其他组织面向社会公众举办的每场次预计参加人数达到 1000 人以上的下列活动：

(一) 体育比赛活动；

(二) 演唱会、音乐会等文艺演出活动；

(三) 展览、展销等活动；

(四) 游园、灯会、庙会、花会、焰火晚会等活动；

(五) 人才招聘会、现场开奖的彩票销售等活动。

影剧院、音乐厅、公园、娱乐场所等在其日常业务范围内举办的活动，不适用本条例的规定。

考点2

大型群众性活动承办者的安全责任

第五条 大型群众性活动的承办者（以下简称承办者）对其承办活动的安全负责，承办者的主要负责人为大型群众性活动的安全责任人。

第六条 举办大型群众性活动，承办者应当制订大型群众性活动安全工作方案。

大型群众性活动安全工作方案包括下列内容：

(一) 活动的时间、地点、内容及组织方式；

(二) 安全工作人员的数量、任务分配和识别标志；

考试笔记

（三）活动场所消防安全措施；

（四）活动场所可容纳的人员数量以及活动预计参加人数；

（五）治安缓冲区域的设定及其标识；

（六）入场人员的票证查验和安全检查措施；

（七）车辆停放、疏导措施；

（八）现场秩序维护、人员疏导措施；

（九）应急救援预案。

第七条　承办者具体负责下列安全事项：

（一）落实大型群众性活动安全工作方案和安全责任制度，明确安全措施、安全工作人员岗位职责，开展大型群众性活动安全宣传教育；

（二）保障临时搭建的设施、建筑物的安全，消除安全隐患；

（三）按照负责许可的公安机关的要求，配备必要的安全检查设备，对参加大型群众性活动的人员进行安全检查，对拒不接受安全检查的，承办者有权拒绝其进入；

（四）按照核准的活动场所容纳人员数量、划定的区域发放或者出售门票；

（五）落实医疗救护、灭火、应急疏散等应急救援措施并组织演练；

（六）对妨碍大型群众性活动安全的行为及时予以制止，发现违法犯罪行为及时向公安机关报告；

（七）配备与大型群众性活动安全工作需要相适应的专业保安人员以及其他安全工作人员；

（八）为大型群众性活动的安全工作提供必要的保障。

考点3

关于大型群众性活动安全许可的条件和程序的规定

第十一条　公安机关对大型群众性活动实行安全许可制度。《营业性演出管理条例》对演出活动的安全管理另有规定的，从其规定。

举办大型群众性活动应当符合下列条件：

考试笔记

（一）承办者是依照法定程序成立的法人或者其他组织；

（二）大型群众性活动的内容不得违反宪法、法律、法规的规定，不得违反社会公德；

（三）具有符合本条例规定的安全工作方案，安全责任明确、措施有效；

（四）活动场所、设施符合安全要求。

第十二条　大型群众性活动的预计参加人数在1000人以上5000人以下的，由活动所在地县级人民政府公安机关实施安全许可；预计参加人数在5000人以上的，由活动所在地设区的市级人民政府公安机关或者直辖市人民政府公安机关实施安全许可；跨省、自治区、直辖市举办大型群众性活动的，由国务院公安部门实施安全许可。

第十三条　承办者应当在活动举办日的20日前提出安全许可申请，申请时，应当提交下列材料：

（一）承办者合法成立的证明以及安全责任人的身份证明；

（二）大型群众性活动方案及其说明，2个或者2个以上承办者共同承办大型群众性活动的，还应当提交联合承办的协议；

（三）大型群众性活动安全工作方案；

（四）活动场所管理者同意提供活动场所的证明。

依照法律、行政法规的规定，有关主管部门对大型群众性活动的承办者有资质、资格要求的，还应当提交有关资质、资格证明。

第十四条　公安机关收到申请材料应当依法做出受理或者不予受理的决定。对受理的申请，应当自受理之日起7日内进行审查，对活动场所进行查验，对符合安全条件的，做出许可的决定；对不符合安全条件的，做出不予许可的决定，并书面说明理由。

考试笔记

第五章 知识产权法律制度

第一节 著作权法

考点1

关于保护客体、著作权人及其权利的规定

第三条 本法所称的作品，是指文学、艺术和科学领域内具有独创性并能以一定形式表现的智力成果，包括：

（一）文字作品；

（二）口述作品；

（三）音乐、戏剧、曲艺、舞蹈、杂技艺术作品；

（四）美术、建筑作品；

（五）摄影作品；

（六）视听作品；

（七）工程设计图、产品设计图、地图、示意图等图形作品和模型作品；

（八）计算机软件；

（九）符合作品特征的其他智力成果。

第五条 本法不适用于：

（一）法律、法规，国家机关的决议、决定、命令和其他具有立法、行政、司法性质的文件，及其官方正式译文；

（二）单纯事实消息；

（三）历法、通用数表、通用表格和公式。

第九条 著作权人包括：

（一）作者；

（二）其他依照本法享有著作权的自然人、法人或者非法人组织。

第十条 著作权包括下列人身权和财产权：

（一）发表权，即决定作品是否公之于众的权利；

（二）署名权，即表明作者身份，在作品上署名的权利；

（三）修改权，即修改或者授权他人修改作品的权利；

（四）保护作品完整权，即保护作品不受歪曲、篡改的权利；

（五）复制权，即以印刷、复印、拓印、录音、录像、翻录、翻拍、数字化等方式将作品制作一份或者多份的权利；

（六）发行权，即以出售或者赠与方式向公众提供作品的原件或者复制件的权利；

（七）出租权，即有偿许可他人临时使用视听作品、计算机软件的原件或者复制件的权利，计算机软件不是出租的主要标的的除外；

（八）展览权，即公开陈列美术作品、摄影作品的原件或者复制件的权利；

（九）表演权，即公开表演作品，以及用各种手段公开播送作品的表演的权利；

（十）放映权，即通过放映机、幻灯机等技术设备公开再现美术、摄影、视听作品等的权利；

（十一）广播权，即以有线或者无线方式公开传播或者转播作品，以及通过扩音器或者其他传送符号、声音、图像的类似工具向公众传播广播的作品的权利，但不包括本款第十二项规定的权利；

（十二）信息网络传播权，即以有线或者无线方式向公众提供，使公众可以在其选定的时间和地点获得作品的权利；

（十三）摄制权，即以摄制视听作品的方法将作品固定在载体上的权利；

（十四）改编权，即改变作品，创作出具有独创性的新作品的权利；

（十五）翻译权，即将作品从一种语言文字转换成另一种语言文

考试笔记

字的权利；

（十六）汇编权，即将作品或者作品的片段通过选择或者编排，汇集成新作品的权利；

（十七）应当由著作权人享有的其他权利。

著作权人可以许可他人行使前款第五项至第十七项规定的权利，并依照约定或者本法有关规定获得报酬。

著作权人可以全部或者部分转让本条第一款第五项至第十七项规定的权利，并依照约定或者本法有关规定获得报酬。

考点2

关于著作权归属的规定

第十一条　著作权属于作者，本法另有规定的除外。

创作作品的自然人是作者。

由法人或者非法人组织主持，代表法人或者非法人组织意志创作，并由法人或者非法人组织承担责任的作品，法人或者非法人组织视为作者。

第十二条　在作品上署名的自然人、法人或者非法人组织为作者，且该作品上存在相应权利，但有相反证明的除外。

作者等著作权人可以向国家著作权主管部门认定的登记机构办理作品登记。

与著作权有关的权利参照适用前两款规定。

第十三条　改编、翻译、注释、整理已有作品而产生的作品，其著作权由改编、翻译、注释、整理人享有，但行使著作权时不得侵犯原作品的著作权。

第十四条　两人以上合作创作的作品，著作权由合作作者共同享有。没有参加创作的人，不能成为合作作者。

合作作品的著作权由合作作者通过协商一致行使；不能协商一致，又无正当理由的，任何一方不得阻止他方行使除转让、许可他人专有使用、出质以外的其他权利，但是所得收益应当合理分配给所有合作作者。

合作作品可以分割使用的，作者对各自创作的部分可以单独享有著作权，但行使著作权时不得侵犯合作作品整体的著作权。

第十五条 汇编若干作品、作品的片段或者不构成作品的数据或者其他材料，对其内容的选择或者编排体现独创性的作品，为汇编作品，其著作权由汇编人享有，但行使著作权时，不得侵犯原作品的著作权。

第十六条 使用改编、翻译、注释、整理、汇编已有作品而产生的作品进行出版、演出和制作录音录像制品，应当取得该作品的著作权人和原作品的著作权人许可，并支付报酬。

第十七条 视听作品中的电影作品、电视剧作品的著作权由制作者享有，但编剧、导演、摄影、作词、作曲等作者享有署名权，并有权按照与制作者签订的合同获得报酬。

前款规定以外的视听作品的著作权归属由当事人约定；没有约定或者约定不明确的，由制作者享有，但作者享有署名权和获得报酬的权利。

视听作品中的剧本、音乐等可以单独使用的作品的作者有权单独行使其著作权。

第十八条 自然人为完成法人或者非法人组织工作任务所创作的作品是职务作品，除本条第二款的规定以外，著作权由作者享有，但法人或者非法人组织有权在其业务范围内优先使用。作品完成两年内，未经单位同意，作者不得许可第三人以与单位使用的相同方式使用该作品。

有下列情形之一的职务作品，作者享有署名权，著作权的其他权利由法人或者非法人组织享有，法人或者非法人组织可以给予作者奖励：

（一）主要是利用法人或者非法人组织的物质技术条件创作，并由法人或者非法人组织承担责任的工程设计图、产品设计图、地图、示意图、计算机软件等职务作品；

（二）报社、期刊社、通讯社、广播电台、电视台的工作人员创作的职务作品；

考试笔记

（三）法律、行政法规规定或者合同约定著作权由法人或者非法人组织享有的职务作品。

第十九条　受委托创作的作品，著作权的归属由委托人和受托人通过合同约定。合同未作明确约定或者没有订立合同的，著作权属于受托人。

第二十条　作品原件所有权的转移，不改变作品著作权的归属，但美术、摄影作品原件的展览权由原件所有人享有。

作者将未发表的美术、摄影作品的原件所有权转让给他人，受让人展览该原件不构成对作者发表权的侵犯。

第二十一条　著作权属于自然人的，自然人死亡后，其本法第十条第一款第五项至第十七项规定的权利在本法规定的保护期内，依法转移。

著作权属于法人或者非法人组织的，法人或者非法人组织变更、终止后，其本法第十条第一款第五项至第十七项规定的权利在本法规定的保护期内，由承受其权利义务的法人或者非法人组织享有；没有承受其权利义务的法人或者非法人组织的，由国家享有。

考点3

关于著作权合理使用的规定

第二十四条　在下列情况下使用作品，可以不经著作权人许可，不向其支付报酬，但应当指明作者姓名或者名称、作品名称，并且不得影响该作品的正常使用，也不得不合理地损害著作权人的合法权益：

（一）为个人学习、研究或者欣赏，使用他人已经发表的作品；

（二）为介绍、评论某一作品或者说明某一问题，在作品中适当引用他人已经发表的作品；

（三）为报道新闻，在报纸、期刊、广播电台、电视台等媒体中不可避免地再现或者引用已经发表的作品；

考试笔记

（四）报纸、期刊、广播电台、电视台等媒体刊登或者播放其他报纸、期刊、广播电台、电视台等媒体已经发表的关于政治、经济、宗教问题的时事性文章，但著作权人声明不许刊登、播放的除外；

（五）报纸、期刊、广播电台、电视台等媒体刊登或者播放在公众集会上发表的讲话，但作者声明不许刊登、播放的除外；

（六）为学校课堂教学或者科学研究，改编、汇编、播放或者少量复制已经发表的作品，供教学或者科研人员使用，但不得出版发行；

（七）国家机关为执行公务在合理范围内使用已经发表的作品；

（八）图书馆、档案馆、纪念馆、博物馆、文化馆等为陈列或者保存版本的需要，复制本馆收藏的作品；

（九）免费表演已经发表的作品，该表演未向公众收取费用，也未向表演者支付报酬且不以营利为目的；

（十）对设置或者陈列在公共场所的艺术作品进行临摹、绘画、摄影、录像；

（十一）将中国公民、法人或者非法人组织已经发表的以国家通用语言文字创作的作品翻译成少数民族语言文字作品在国内出版发行；

（十二）以阅读障碍者能够感知的无障碍方式向其提供已经发表的作品；

（十三）法律、行政法规规定的其他情形。

前款规定适用于对与著作权有关的权利的限制。

第二十五条　为实施义务教育和国家教育规划而编写出版教科书，可以不经著作权人许可，在教科书中汇编已经发表的作品片段或者短小的文字作品、音乐作品或者单幅的美术作品、摄影作品、图形作品，但应当按照规定向著作权人支付报酬，指明作者姓名或者名称、作品名称，并且不得侵犯著作权人依照本法享有的其他权利。

前款规定适用于对与著作权有关的权利的限制。

考试笔记

考点4

关于表演者使用他人作品演出时对作品著作权人应尽义务的规定

第三十八条　使用他人作品演出，表演者应当取得著作权人许可，并支付报酬。演出组织者组织演出，由该组织者取得著作权人许可，并支付报酬。

考点5

关于表演者对其表演享有的权利的规定

第三十九条　表演者对其表演享有下列权利：

（一）表明表演者身份；

（二）保护表演形象不受歪曲；

（三）许可他人从现场直播和公开传送其现场表演，并获得报酬；

（四）许可他人录音录像，并获得报酬；

（五）许可他人复制、发行、出租录有其表演的录音录像制品，并获得报酬；

（六）许可他人通过信息网络向公众传播其表演，并获得报酬。

被许可人以前款第三项至第六项规定的方式使用作品，还应当取得著作权人许可，并支付报酬。

考点6

关于职务表演的权利归属的规定

第四十条　演员为完成本演出单位的演出任务进行的表演为职务

表演，演员享有表明身份和保护表演形象不受歪曲的权利，其他权利归属由当事人约定。当事人没有约定或者约定不明确的，职务表演的权利由演出单位享有。

职务表演的权利由演员享有的，演出单位可以在其业务范围内免费使用该表演。

考试
笔记

考试
笔记

第六章　外国人在中国就业法律制度

第一节　出境入境管理法

考点1

外国人入境出境的有关规定

1. 签证

第十五条　外国人入境，应当向驻外签证机关申请办理签证，但是本法另有规定的除外。

第十六条　签证分为外交签证、礼遇签证、公务签证、普通签证。

对因外交、公务事由入境的外国人，签发外交、公务签证；对因身份特殊需要给予礼遇的外国人，签发礼遇签证。外交签证、礼遇签证、公务签证的签发范围和签发办法由外交部规定。

对因工作、学习、探亲、旅游、商务活动、人才引进等非外交、公务事由入境的外国人，签发相应类别的普通签证。普通签证的类别和签发办法由国务院规定。

第十七条　签证的登记项目包括：签证种类，持有人姓名、性别、出生日期、入境次数、入境有效期、停留期限，签发日期、地点，护照或者其他国际旅行证件号码等。

第十八条　外国人申请办理签证，应当向驻外签证机关提交本人的护照或者其他国际旅行证件，以及申请事由的相关材料，按照驻外签证机关的要求办理相关手续、接受面谈。

第十九条　外国人申请办理签证需要提供中国境内的单位或者个人出具的邀请函件的，申请人应当按照驻外签证机关的要求提供。出具邀请函件的单位或者个人应当对邀请内容的真实性负责。

第二十条　出于人道原因需要紧急入境，应邀入境从事紧急商务、工程抢修或者具有其他紧急入境需要并持有有关主管部门同意在口岸申办签证的证明材料的外国人，可以在国务院批准办理口岸签证业务的口岸，向公安部委托的口岸签证机关（以下简称口岸签证机关）申请办理口岸签证。

旅行社按照国家有关规定组织入境旅游的，可以向口岸签证机关申请办理团体旅游签证。

外国人向口岸签证机关申请办理签证，应当提交本人的护照或者其他国际旅行证件，以及申请事由的相关材料，按照口岸签证机关的要求办理相关手续，并从申请签证的口岸入境。

口岸签证机关签发的签证一次入境有效，签证注明的停留期限不得超过三十日。

第二十一条　外国人有下列情形之一的，不予签发签证：

（一）被处驱逐出境或者被决定遣送出境，未满不准入境规定年限的；

（二）患有严重精神障碍、传染性肺结核病或者有可能对公共卫生造成重大危害的其他传染病的；

（三）可能危害中国国家安全和利益、破坏社会公共秩序或者从事其他违法犯罪活动的；

（四）在申请签证过程中弄虚作假或者不能保障在中国境内期间所需费用的；

（五）不能提交签证机关要求提交的相关材料的；

（六）签证机关认为不宜签发签证的其他情形。

对不予签发签证的，签证机关可以不说明理由。

第二十二条　外国人有下列情形之一的，可以免办签证：

（一）根据中国政府与其他国家政府签订的互免签证协议，属于免办签证人员的；

（二）持有效的外国人居留证件的；

考试笔记

（三）持联程客票搭乘国际航行的航空器、船舶、列车从中国过境前往第三国或者地区，在中国境内停留不超过二十四小时且不离开口岸，或者在国务院批准的特定区域内停留不超过规定时限的；

（四）国务院规定的可以免办签证的其他情形。

第二十三条　有下列情形之一的外国人需要临时入境的，应当向出入境边防检查机关申请办理临时入境手续：

（一）外国船员及其随行家属登陆港口所在城市的；

（二）本法第二十二条第三项规定的人员需要离开口岸的；

（三）因不可抗力或者其他紧急原因需要临时入境的。

临时入境的期限不得超过十五日。

对申请办理临时入境手续的外国人，出入境边防检查机关可以要求外国人本人、载运其入境的交通运输工具的负责人或者交通运输工具出境入境业务代理单位提供必要的保证措施。

2. 入境出境

第二十四条　外国人入境，应当向出入境边防检查机关交验本人的护照或者其他国际旅行证件、签证或者其他入境许可证明，履行规定的手续，经查验准许，方可入境。

第二十五条　外国人有下列情形之一的，不准入境：

（一）未持有效出境入境证件或者拒绝、逃避接受边防检查的；

（二）具有本法第二十一条第一款第一项至第四项规定情形的；

（三）入境后可能从事与签证种类不符的活动的；

（四）法律、行政法规规定不准入境的其他情形。

对不准入境的，出入境边防检查机关可以不说明理由。

第二十六条　对未被准许入境的外国人，出入境边防检查机关应当责令其返回；对拒不返回的，强制其返回。外国人等待返回期间，不得离开限定的区域。

第二十七条　外国人出境，应当向出入境边防检查机关交验本人的护照或者其他国际旅行证件等出境入境证件，履行规定的手续，经查验准许，方可出境。

第二十八条　外国人有下列情形之一的，不准出境：

（一）被判处刑罚尚未执行完毕或者属于刑事案件被告人、犯罪嫌疑人的，但是按照中国与外国签订的有关协议，移管被判刑人的除外；

（二）有未了结的民事案件，人民法院决定不准出境的；

（三）拖欠劳动者的劳动报酬，经国务院有关部门或者省、自治区、直辖市人民政府决定不准出境的；

（四）法律、行政法规规定不准出境的其他情形。

考试笔记

考点2

外国人停留居留的有关规定

1. 停留居留

第二十九条　外国人所持签证注明的停留期限不超过一百八十日的，持证人凭签证并按照签证注明的停留期限在中国境内停留。

需要延长签证停留期限的，应当在签证注明的停留期限届满七日前向停留地县级以上地方人民政府公安机关出入境管理机构申请，按照要求提交申请事由的相关材料。经审查，延期理由合理、充分的，准予延长停留期限；不予延长停留期限的，应当按期离境。

延长签证停留期限，累计不得超过签证原注明的停留期限。

第三十条　外国人所持签证注明入境后需要办理居留证件的，应当自入境之日起三十日内，向拟居留地县级以上地方人民政府公安机关出入境管理机构申请办理外国人居留证件。

申请办理外国人居留证件，应当提交本人的护照或者其他国际旅行证件，以及申请事由的相关材料，并留存指纹等人体生物识别信息。公安机关出入境管理机构应当自收到申请材料之日起十五日内进行审查并作出审查决定，根据居留事由签发相应类别和期限的外国人居留证件。

外国人工作类居留证件的有效期最短为九十日，最长为五年；非工作类居留证件的有效期最短为一百八十日，最长为五年。

第三十一条　外国人有下列情形之一的，不予签发外国人居留

考试笔记

证件：

（一）所持签证类别属于不应办理外国人居留证件的；

（二）在申请过程中弄虚作假的；

（三）不能按照规定提供相关证明材料的；

（四）违反中国有关法律、行政法规，不适合在中国境内居留的；

（五）签发机关认为不宜签发外国人居留证件的其他情形。

符合国家规定的专门人才、投资者或者出于人道等原因确需由停留变更为居留的外国人，经设区的市级以上地方人民政府公安机关出入境管理机构批准可以办理外国人居留证件。

第三十二条　在中国境内居留的外国人申请延长居留期限的，应当在居留证件有效期限届满三十日前向居留地县级以上地方人民政府公安机关出入境管理机构提出申请，按照要求提交申请事由的相关材料。经审查，延期理由合理、充分的，准予延长居留期限；不予延长居留期限的，应当按期离境。

第三十三条　外国人居留证件的登记项目包括：持有人姓名、性别、出生日期、居留事由、居留期限，签发日期、地点，护照或者其他国际旅行证件号码等。

外国人居留证件登记事项发生变更的，持证件人应当自登记事项发生变更之日起十日内向居留地县级以上地方人民政府公安机关出入境管理机构申请办理变更。

第三十四条　免办签证入境的外国人需要超过免签期限在中国境内停留的，外国船员及其随行家属在中国境内停留需要离开港口所在城市，或者具有需要办理外国人停留证件其他情形的，应当按照规定办理外国人停留证件。

外国人停留证件的有效期最长为一百八十日。

第三十五条　外国人入境后，所持的普通签证、停留居留证件损毁、遗失、被盗抢或者有符合国家规定的事由需要换发、补发的，应当按照规定向停留居留地县级以上地方人民政府公安机关出入境管理机构提出申请。

第三十六条　公安机关出入境管理机构作出的不予办理普通签证延期、换发、补发，不予办理外国人停留居留证件、不予延长居留期限的决定为最终决定。

第三十七条　外国人在中国境内停留居留，不得从事与停留居留事由不相符的活动，并应当在规定的停留居留期限届满前离境。

第三十八条　年满十六周岁的外国人在中国境内停留居留，应当随身携带本人的护照或者其他国际旅行证件，或者外国人停留居留证件，接受公安机关的查验。

在中国境内居留的外国人，应当在规定的时间内到居留地县级以上地方人民政府公安机关交验外国人居留证件。

第三十九条　外国人在中国境内旅馆住宿的，旅馆应当按照旅馆业治安管理的有关规定为其办理住宿登记，并向所在地公安机关报送外国人住宿登记信息。

外国人在旅馆以外的其他住所居住或者住宿的，应当在入住后二十四小时内由本人或者留宿人，向居住地的公安机关办理登记。

第四十条　在中国境内出生的外国婴儿，其父母或者代理人应当在婴儿出生六十日内，持该婴儿的出生证明到父母停留居留地县级以上地方人民政府公安机关出入境管理机构为其办理停留或者居留登记。

外国人在中国境内死亡的，其家属、监护人或者代理人，应当按照规定，持该外国人的死亡证明向县级以上地方人民政府公安机关出入境管理机构申报，注销外国人停留居留证件。

第四十一条　外国人在中国境内工作，应当按照规定取得工作许可和工作类居留证件。任何单位和个人不得聘用未取得工作许可和工作类居留证件的外国人。

外国人在中国境内工作管理办法由国务院规定。

第四十二条　国务院人力资源社会保障主管部门、外国专家主管部门会同国务院有关部门根据经济社会发展需要和人力资源供求状况制定并定期调整外国人在中国境内工作指导目录。

国务院教育主管部门会同国务院有关部门建立外国留学生勤工助学管理制度，对外国留学生勤工助学的岗位范围和时限作出规定。

第四十三条　外国人有下列行为之一的，属于非法就业：

（一）未按照规定取得工作许可和工作类居留证件在中国境内工作的；

考试笔记

考试笔记

（二）超出工作许可限定范围在中国境内工作的；

（三）外国留学生违反勤工助学管理规定，超出规定的岗位范围或者时限在中国境内工作的。

第四十四条 根据维护国家安全、公共安全的需要，公安机关、国家安全机关可以限制外国人、外国机构在某些地区设立居住或者办公场所；对已经设立的，可以限期迁离。

未经批准，外国人不得进入限制外国人进入的区域。

第四十五条 聘用外国人工作或者招收外国留学生的单位，应当按照规定向所在地公安机关报告有关信息。

公民、法人或者其他组织发现外国人有非法入境、非法居留、非法就业情形的，应当及时向所在地公安机关报告。

第四十六条 申请难民地位的外国人，在难民地位甄别期间，可以凭公安机关签发的临时身份证明在中国境内停留；被认定为难民的外国人，可以凭公安机关签发的难民身份证件在中国境内停留居留。

2. 永久居留

第四十七条 对中国经济社会发展作出突出贡献或者符合其他在中国境内永久居留条件的外国人，经本人申请和公安部批准，取得永久居留资格。

外国人在中国境内永久居留的审批管理办法由公安部、外交部会同国务院有关部门规定。

第四十八条 取得永久居留资格的外国人，凭永久居留证件在中国境内居留和工作，凭本人的护照和永久居留证件出境入境。

第四十九条 外国人有下列情形之一的，由公安部决定取消其在中国境内永久居留资格：

（一）对中国国家安全和利益造成危害的；

（二）被处驱逐出境的；

（三）弄虚作假骗取在中国境内永久居留资格的；

（四）在中国境内居留未达到规定时限的；

（五）不适宜在中国境内永久居留的其他情形。

考点3

考试笔记

关于外国人调查和遣返的规定

第五十八条 本章规定的当场盘问、继续盘问、拘留审查、限制活动范围、遣送出境措施，由县级以上地方人民政府公安机关或者出入境边防检查机关实施。

第五十九条 对涉嫌违反出境入境管理的人员，可以当场盘问；经当场盘问，有下列情形之一的，可以依法继续盘问：

（一）有非法出境入境嫌疑的；

（二）有协助他人非法出境入境嫌疑的；

（三）外国人有非法居留、非法就业嫌疑的；

（四）有危害国家安全和利益，破坏社会公共秩序或者从事其他违法犯罪活动嫌疑的。

当场盘问和继续盘问应当依据《中华人民共和国人民警察法》规定的程序进行。

县级以上地方人民政府公安机关或者出入境边防检查机关需要传唤涉嫌违反出境入境管理的人员的，依照《中华人民共和国治安管理处罚法》的有关规定执行。

第六十条 外国人有本法第五十九条第一款规定情形之一的，经当场盘问或者继续盘问后仍不能排除嫌疑，需要作进一步调查的，可以拘留审查。

实施拘留审查，应当出示拘留审查决定书，并在二十四小时内进行询问。发现不应当拘留审查的，应当立即解除拘留审查。

拘留审查的期限不得超过三十日；案情复杂的，经上一级地方人民政府公安机关或者出入境边防检查机关批准可以延长至六十日。对国籍、身份不明的外国人，拘留审查期限自查清其国籍、身份之日起计算。

第六十一条 外国人有下列情形之一的，不适用拘留审查，可以限制其活动范围：

（一）患有严重疾病的；

考试笔记

（二）怀孕或者哺乳自己不满一周岁婴儿的；

（三）未满十六周岁或者已满七十周岁的；

（四）不宜适用拘留审查的其他情形。

被限制活动范围的外国人，应当按照要求接受审查，未经公安机关批准，不得离开限定的区域。限制活动范围的期限不得超过六十日。对国籍、身份不明的外国人，限制活动范围期限自查清其国籍、身份之日起计算。

第六十二条　外国人有下列情形之一的，可以遣送出境：

（一）被处限期出境，未在规定期限内离境的；

（二）有不准入境情形的；

（三）非法居留、非法就业的；

（四）违反本法或者其他法律、行政法规需要遣送出境的。

其他境外人员有前款所列情形之一的，可以依法遣送出境。

被遣送出境的人员，自被遣送出境之日起一至五年内不准入境。

第六十三条　被拘留审查或者被决定遣送出境但不能立即执行的人员，应当羁押在拘留所或者遣返场所。

第六十四条　外国人对依照本法规定对其实施的继续盘问、拘留审查、限制活动范围、遣送出境措施不服的，可以依法申请行政复议，该行政复议决定为最终决定。

其他境外人员对依照本法规定对其实施的遣送出境措施不服，申请行政复议的，适用前款规定。

第六十五条　对依法决定不准出境或者不准入境的人员，决定机关应当按照规定及时通知出入境边防检查机关；不准出境、入境情形消失的，决定机关应当及时撤销不准出境、入境决定，并通知出入境边防检查机关。

第六十六条　根据维护国家安全和出境入境管理秩序的需要，必要时，出入境边防检查机关可以对出境入境的人员进行人身检查。人身检查应当由两名与受检查人同性别的边防检查人员进行。

第六十七条　签证、外国人停留居留证件等出境入境证件发生损毁、遗失、被盗抢或者签发后发现持证人不符合签发条件等情形的，由签发机关宣布该出境入境证件作废。

伪造、变造、骗取或者被证件签发机关宣布作废的出境入境证件无效。

公安机关可以对前款规定的或被他人冒用的出境入境证件予以注销或者收缴。

第六十八条 对用于组织、运送、协助他人非法出境入境的交通运输工具，以及需要作为办案证据的物品，公安机关可以扣押。

对查获的违禁物品，涉及国家秘密的文件、资料以及用于实施违反出境入境管理活动的工具等，公安机关应当予以扣押，并依照相关法律、行政法规规定处理。

第六十九条 出境入境证件的真伪由签发机关、出入境边防检查机关或者公安机关出入境管理机构认定。

考试笔记

第二节 外国人入境出境管理条例

考点1

外国人停留居留的有关规定

第十条 外国人持签证入境后，按照国家规定可以变更停留事由、给予入境便利的，或者因使用新护照、持团体签证入境后由于客观原因需要分团停留的，可以向停留地县级以上地方人民政府公安机关出入境管理机构申请换发签证。

第十一条 在中国境内的外国人所持签证遗失、损毁、被盗抢的，应当及时向停留地县级以上地方人民政府公安机关出入境管理机构申请补发签证。

第十二条 外国人申请签证的延期、换发、补发和申请办理停留证件，应当填写申请表，提交本人的护照或者其他国际旅行证件以及符合规定的照片和申请事由的相关材料。

第十三条 外国人申请签证延期、换发、补发和申请办理停留证

考试笔记

件符合受理规定的，公安机关出入境管理机构应当出具有效期不超过7日的受理回执，并在受理回执有效期内作出是否签发的决定。

外国人申请签证延期、换发、补发和申请办理停留证件的手续或者材料不符合规定的，公安机关出入境管理机构应当一次性告知申请人需要履行的手续和补正的申请材料。

申请人所持护照或者其他国际旅行证件因办理证件被收存期间，可以凭受理回执在中国境内合法停留。

第十四条 公安机关出入境管理机构作出的延长签证停留期限决定，仅对本次入境有效，不影响签证的入境次数和入境有效期，并且累计延长的停留期限不得超过原签证注明的停留期限。

签证停留期限延长后，外国人应当按照原签证规定的事由和延长的期限停留。

第十五条 居留证件分为以下种类：

（一）工作类居留证件，发给在中国境内工作的人员；

（二）学习类居留证件，发给在中国境内长期学习的人员；

（三）记者类居留证件，发给外国常驻中国新闻机构的外国常驻记者；

（四）团聚类居留证件，发给因家庭团聚需要在中国境内居留的中国公民的家庭成员和具有中国永久居留资格的外国人的家庭成员，以及因寄养等原因需要在中国境内居留的人员；

（五）私人事务类居留证件，发给入境长期探亲的因工作、学习等事由在中国境内居留的外国人的配偶、父母、未满18周岁的子女、配偶的父母，以及因其他私人事务需要在中国境内居留的人员。

第十六条 外国人申请办理外国人居留证件，应当提交本人护照或者其他国际旅行证件以及符合规定的照片和申请事由的相关材料，本人到居留地县级以上地方人民政府公安机关出入境管理机构办理相关手续，并留存指纹等人体生物识别信息。

（一）工作类居留证件，应当提交工作许可等证明材料；属于国家需要的外国高层次人才和急需紧缺专门人才的，应当按照规定提交有关证明材料。

（二）学习类居留证件，应当按照规定提交招收单位出具的注明学习期限的函件等证明材料。

（三）记者类居留证件，应当提交有关主管部门出具的函件和核发的记者证。

（四）团聚类居留证件，因家庭团聚需要在中国境内居留的，应当提交家庭成员关系证明和与申请事由相关的证明材料；因寄养等原因需要在中国境内居留的，应当提交委托书等证明材料。

（五）私人事务类居留证件，长期探亲的，应当按照要求提交亲属关系证明、被探望人的居留证件等证明材料；入境处理私人事务的，应当提交因处理私人事务需要在中国境内居留的相关证明材料。

外国人申请有效期 1 年以上的居留证件的，应当按照规定提交健康证明。健康证明自开具之日起 6 个月内有效。

第十七条　外国人申请办理居留证件的延期、换发、补发，应当填写申请表，提交本人的护照或者其他国际旅行证件以及符合规定的照片和申请事由的相关材料。

第十八条　外国人申请居留证件或者申请居留证件的延期、换发、补发符合受理规定的，公安机关出入境管理机构应当出具有效期不超过 15 日的受理回执，并在受理回执有效期内作出是否签发的决定。

外国人申请居留证件或者申请居留证件的延期、换发、补发的手续或者材料不符合规定的，公安机关出入境管理机构应当一次性告知申请人需要履行的手续和补正的申请材料。

申请人所持护照或者其他国际旅行证件因办理证件被收存期间，可以凭受理回执在中国境内合法居留。

第十九条　外国人申请签证和居留证件的延期、换发、补发，申请办理停留证件，有下列情形之一的，可以由邀请单位或者个人、申请人的亲属、有关专门服务机构代为申请：

（一）未满 16 周岁或者已满 60 周岁以及因疾病等原因行动不便的；

（二）非首次入境且在中国境内停留居留记录良好的；

（三）邀请单位或者个人对外国人在中国境内期间所需费用提供保证措施的。

外国人申请居留证件，属于国家需要的外国高层次人才和急需紧

考试笔记

缺专门人才以及前款第一项规定情形的，可以由邀请单位或者个人、申请人的亲属、有关专门服务机构代为申请。

第二十条　公安机关出入境管理机构可以通过面谈、电话询问、实地调查等方式核实申请事由的真实性，申请人以及出具邀请函件、证明材料的单位或者个人应当予以配合。

第二十一条　公安机关出入境管理机构对有下列情形之一的外国人，不予批准签证和居留证件的延期、换发、补发，不予签发停留证件：

（一）不能按照规定提供申请材料的；

（二）在申请过程中弄虚作假的；

（三）违反中国有关法律、行政法规规定，不适合在中国境内停留居留的；

（四）不宜批准签证和居留证件的延期、换发、补发或者签发停留证件的其他情形。

第二十二条　持学习类居留证件的外国人需要在校外勤工助学或者实习的，应当经所在学校同意后，向公安机关出入境管理机构申请居留证件加注勤工助学或者实习地点、期限等信息。

持学习类居留证件的外国人所持居留证件未加注前款规定信息的，不得在校外勤工助学或者实习。

第二十三条　在中国境内的外国人因证件遗失、损毁、被盗抢等原因未持有效护照或者国际旅行证件，无法在本国驻中国有关机构补办的，可以向停留居留地县级以上地方人民政府公安机关出入境管理机构申请办理出境手续。

第二十四条　所持出境入境证件注明停留区域的外国人、出入境边防检查机关批准临时入境且限定停留区域的外国人，应当在限定的区域内停留。

第二十五条　外国人在中国境内有下列情形之一的，属于非法居留：

（一）超过签证、停留居留证件规定的停留居留期限停留居留的；

（二）免办签证入境的外国人超过免签期限停留且未办理停留居

考试笔记

留证件的；

（三）外国人超出限定的停留居留区域活动的；

（四）其他非法居留的情形。

第二十六条　聘用外国人工作或者招收外国留学生的单位，发现有下列情形之一的，应当及时向所在地县级以上地方人民政府公安机关出入境管理机构报告：

（一）聘用的外国人离职或者变更工作地域的；

（二）招收的外国留学生毕业、结业、肄业、退学，离开原招收单位的；

（三）聘用的外国人、招收的外国留学生违反出境入境管理规定的；

（四）聘用的外国人、招收的外国留学生出现死亡、失踪等情形的。

第二十七条　金融、教育、医疗、电信等单位在办理业务时需要核实外国人身份信息的，可以向公安机关出入境管理机构申请核实。

第二十八条　外国人因外交、公务事由在中国境内停留居留证件的签发管理，按照外交部的规定执行。

考点2

外国人调查和遣返的有关规定

第二十九条　公安机关根据实际需要可以设置遣返场所。

依照出境入境管理法第六十条的规定对外国人实施拘留审查的，应当在 24 小时内将被拘留审查的外国人送到拘留所或者遣返场所。

由于天气、当事人健康状况等原因无法立即执行遣送出境、驱逐出境的，应当凭相关法律文书将外国人羁押在拘留所或者遣返场所。

第三十条　依照出境入境管理法第六十一条的规定，对外国人限制活动范围的，应当出具限制活动范围决定书。被限制活动范围的外国人，应当在指定的时间到公安机关报到；未经决定机关批准，不得

考试笔记

变更生活居所或者离开限定的区域。

第三十一条　依照出境入境管理法第六十二条的规定，对外国人实施遣送出境的，作出遣送出境决定的机关应当依法确定被遣送出境的外国人不准入境的具体期限。

第三十二条　外国人被遣送出境所需的费用由本人承担。本人无力承担的，属于非法就业的，由非法聘用的单位、个人承担；属于其他情形的，由对外国人在中国境内停留居留提供保证措施的单位或者个人承担。

遣送外国人出境，由县级以上地方人民政府公安机关或者出入境边防检查机关实施。

第三十三条　外国人被决定限期出境的，作出决定的机关应当在注销或者收缴其原出境入境证件后，为其补办停留手续并限定出境的期限。限定出境期限最长不得超过 15 日。

第三十四条　外国人有下列情形之一的，其所持签证、停留居留证件由签发机关宣布作废：

（一）签证、停留居留证件损毁、遗失、被盗抢的；

（二）被决定限期出境、遣送出境、驱逐出境，其所持签证、停留居留证件未被收缴或者注销的；

（三）原居留事由变更，未在规定期限内向公安机关出入境管理机构申报，经公安机关公告后仍未申报的；

（四）有出境入境管理法第二十一条、第三十一条规定的不予签发签证、居留证件情形的。

签发机关对签证、停留居留证件依法宣布作废的，可以当场宣布作废或者公告宣布作废。

第三十五条　外国人所持签证、停留居留证件有下列情形之一的，由公安机关注销或者收缴：

（一）被签发机关宣布作废或者被他人冒用的；

（二）通过伪造、变造、骗取或者其他方式非法获取的；

（三）持有人被决定限期出境、遣送出境、驱逐出境的。

作出注销或者收缴决定的机关应当及时通知签发机关。

第三节　外国人在中国就业管理规定

考试笔记

考点1

外国人及外国人在中国就业的定义

第二条　本规定所称外国人，指依照《中华人民共和国国籍法》规定不具有中国国籍的人员。本规定所称外国人在中国就业，指没有取得定居权的外国人在中国境内依法从事社会劳动并获取劳动报酬的行为。

第三条　本规定适用于在中国境内就业的外国人和聘用外国人的用人单位。本规定不适用于外国驻华使、领馆和联合国驻华代表机构、其他国际组织中享有外交特权与豁免的人员。

考点2

关于外国人就业许可申请与审批的规定

第五条　用人单位聘用外国人须为该外国人申请就业许可，经获准并取得《中华人民共和国外国人就业许可证书》（以下简称许可证书）后方可聘用。

第六条　用人单位聘用外国人从事的岗位应是有特殊需要，国内暂缺适当人选，且不违反国家有关规定的岗位。用人单位不得聘用外国人从事营业性文艺演出，但符合本规定第九条第三项规定的人员除外。

第七条　外国人在中国就业须具备下列条件：

（一）年满 18 周岁，身体健康；

（二）具有从事其工作所必需的专业技能和相应的工作经历；

（三）无犯罪记录；

考试笔记

（四）有确定的聘用单位；

（五）持有有效护照或能代替护照的其他国际旅行证件（以下简称代替护照的证件）。

第八条　在中国就业的外国人应持Z字签证入境（有互免签证协议的，按协议办理），入境后取得《外国人就业证》（以下简称就业证）和外国人居留证件，方可在中国境内就业。未取得居留证件的外国人（即持F、L、C、G字签证者）、在中国留学、实习的外国人及持职业签证外国人的随行家属不得在中国就业。特殊情况，应由用人单位按本规定规定的审批程序申领许可证书，被聘用的外国人凭许可证书到公安机关改变身份，办理就业证、居留证后方可就业。外国驻中国使、领馆和联合国系统、其他国际组织驻中国代表机构人员的配偶在中国就业，应按《中华人民共和国外交部关于外国驻中国使领馆和联合国系统组织驻中国代表机构人员的配偶在中国任职的规定》执行，并按本条第二款规定的审批程序办理有关手续。许可证书和就业证由劳动部统一制作。

第九条　凡符合下列条件之一的外国人可免办就业许可和就业证：

（一）由我国政府直接出资聘请的外籍专业技术和管理人员，或由国家机关和事业单位出资聘请，具有本国或国际权威技术管理部门或行业协会确认的高级技术职称或特殊技能资格证书的外籍专业技术和管理人员，并持有外国专家局签发的《外国专家证》的外国人；

（二）持有《外国人在中华人民共和国从事海上石油作业工作准证》从事海上石油作业、不需登陆、有特殊技能的外籍劳务人员；

（三）经文化部批准持《临时营业演出许可证》进行营业性文艺演出的外国人。

第十条　凡符合下列条件之一的外国人可免办许可证书，入境后凭Z字签证及有关证明直接办理就业证：

（一）按照我国与外国政府间、国际组织间协议、协定，执行中外合作交流项目受聘来中国工作的外国人；

（二）外国企业常驻中国代表机构中的首席代表、代表。

第十一条　用人单位聘用外国人，须填写《聘用外国人就业申请表》（以下简称申请表），向其与劳动行政主管部门同级的行业主管部

考试笔记

门（以下简称行业主管部门）提出申请，并提供下列有效文件：

（一）拟聘用外国人履历证明；

（二）聘用意向书；

（三）拟聘用外国人原因的报告；

（四）拟聘用的外国人从事该项工作的资格证明；

（五）拟聘用的外国人健康状况证明；

（六）法律、法规规定的其他文件。行业主管部门应按照本规定第六条、第七条及有关法律、法规的规定进行审批。

第十二条　经行业主管部门批准后，用人单位应持申请表到本单位所在地区的省、自治区、直辖市劳动行政部门或其授权的地市级劳动行政部门办理核准手续。省、自治区、直辖市劳动行政部门或授权的地市级劳动行政部门应指定专门机构（以下简称发证机关）具体负责签发许可证书工作。发证机关应根据行业主管部门的意见和劳动力市场的需求状况进行核准，并在核准后向用人单位签发许可证书。

第十三条　中央级用人单位、无行业主管部门的用人单位聘用外国人，可直接到劳动行政部门发证机关提出申请和办理就业许可手续。外商投资企业聘雇外国人，无须行业主管部门审批，可凭合同、章程、批准证书、营业执照和本规定第十一条所规定的文件直接到劳动行政部门发证机关申领许可证书。

第十四条　获准来中国工作的外国人，应凭许可证书及本国有效护照或能代替护照的证件，到中国驻外使、领馆、处申请 Z 字签证。凡符合第九条第二项规定的人员，应凭中国海洋石油总公司签发的通知函电申请 Z 字签证；凡符合第九条第三项规定的人员，应凭文化部的批件申请 Z 字签证。凡符合本规定第十条第一款规定的人员，应凭合作交流项目书申请 Z 字签证；凡符合第十条第二项规定的人员，应凭工商行政管理部门的登记证明申请 Z 字签证。

第十五条　用人单位应在被聘用的外国人入境后 15 日内，持许可证书、与被聘用的外国人签订的劳动合同及其有效护照或能代替护照的证件到原发证机关为外国人办理就业证，并填写《外国人就业登记表》。就业证只在发证机关规定的区域内有效。

第十六条　已办理就业证的外国人，应在入境后 30 日内，持就

考试笔记

业证到公安机关申请办理居留证。居留证件的有效期限可根据就业证的有效期确定。

考点3

关于外国人劳动管理的规定

第十七条　用人单位与被聘用的外国人应依法订立劳动合同。劳动合同的期限最长不得超过五年。劳动合同期限届满即行终止，但按本规定第十八条的规定履行审批手续后可以续订。

第十八条　被聘用的外国人与用人单位签订的劳动合同期满时，其就业证即行失效。如需续订，该用人单位应在原合同期满前 30 日内，向劳动行政部门提出延长聘用时间的申请，经批准并办理就业证延期手续。

第十九条　外国人被批准延长在中国就业期限或变更就业区域、单位后，应在 10 日内到当地公安机关办理居留证件延期或变更手续。

第二十条　被聘用的外国人与用人单位的劳动合同被解除后，该用人单位应及时报告劳动、公安部门，交还该外国人的就业证和居留证件，并到公安机关办理出境手续。

第二十一条　用人单位支付所聘用外国人的工资不得低于当地最低工资标准。

第二十二条　在中国就业的外国人的工作时间、休息、休假劳动安全卫生以及社会保险按国家有关规定执行。

第二十三条　外国人在中国就业的用人单位必须与其就业证所注明的单位相一致。外国人在发证机关规定的区域内变更用人单位但仍从事原职业的，须经原发证机关批准，并办理就业证变更手续。外国人离开发证机关规定的区域就业或在原规定的区域内变更用人单位且从事不同职业的，须重新办理就业许可手续。

第二十四条　因违反中国法律被中国公安机关取消居留资格的外国人，用人单位应解除劳动合同，劳动部门应吊销就业证。

考试笔记

第二十五条 用人单位与被聘用的外国人发生劳动争议，应按照《中华人民共和国劳动法》和《中华人民共和国企业劳动争议调解仲裁法》处理。

第二十六条 劳动行政部门对就业证实行年检。用人单位聘用外国人就业每满 1 年，应在期满前 30 日内到劳动行政部门发证机关为被聘用的外国人办理就业证年检手续。逾期未办的，就业证自行失效。外国人在中国就业期间遗失或损坏其就业证的，应立即到原发证机关办理挂失、补办或换证手续。

考试笔记

第七章　未成年人保护法律制度

第一节　未成年人保护法

考点1

关于鼓励创作、出版、制作和传播有利于未成年人健康成长的作品的规定

第四十八条　国家鼓励创作、出版、制作和传播有利于未成年人健康成长的图书、报刊、电影、广播电视节目、舞台艺术作品、音像制品、电子出版物和网络信息等。

第四十九条　新闻媒体应当加强未成年人保护方面的宣传，对侵犯未成年人合法权益的行为进行舆论监督。新闻媒体采访报道涉及未成年人事件应当客观、审慎和适度，不得侵犯未成年人的名誉、隐私和其他合法权益。

考点2

关于禁止制作、复制、出版、发布、传播危害未成年人身心健康内容的作品，作品包含可能影响未成年人身心健康内容的分类提示的规定

第五十条　禁止制作、复制、出版、发布、传播含有宣扬淫秽、

考试笔记

色情、暴力、邪教、迷信、赌博、引诱自杀、恐怖主义、分裂主义、极端主义等危害未成年人身心健康内容的图书、报刊、电影、广播电视节目、舞台艺术作品、音像制品、电子出版物和网络信息等。

第五十一条　任何组织或者个人出版、发布、传播的图书、报刊、电影、广播电视节目、舞台艺术作品、音像制品、电子出版物或者网络信息，包含可能影响未成年人身心健康内容的，应当以显著方式作出提示。

第五十二条　禁止制作、复制、发布、传播或者持有有关未成年人的淫秽色情物品和网络信息。

第五十三条　任何组织或者个人不得刊登、播放、张贴或者散发含有危害未成年人身心健康内容的广告；不得在学校、幼儿园播放、张贴或者散发商业广告；不得利用校服、教材等发布或者变相发布商业广告。

考点3

《未成年人保护法》中禁止招用童工和对未成年工进行特殊保护的有关规定

第六十一条　任何组织或者个人不得招用未满十六周岁未成年人，国家另有规定的除外。

营业性娱乐场所、酒吧、互联网上网服务营业场所等不适宜未成年人活动的场所不得招用已满十六周岁的未成年人。

招用已满十六周岁未成年人的单位和个人应当执行国家在工种、劳动时间、劳动强度和保护措施等方面的规定，不得安排其从事过重、有毒、有害等危害未成年人身心健康的劳动或者危险作业。

任何组织或者个人不得组织未成年人进行危害其身心健康的表演等活动。经未成年人的父母或者其他监护人同意，未成年人参与演出、节目制作等活动，活动组织方应当根据国家有关规定，保障未成年人合法权益。

考试笔记

第六十二条　密切接触未成年人的单位招聘工作人员时，应当向公安机关、人民检察院查询应聘者是否具有性侵害、虐待、拐卖、暴力伤害等违法犯罪记录；发现其具有前述行为记录的，不得录用。

密切接触未成年人的单位应当每年定期对工作人员是否具有上述违法犯罪记录进行查询。通过查询或者其他方式发现其工作人员具有上述行为的，应当及时解聘。

考点4

《禁止使用童工规定》中禁止招用童工和对未成年工进行特殊保护的有关规定

第二条　国家机关、社会团体、企业事业单位、民办非企业单位或者个体工商户（以下统称用人单位）均不得招用不满 16 周岁的未成年人（招用不满 16 周岁的未成年人，以下统称使用童工）。

禁止任何单位或者个人为不满 16 周岁的未成年人介绍就业。

禁止不满 16 周岁的未成年人开业从事个体经营活动。

第三条　不满 16 周岁的未成年人的父母或者其他监护人应当保护其身心健康，保障其接受义务教育的权利，不得允许其被用人单位非法招用。

不满 16 周岁的未成年人的父母或者其他监护人允许其被用人单位非法招用的，所在地的乡（镇）人民政府、城市街道办事处以及村民委员会、居民委员会应当给予批评教育。

第四条　用人单位招用人员时，必须核查被招用人员的身份证；对不满 16 周岁的未成年人，一律不得录用。用人单位录用人员的录用登记、核查材料应当妥善保管。

第十条　童工患病或者受伤的，用人单位应当负责送到医疗机构治疗，并负担治疗期间的全部医疗和生活费用。

童工伤残或者死亡的，用人单位由工商行政管理部门吊销营业执照或者由民政部门撤销民办非企业单位登记；用人单位是国家机关、

考试笔记

事业单位的，由有关单位依法对直接负责的主管人员和其他直接责任人员给予降级或者撤职的行政处分或者纪律处分；用人单位还应当一次性地对伤残的童工、死亡童工的直系亲属给予赔偿，赔偿金额按照国家工伤保险的有关规定计算。

第十一条　拐骗童工，强迫童工劳动，使用童工从事高空、井下、放射性、高毒、易燃易爆以及国家规定的第四级体力劳动强度的劳动，使用不满14周岁的童工，或者造成童工死亡或者严重伤残的，依照刑法关于拐卖儿童罪、强迫劳动罪或者其他罪的规定，依法追究刑事责任。

第十三条　文艺、体育单位经未成年人的父母或者其他监护人同意，可以招用不满16周岁的专业文艺工作者、运动员。用人单位应当保障被招用的不满16周岁的未成年人的身心健康，保障其接受义务教育的权利。文艺、体育单位招用不满16周岁的专业文艺工作者、运动员的办法，由国务院劳动保障行政部门会同国务院文化、体育行政部门制定。

学校、其他教育机构以及职业培训机构按照国家有关规定组织不满16周岁的未成年人进行不影响其人身安全和身心健康的教育实践劳动、职业技能培训劳动，不属于使用童工。

第二节　未成年人网络保护条例

考点1

关于鼓励和支持制作、复制、发布、传播有利于未成年人健康成长的网络信息的规定

第二十一条　国家鼓励和支持制作、复制、发布、传播弘扬社会主义核心价值观和社会主义先进文化、革命文化、中华优秀传统文化，铸牢中华民族共同体意识，培养未成年人家国情怀和良好品德，

考试笔记

引导未成年人养成良好生活习惯和行为习惯等的网络信息，营造有利于未成年人健康成长的清朗网络空间和良好网络生态。

考点2

关于不得制作、复制、发布、传播危害未成年人身心健康的网络信息的规定

第二十二条　任何组织和个人不得制作、复制、发布、传播含有宣扬淫秽、色情、暴力、邪教、迷信、赌博、引诱自残自杀、恐怖主义、分裂主义、极端主义等危害未成年人身心健康内容的网络信息。

任何组织和个人不得制作、复制、发布、传播或者持有有关未成年人的淫秽色情网络信息。

考点3

关于规范可能影响未成年人身心健康的网络信息的规定

第二十三条　网络产品和服务中含有可能引发或者诱导未成年人模仿不安全行为、实施违反社会公德行为、产生极端情绪、养成不良嗜好等可能影响未成年人身心健康的信息的，制作、复制、发布、传播该信息的组织和个人应当在信息展示前予以显著提示。

国家网信部门会同国家新闻出版、电影部门和国务院教育、电信、公安、文化和旅游、广播电视等部门，在前款规定基础上确定可能影响未成年人身心健康的信息的具体种类、范围、判断标准和提示办法。

第二十四条　任何组织和个人不得在专门以未成年人为服务对象的网络产品和服务中制作、复制、发布、传播本条例第二十三条第一款规定的可能影响未成年人身心健康的信息。

网络产品和服务提供者不得在首页首屏、弹窗、热搜等处于产品或者服务醒目位置、易引起用户关注的重点环节呈现本条例第二十三条第一款规定的可能影响未成年人身心健康的信息。

网络产品和服务提供者不得通过自动化决策方式向未成年人进行商业营销。

第二十五条　任何组织和个人不得向未成年人发送、推送或者诱骗、强迫未成年人接触含有危害或者可能影响未成年人身心健康内容的网络信息。

第二十六条　任何组织和个人不得通过网络以文字、图片、音视频等形式，对未成年人实施侮辱、诽谤、威胁或者恶意损害形象等网络欺凌行为。

网络产品和服务提供者应当建立健全网络欺凌行为的预警预防、识别监测和处置机制，设置便利未成年人及其监护人保存遭受网络欺凌记录、行使通知权利的功能、渠道，提供便利未成年人设置屏蔽陌生用户、本人发布信息可见范围、禁止转载或者评论本人发布信息、禁止向本人发送信息等网络欺凌信息防护选项。

网络产品和服务提供者应当建立健全网络欺凌信息特征库，优化相关算法模型，采用人工智能、大数据等技术手段和人工审核相结合的方式加强对网络欺凌信息的识别监测。

第二十七条　任何组织和个人不得通过网络以文字、图片、音视频等形式，组织、教唆、胁迫、引诱、欺骗、帮助未成年人实施违法犯罪行为。

第二十八条　以未成年人为服务对象的在线教育网络产品和服务提供者，应当按照法律、行政法规和国家有关规定，根据不同年龄阶段未成年人身心发展特点和认知能力提供相应的产品和服务。

第二十九条　网络产品和服务提供者应当加强对用户发布信息的管理，采取有效措施防止制作、复制、发布、传播违反本条例第二十二条、第二十四条、第二十五条、第二十六条第一款、第二十七条规定的信息，发现违反上述条款规定的信息的，应当立即停止传输相关信息，采取删除、屏蔽、断开链接等处置措施，防止信息扩散，保存有关记录，向网信、公安等部门报告，并对制作、复制、发布、

考试笔记

传播上述信息的用户采取警示、限制功能、暂停服务、关闭账号等处置措施。

网络产品和服务提供者发现用户发布、传播本条例第二十三条第一款规定的信息未予显著提示的，应当作出提示或者通知用户予以提示；未作出提示的，不得传输该信息。

第三十条　国家网信、新闻出版、电影部门和国务院教育、电信、公安、文化和旅游、广播电视等部门发现违反本条例第二十二条、第二十四条、第二十五条、第二十六条第一款、第二十七条规定的信息的，或者发现本条例第二十三条第一款规定的信息未予显著提示的，应当要求网络产品和服务提供者按照本条例第二十九条的规定予以处理；对来源于境外的上述信息，应当依法通知有关机构采取技术措施和其他必要措施阻断传播。

考试笔记

第八章 劳动者合法权益保障法律制度

第一节 劳动法

考点1

关于工作时间和休息休假的规定

第三十六条 国家实行劳动者每日工作时间不超过八小时、平均每周工作时间不超过四十四小时的工时制度。

第三十七条 对实行计件工作的劳动者，用人单位应当根据本法第三十六条规定的工时制度合理确定其劳动定额和计件报酬标准。

第三十八条 用人单位应当保证劳动者每周至少休息一日。

第三十九条 企业因生产特点不能实行本法第三十六条、第三十八条规定的，经劳动行政部门批准，可以实行其他工作和休息办法。

第四十条 用人单位在下列节日期间应当依法安排劳动者休假：

（一）元旦；

（二）春节；

（三）国际劳动节；

（四）国庆节；

（五）法律、法规规定的其他休假节日。

第四十一条 用人单位由于生产经营需要，经与工会和劳动者协商后可以延长工作时间，一般每日不得超过一小时；因特殊原因需要

考试笔记

延长工作时间的，在保障劳动者身体健康的条件下延长工作时间每日不得超过三小时，但是每月不得超过三十六小时。

第四十二条　有下列情形之一的，延长工作时间不受本法第四十一条规定的限制：

（一）发生自然灾害、事故或者因其他原因，威胁劳动者生命健康和财产安全，需要紧急处理的；

（二）生产设备、交通运输线路、公共设施发生故障，影响生产和公众利益，必须及时抢修的；

（三）法律、行政法规规定的其他情形。

第四十三条　用人单位不得违反本法规定延长劳动者的工作时间。

第四十四条　有下列情形之一的，用人单位应当按照下列标准支付高于劳动者正常工作时间工资的工资报酬：

（一）安排劳动者延长工作时间的，支付不低于工资的百分之一百五十的工资报酬；

（二）休息日安排劳动者工作又不能安排补休的，支付不低于工资的百分之二百的工资报酬；

（三）法定休假日安排劳动者工作的，支付不低于工资的百分之三百的工资报酬。

第四十五条　国家实行带薪年休假制度。

劳动者连续工作一年以上的，享受带薪年休假。具体办法由国务院规定。

考点2

关于工资的规定

第四十六条　工资分配应当遵循按劳分配原则，实行同工同酬。

工资水平在经济发展的基础上逐步提高。国家对工资总量实行宏观调控。

第四十七条　用人单位根据本单位的生产经营特点和经济效益，

考试笔记

依法自主确定本单位的工资分配方式和工资水平。

第四十八条　国家实行最低工资保障制度。最低工资的具体标准由省、自治区、直辖市人民政府规定，报国务院备案。

用人单位支付劳动者的工资不得低于当地最低工资标准。

第四十九条　确定和调整最低工资标准应当综合参考下列因素：

（一）劳动者本人及平均赡养人口的最低生活费用；

（二）社会平均工资水平；

（三）劳动生产率；

（四）就业状况；

（五）地区之间经济发展水平的差异。

第五十条　工资应当以货币形式按月支付给劳动者本人。不得克扣或者无故拖欠劳动者的工资。

第五十一条　劳动者在法定休假日和婚丧假期间以及依法参加社会活动期间，用人单位应当依法支付工资。

考点3

关于劳动安全卫生的规定

第五十二条　用人单位必须建立、健全劳动安全卫生制度，严格执行国家劳动安全卫生规程和标准，对劳动者进行劳动安全卫生教育，防止劳动过程中的事故，减少职业危害。

第五十三条　劳动安全卫生设施必须符合国家规定的标准。

新建、改建、扩建工程的劳动安全卫生设施必须与主体工程同时设计、同时施工、同时投入生产和使用。

第五十四条　用人单位必须为劳动者提供符合国家规定的劳动安全卫生条件和必要的劳动防护用品，对从事有职业危害作业的劳动者应当定期进行健康检查。

第五十五条　从事特种作业的劳动者必须经过专门培训并取得特种作业资格。

考试笔记

第五十六条　劳动者在劳动过程中必须严格遵守安全操作规程。

劳动者对用人单位管理人员违章指挥、强令冒险作业，有权拒绝执行；对危害生命安全和身体健康的行为，有权提出批评、检举和控告。

第五十七条　国家建立伤亡事故和职业病统计报告和处理制度。县级以上各级人民政府劳动行政部门、有关部门和用人单位应当依法对劳动者在劳动过程中发生的伤亡事故和劳动者的职业病状况，进行统计、报告和处理。

考点4

关于女职工和未成年工特殊保护的规定

第五十八条　国家对女职工和未成年工实行特殊劳动保护。

未成年工是指年满十六周岁未满十八周岁的劳动者。

第五十九条　禁止安排女职工从事矿山井下、国家规定的第四级体力劳动强度的劳动和其他禁忌从事的劳动。

第六十条　不得安排女职工在经期从事高处、低温、冷水作业和国家规定的第三级体力劳动强度的劳动。

第六十一条　不得安排女职工在怀孕期间从事国家规定的第三级体力劳动强度的劳动和孕期禁忌从事的劳动。对怀孕七个月以上的女职工，不得安排其延长工作时间和夜班劳动。

第六十二条　女职工生育享受不少于九十天的产假。

第六十三条　不得安排女职工在哺乳未满一周岁的婴儿期间从事国家规定的第三级体力劳动强度的劳动和哺乳期禁忌从事的其他劳动，不得安排其延长工作时间和夜班劳动。

第六十四条　不得安排未成年工从事矿山井下、有毒有害、国家规定的第四级体力劳动强度的劳动和其他禁忌从事的劳动。

第六十五条　用人单位应当对未成年工定期进行健康检查。

考试笔记

考点5

关于职业培训的规定

第六十六条　国家通过各种途径，采取各种措施，发展职业培训事业，开发劳动者的职业技能，提高劳动者素质，增强劳动者的就业能力和工作能力。

第六十七条　各级人民政府应当把发展职业培训纳入社会经济发展的规划，鼓励和支持有条件的企业、事业组织、社会团体和个人进行各种形式的职业培训。

第六十八条　用人单位应当建立职业培训制度，按照国家规定提取和使用职业培训经费，根据本单位实际，有计划地对劳动者进行职业培训。

从事技术工种的劳动者，上岗前必须经过培训。

第六十九条　国家确定职业分类，对规定的职业制定职业技能标准，实行职业资格证书制度，由经备案的考核鉴定机构负责对劳动者实施职业技能考核鉴定。

考点6

关于社会保险和福利的规定

第七十条　国家发展社会保险事业，建立社会保险制度，设立社会保险基金，使劳动者在年老、患病、工伤、失业、生育等情况下获得帮助和补偿。

第七十一条　社会保险水平应当与社会经济发展水平和社会承受能力相适应。

第七十二条　社会保险基金按照保险类型确定资金来源，逐步实行社会统筹。用人单位和劳动者必须依法参加社会保险，缴纳社会保

考试笔记

险费。

第七十三条　劳动者在下列情形下，依法享受社会保险待遇：

（一）退休；

（二）患病、负伤；

（三）因工伤残或者患职业病；

（四）失业；

（五）生育。

劳动者死亡后，其遗属依法享受遗属津贴。

劳动者享受社会保险待遇的条件和标准由法律、法规规定。

劳动者享受的社会保险金必须按时足额支付。

第七十四条　社会保险基金经办机构依照法律规定收支、管理和运营社会保险基金，并负有使社会保险基金保值增值的责任。

社会保险基金监督机构依照法律规定，对社会保险基金的收支、管理和运营实施监督。

社会保险基金经办机构和社会保险基金监督机构的设立和职能由法律规定。

任何组织和个人不得挪用社会保险基金。

第七十五条　国家鼓励用人单位根据本单位实际情况为劳动者建立补充保险。

国家提倡劳动者个人进行储蓄性保险。

第七十六条　国家发展社会福利事业，兴建公共福利设施，为劳动者休息、休养和疗养提供条件。

用人单位应当创造条件，改善集体福利，提高劳动者的福利待遇。

考点7

关于劳动争议的规定

第七十七条　用人单位与劳动者发生劳动争议，当事人可以依法申请调解、仲裁、提起诉讼，也可以协商解决。

考试笔记

调解原则适用于仲裁和诉讼程序。

第七十八条 解决劳动争议，应当根据合法、公正、及时处理的原则，依法维护劳动争议当事人的合法权益。

第七十九条 劳动争议发生后，当事人可以向本单位劳动争议调解委员会申请调解；调解不成，当事人一方要求仲裁的，可以向劳动争议仲裁委员会申请仲裁。当事人一方也可以直接向劳动争议仲裁委员会申请仲裁。对仲裁裁决不服的，可以向人民法院提起诉讼。

第八十条 在用人单位内，可以设立劳动争议调解委员会。劳动争议调解委员会由职工代表、用人单位代表和工会代表组成。劳动争议调解委员会主任由工会代表担任。

劳动争议经调解达成协议的，当事人应当履行。

第八十一条 劳动争议仲裁委员会由劳动行政部门代表、同级工会代表、用人单位方面的代表组成。劳动争议仲裁委员会主任由劳动行政部门代表担任。

第八十二条 提出仲裁要求的一方应当自劳动争议发生之日起六十日内向劳动争议仲裁委员会提出书面申请。仲裁裁决一般应在收到仲裁申请的六十日内作出。对仲裁裁决无异议的，当事人必须履行。

第八十三条 劳动争议当事人对仲裁裁决不服的，可以自收到仲裁裁决书之日起十五日内向人民法院提起诉讼。一方当事人在法定期限内不起诉又不履行仲裁裁决的，另一方当事人可以申请人民法院强制执行。

第八十四条 因签订集体合同发生争议，当事人协商解决不成的，当地人民政府劳动行政部门可以组织有关各方协调处理。

因履行集体合同发生争议，当事人协商解决不成的，可以向劳动争议仲裁委员会申请仲裁；对仲裁裁决不服的，可以自收到仲裁裁决书之日起十五日内向人民法院提起诉讼。

考试笔记

第二节　劳动合同法

考点1

关于劳动合同订立的规定

第七条　用人单位自用工之日起即与劳动者建立劳动关系。用人单位应当建立职工名册备查。

第八条　用人单位招用劳动者时，应当如实告知劳动者工作内容、工作条件、工作地点、职业危害、安全生产状况、劳动报酬，以及劳动者要求了解的其他情况；用人单位有权了解劳动者与劳动合同直接相关的基本情况，劳动者应当如实说明。

第九条　用人单位招用劳动者，不得扣押劳动者的居民身份证和其他证件，不得要求劳动者提供担保或者以其他名义向劳动者收取财物。

第十条　建立劳动关系，应当订立书面劳动合同。

已建立劳动关系，未同时订立书面劳动合同的，应当自用工之日起一个月内订立书面劳动合同。

用人单位与劳动者在用工前订立劳动合同的，劳动关系自用工之日起建立。

第十一条　用人单位未在用工的同时订立书面劳动合同，与劳动者约定的劳动报酬不明确的，新招用的劳动者的劳动报酬按照集体合同规定的标准执行；没有集体合同或者集体合同未规定的，实行同工同酬。

第十二条　劳动合同分为固定期限劳动合同、无固定期限劳动合同和以完成一定工作任务为期限的劳动合同。

第十三条　固定期限劳动合同，是指用人单位与劳动者约定合同终止时间的劳动合同。

用人单位与劳动者协商一致，可以订立固定期限劳动合同。

考试笔记

第十四条 无固定期限劳动合同，是指用人单位与劳动者约定无确定终止时间的劳动合同。

用人单位与劳动者协商一致，可以订立无固定期限劳动合同。有下列情形之一，劳动者提出或者同意续订、订立劳动合同的，除劳动者提出订立固定期限劳动合同外，应当订立无固定期限劳动合同：

（一）劳动者在该用人单位连续工作满十年的；

（二）用人单位初次实行劳动合同制度或者国有企业改制重新订立劳动合同时，劳动者在该用人单位连续工作满十年且距法定退休年龄不足十年的；

（三）连续订立二次固定期限劳动合同，且劳动者没有本法第三十九条和第四十条第一项、第二项规定的情形，续订劳动合同的。

用人单位自用工之日起满一年不与劳动者订立书面劳动合同的，视为用人单位与劳动者已订立无固定期限劳动合同。

第十五条 以完成一定工作任务为期限的劳动合同，是指用人单位与劳动者约定以某项工作的完成为合同期限的劳动合同。

用人单位与劳动者协商一致，可以订立以完成一定工作任务为期限的劳动合同。

第十六条 劳动合同由用人单位与劳动者协商一致，并经用人单位与劳动者在劳动合同文本上签字或者盖章生效。

劳动合同文本由用人单位和劳动者各执一份。

第十七条 劳动合同应当具备以下条款：

（一）用人单位的名称、住所和法定代表人或者主要负责人；

（二）劳动者的姓名、住址和居民身份证或者其他有效身份证件号码；

（三）劳动合同期限；

（四）工作内容和工作地点；

（五）工作时间和休息休假；

（六）劳动报酬；

（七）社会保险；

（八）劳动保护、劳动条件和职业危害防护；

（九）法律、法规规定应当纳入劳动合同的其他事项。

考试笔记

劳动合同除前款规定的必备条款外，用人单位与劳动者可以约定试用期、培训、保守秘密、补充保险和福利待遇等其他事项。

第十八条 劳动合同对劳动报酬和劳动条件等标准约定不明确，引发争议的，用人单位与劳动者可以重新协商；协商不成的，适用集体合同规定；没有集体合同或者集体合同未规定劳动报酬的，实行同工同酬；没有集体合同或者集体合同未规定劳动条件等标准的，适用国家有关规定。

第十九条 劳动合同期限三个月以上不满一年的，试用期不得超过一个月；劳动合同期限一年以上不满三年的，试用期不得超过二个月；三年以上固定期限和无固定期限的劳动合同，试用期不得超过六个月。

同一用人单位与同一劳动者只能约定一次试用期。

以完成一定工作任务为期限的劳动合同或者劳动合同期限不满三个月的，不得约定试用期。

试用期包含在劳动合同期限内。劳动合同仅约定试用期的，试用期不成立，该期限为劳动合同期限。

第二十条 劳动者在试用期的工资不得低于本单位相同岗位最低档工资或者劳动合同约定工资的百分之八十，并不得低于用人单位所在地的最低工资标准。

第二十一条 在试用期中，除劳动者有本法第三十九条和第四十条第一项、第二项规定的情形外，用人单位不得解除劳动合同。用人单位在试用期解除劳动合同的，应当向劳动者说明理由。

第二十二条 用人单位为劳动者提供专项培训费用，对其进行专业技术培训的，可以与该劳动者订立协议，约定服务期。

劳动者违反服务期约定的，应当按照约定向用人单位支付违约金。违约金的数额不得超过用人单位提供的培训费用。用人单位要求劳动者支付的违约金不得超过服务期尚未履行部分所应分摊的培训费用。

用人单位与劳动者约定服务期的，不影响按照正常的工资调整机制提高劳动者在服务期期间的劳动报酬。

第二十三条 用人单位与劳动者可以在劳动合同中约定保守用人

单位的商业秘密和与知识产权相关的保密事项。

对负有保密义务的劳动者，用人单位可以在劳动合同或者保密协议中与劳动者约定竞业限制条款，并约定在解除或者终止劳动合同后，在竞业限制期限内按月给予劳动者经济补偿。劳动者违反竞业限制约定的，应当按照约定向用人单位支付违约金。

第二十四条　竞业限制的人员限于用人单位的高级管理人员、高级技术人员和其他负有保密义务的人员。竞业限制的范围、地域、期限由用人单位与劳动者约定，竞业限制的约定不得违反法律、法规的规定。

在解除或者终止劳动合同后，前款规定的人员到与本单位生产或者经营同类产品、从事同类业务的有竞争关系的其他用人单位，或者自己开业生产或者经营同类产品、从事同类业务的竞业限制期限，不得超过二年。

第二十五条　除本法第二十二条和第二十三条规定的情形外，用人单位不得与劳动者约定由劳动者承担违约金。

第二十六条　下列劳动合同无效或者部分无效：

（一）以欺诈、胁迫的手段或者乘人之危，使对方在违背真实意思的情况下订立或者变更劳动合同的；

（二）用人单位免除自己的法定责任、排除劳动者权利的；

（三）违反法律、行政法规强制性规定的。

对劳动合同的无效或者部分无效有争议的，由劳动争议仲裁机构或者人民法院确认。

第二十七条　劳动合同部分无效，不影响其他部分效力的，其他部分仍然有效。

第二十八条　劳动合同被确认无效，劳动者已付出劳动的，用人单位应当向劳动者支付劳动报酬。劳动报酬的数额，参照本单位相同或者相近岗位劳动者的劳动报酬确定。

考试笔记

考点2

关于劳动合同的履行和变更的规定

第二十九条　用人单位与劳动者应当按照劳动合同的约定，全面履行各自的义务。

第三十条　用人单位应当按照劳动合同约定和国家规定，向劳动者及时足额支付劳动报酬。

用人单位拖欠或者未足额支付劳动报酬的，劳动者可以依法向当地人民法院申请支付令，人民法院应当依法发出支付令。

第三十一条　用人单位应当严格执行劳动定额标准，不得强迫或者变相强迫劳动者加班。用人单位安排加班的，应当按照国家有关规定向劳动者支付加班费。

第三十二条　劳动者拒绝用人单位管理人员违章指挥、强令冒险作业的，不视为违反劳动合同。

劳动者对危害生命安全和身体健康的劳动条件，有权对用人单位提出批评、检举和控告。

第三十三条　用人单位变更名称、法定代表人、主要负责人或者投资人等事项，不影响劳动合同的履行。

第三十四条　用人单位发生合并或者分立等情况，原劳动合同继续有效，劳动合同由承继其权利和义务的用人单位继续履行。

第三十五条　用人单位与劳动者协商一致，可以变更劳动合同约定的内容。变更劳动合同，应当采用书面形式。

变更后的劳动合同文本由用人单位和劳动者各执一份。

考点3

考试笔记

关于劳动合同的解除和终止的规定

第三十六条 用人单位与劳动者协商一致，可以解除劳动合同。

第三十七条 劳动者提前三十日以书面形式通知用人单位，可以解除劳动合同。劳动者在试用期内提前三日通知用人单位，可以解除劳动合同。

第三十八条 用人单位有下列情形之一的，劳动者可以解除劳动合同：

（一）未按照劳动合同约定提供劳动保护或者劳动条件的；

（二）未及时足额支付劳动报酬的；

（三）未依法为劳动者缴纳社会保险费的；

（四）用人单位的规章制度违反法律、法规的规定，损害劳动者权益的；

（五）因本法第二十六条第一款规定的情形致使劳动合同无效的；

（六）法律、行政法规规定劳动者可以解除劳动合同的其他情形。

用人单位以暴力、威胁或者非法限制人身自由的手段强迫劳动者劳动的，或者用人单位违章指挥、强令冒险作业危及劳动者人身安全的，劳动者可以立即解除劳动合同，不需事先告知用人单位。

第三十九条 劳动者有下列情形之一的，用人单位可以解除劳动合同：

（一）在试用期间被证明不符合录用条件的；

（二）严重违反用人单位的规章制度的；

（三）严重失职，营私舞弊，给用人单位造成重大损害的；

（四）劳动者同时与其他用人单位建立劳动关系，对完成本单位的工作任务造成严重影响，或者经用人单位提出，拒不改正的；

（五）因本法第二十六条第一款第一项规定的情形致使劳动合同无效的；

（六）被依法追究刑事责任的。

第四十条 有下列情形之一的，用人单位提前三十日以书面形

考试笔记

式通知劳动者本人或者额外支付劳动者一个月工资后，可以解除劳动合同：

（一）劳动者患病或者非因工负伤，在规定的医疗期满后不能从事原工作，也不能从事由用人单位另行安排的工作的；

（二）劳动者不能胜任工作，经过培训或者调整工作岗位，仍不能胜任工作的；

（三）劳动合同订立时所依据的客观情况发生重大变化，致使劳动合同无法履行，经用人单位与劳动者协商，未能就变更劳动合同内容达成协议的。

第四十一条　有下列情形之一，需要裁减人员二十人以上或者裁减不足二十人但占企业职工总数百分之十以上的，用人单位提前三十日向工会或者全体职工说明情况，听取工会或者职工的意见后，裁减人员方案经向劳动行政部门报告，可以裁减人员：

（一）依照企业破产法规定进行重整的；

（二）生产经营发生严重困难的；

（三）企业转产、重大技术革新或者经营方式调整，经变更劳动合同后，仍需裁减人员的；

（四）其他因劳动合同订立时所依据的客观经济情况发生重大变化，致使劳动合同无法履行的。

裁减人员时，应当优先留用下列人员：

（一）与本单位订立较长期限的固定期限劳动合同的；

（二）与本单位订立无固定期限劳动合同的；

（三）家庭无其他就业人员，有需要扶养的老人或者未成年人的。

用人单位依照本条第一款规定裁减人员，在六个月内重新招用人员的，应当通知被裁减的人员，并在同等条件下优先招用被裁减的人员。

第四十二条　劳动者有下列情形之一的，用人单位不得依照本法第四十条、第四十一条的规定解除劳动合同：

（一）从事接触职业病危害作业的劳动者未进行离岗前职业健康检查，或者疑似职业病病人在诊断或者医学观察期间的；

（二）在本单位患职业病或者因工负伤并被确认丧失或者部分丧

失劳动能力的；

（三）患病或者非因工负伤，在规定的医疗期内的；

（四）女职工在孕期、产期、哺乳期的；

（五）在本单位连续工作满十五年，且距法定退休年龄不足五年的；

（六）法律、行政法规规定的其他情形。

第四十三条　用人单位单方解除劳动合同，应当事先将理由通知工会。用人单位违反法律、行政法规规定或者劳动合同约定的，工会有权要求用人单位纠正。用人单位应当研究工会的意见，并将处理结果书面通知工会。

第四十四条　有下列情形之一的，劳动合同终止：

（一）劳动合同期满的；

（二）劳动者开始依法享受基本养老保险待遇的；

（三）劳动者死亡，或者被人民法院宣告死亡或者宣告失踪的；

（四）用人单位被依法宣告破产的；

（五）用人单位被吊销营业执照、责令关闭、撤销或者用人单位决定提前解散的；

（六）法律、行政法规规定的其他情形。

第四十五条　劳动合同期满，有本法第四十二条规定情形之一的，劳动合同应当续延至相应的情形消失时终止。但是，本法第四十二条第二项规定丧失或者部分丧失劳动能力劳动者的劳动合同的终止，按照国家有关工伤保险的规定执行。

第四十六条　有下列情形之一的，用人单位应当向劳动者支付经济补偿：

（一）劳动者依照本法第三十八条规定解除劳动合同的；

（二）用人单位依照本法第三十六条规定向劳动者提出解除劳动合同并与劳动者协商一致解除劳动合同的；

（三）用人单位依照本法第四十条规定解除劳动合同的；

（四）用人单位依照本法第四十一条第一款规定解除劳动合同的；

（五）除用人单位维持或者提高劳动合同约定条件续订劳动合同，劳动者不同意续订的情形外，依照本法第四十四条第一项规定终止固定期限劳动合同的；

考试笔记

考试笔记

（六）依照本法第四十四条第四项、第五项规定终止劳动合同的；

（七）法律、行政法规规定的其他情形。

第四十七条　经济补偿按劳动者在本单位工作的年限，每满一年支付一个月工资的标准向劳动者支付。六个月以上不满一年的，按一年计算；不满六个月的，向劳动者支付半个月工资的经济补偿。

劳动者月工资高于用人单位所在直辖市、设区的市级人民政府公布的本地区上年度职工月平均工资三倍的，向其支付经济补偿的标准按职工月平均工资三倍的数额支付，向其支付经济补偿的年限最高不超过十二年。

本条所称月工资是指劳动者在劳动合同解除或者终止前十二个月的平均工资。

第四十八条　用人单位违反本法规定解除或者终止劳动合同，劳动者要求继续履行劳动合同的，用人单位应当继续履行；劳动者不要求继续履行劳动合同或者劳动合同已经不能继续履行的，用人单位应当依照本法第八十七条规定支付赔偿金。

第四十九条　国家采取措施，建立健全劳动者社会保险关系跨地区转移接续制度。

第五十条　用人单位应当在解除或者终止劳动合同时出具解除或者终止劳动合同的证明，并在十五日内为劳动者办理档案和社会保险关系转移手续。

劳动者应当按照双方约定，办理工作交接。用人单位依照本法有关规定应当向劳动者支付经济补偿的，在办结工作交接时支付。

用人单位对已经解除或者终止的劳动合同的文本，至少保存二年备查。

考点4

关于集体合同的规定

第五十一条　企业职工一方与用人单位通过平等协商，可以就劳

考试笔记

动报酬、工作时间、休息休假、劳动安全卫生、保险福利等事项订立集体合同。集体合同草案应当提交职工代表大会或者全体职工讨论通过。

集体合同由工会代表企业职工一方与用人单位订立；尚未建立工会的用人单位，由上级工会指导劳动者推举的代表与用人单位订立。

第五十二条　企业职工一方与用人单位可以订立劳动安全卫生、女职工权益保护、工资调整机制等专项集体合同。

第五十三条　在县级以下区域内，建筑业、采矿业、餐饮服务业等行业可以由工会与企业方面代表订立行业性集体合同，或者订立区域性集体合同。

第五十四条　集体合同订立后，应当报送劳动行政部门；劳动行政部门自收到集体合同文本之日起十五日内未提出异议的，集体合同即行生效。

依法订立的集体合同对用人单位和劳动者具有约束力。行业性、区域性集体合同对当地本行业、本区域的用人单位和劳动者具有约束力。

第五十五条　集体合同中劳动报酬和劳动条件等标准不得低于当地人民政府规定的最低标准；用人单位与劳动者订立的劳动合同中劳动报酬和劳动条件等标准不得低于集体合同规定的标准。

第五十六条　用人单位违反集体合同，侵犯职工劳动权益的，工会可以依法要求用人单位承担责任；因履行集体合同发生争议，经协商解决不成的，工会可以依法申请仲裁、提起诉讼。

考点5

关于劳务派遣的规定

第五十七条　经营劳务派遣业务应当具备下列条件：

（一）注册资本不得少于人民币二百万元；

（二）有与开展业务相适应的固定的经营场所和设施；

考试笔记

（三）有符合法律、行政法规规定的劳务派遣管理制度；

（四）法律、行政法规规定的其他条件。

经营劳务派遣业务，应当向劳动行政部门依法申请行政许可；经许可的，依法办理相应的公司登记。未经许可，任何单位和个人不得经营劳务派遣业务。

第五十八条　劳务派遣单位是本法所称用人单位，应当履行用人单位对劳动者的义务。劳务派遣单位与被派遣劳动者订立的劳动合同，除应当载明本法第十七条规定的事项外，还应当载明被派遣劳动者的用工单位以及派遣期限、工作岗位等情况。

劳务派遣单位应当与被派遣劳动者订立二年以上的固定期限劳动合同，按月支付劳动报酬；被派遣劳动者在无工作期间，劳务派遣单位应当按照所在地人民政府规定的最低工资标准，向其按月支付报酬。

第五十九条　劳务派遣单位派遣劳动者应当与接受以劳务派遣形式用工的单位（以下称用工单位）订立劳务派遣协议。劳务派遣协议应当约定派遣岗位和人员数量、派遣期限、劳动报酬和社会保险费的数额与支付方式以及违反协议的责任。

用工单位应当根据工作岗位的实际需要与劳务派遣单位确定派遣期限，不得将连续用工期限分割订立数个短期劳务派遣协议。

第六十条　劳务派遣单位应当将劳务派遣协议的内容告知被派遣劳动者。

劳务派遣单位不得克扣用工单位按照劳务派遣协议支付给被派遣劳动者的劳动报酬。

劳务派遣单位和用工单位不得向被派遣劳动者收取费用。

第六十一条　劳务派遣单位跨地区派遣劳动者的，被派遣劳动者享有的劳动报酬和劳动条件，按照用工单位所在地的标准执行。

第六十二条　用工单位应当履行下列义务：

（一）执行国家劳动标准，提供相应的劳动条件和劳动保护；

（二）告知被派遣劳动者的工作要求和劳动报酬；

（三）支付加班费、绩效奖金，提供与工作岗位相关的福利待遇；

（四）对在岗被派遣劳动者进行工作岗位所必需的培训；

考试笔记

（五）连续用工的，实行正常的工资调整机制。

用工单位不得将被派遣劳动者再派遣到其他用人单位。

第六十三条 被派遣劳动者享有与用工单位的劳动者同工同酬的权利。用工单位应当按照同工同酬原则，对被派遣劳动者与本单位同类岗位的劳动者实行相同的劳动报酬分配办法。用工单位无同类岗位劳动者的，参照用工单位所在地相同或者相近岗位劳动者的劳动报酬确定。

劳务派遣单位与被派遣劳动者订立的劳动合同和与用工单位订立的劳务派遣协议，载明或者约定的向被派遣劳动者支付的劳动报酬应当符合前款规定。

第六十四条 被派遣劳动者有权在劳务派遣单位或者用工单位依法参加或者组织工会，维护自身的合法权益。

第六十五条 被派遣劳动者可以依照本法第三十六条、第三十八条的规定与劳务派遣单位解除劳动合同。

被派遣劳动者有本法第三十九条和第四十条第一项、第二项规定情形的，用工单位可以将劳动者退回劳务派遣单位，劳务派遣单位依照本法有关规定，可以与劳动者解除劳动合同。

第六十六条 劳动合同用工是我国的企业基本用工形式。劳务派遣用工是补充形式，只能在临时性、辅助性或者替代性的工作岗位上实施。

前款规定的临时性工作岗位是指存续时间不超过六个月的岗位；辅助性工作岗位是指为主营业务岗位提供服务的非主营业务岗位；替代性工作岗位是指用工单位的劳动者因脱产学习、休假等原因无法工作的一定期间内，可以由其他劳动者替代工作的岗位。

用工单位应当严格控制劳务派遣用工数量，不得超过其用工总量的一定比例，具体比例由国务院劳动行政部门规定。

第六十七条 用人单位不得设立劳务派遣单位向本单位或者所属单位派遣劳动者。

考试笔记

考点6

关于非全日制用工的规定

第六十八条　非全日制用工，是指以小时计酬为主，劳动者在同一用人单位一般平均每日工作时间不超过四小时，每周工作时间累计不超过二十四小时的用工形式。

第六十九条　非全日制用工双方当事人可以订立口头协议。

从事非全日制用工的劳动者可以与一个或者一个以上用人单位订立劳动合同；但是，后订立的劳动合同不得影响先订立的劳动合同的履行。

第七十条　非全日制用工双方当事人不得约定试用期。

第七十一条　非全日制用工双方当事人任何一方都可以随时通知对方终止用工。终止用工，用人单位不向劳动者支付经济补偿。

第七十二条　非全日制用工小时计酬标准不得低于用人单位所在地人民政府规定的最低小时工资标准。

非全日制用工劳动报酬结算支付周期最长不得超过十五日。

考试笔记

第九章　其他相关法律制度

第一节　爱国主义教育法

考点1

爱国主义教育的主要内容

第六条　爱国主义教育的主要内容是：

（一）马克思列宁主义、毛泽东思想、邓小平理论、“三个代表”重要思想、科学发展观、习近平新时代中国特色社会主义思想；

（二）中国共产党史、新中国史、改革开放史、社会主义发展史、中华民族发展史；

（三）中国特色社会主义制度，中国共产党带领人民团结奋斗的重大成就、历史经验和生动实践；

（四）中华优秀传统文化、革命文化、社会主义先进文化；

（五）国旗、国歌、国徽等国家象征和标志；

（六）祖国的壮美河山和历史文化遗产；

（七）宪法和法律，国家统一和民族团结、国家安全和国防等方面的意识和观念；

（八）英雄烈士和先进模范人物的事迹及体现的民族精神、时代精神；

（九）其他富有爱国主义精神的内容。

考试笔记

考点2

爱国主义教育的实施措施

第二十四条　中央和省级爱国主义教育主管部门应当加强对爱国主义教育工作的统筹，指导推动有关部门和单位创新爱国主义教育方式，充分利用各类爱国主义教育资源和平台载体，推进爱国主义教育有效实施。

第二十五条　县级以上人民政府应当加强对红色资源的保护、管理和利用，发掘具有历史价值、纪念意义的红色资源，推动红色旅游融合发展示范区建设，发挥红色资源教育功能，传承爱国主义精神。

县级以上人民政府文化和旅游、住房城乡建设、文物等部门应当加强对文物古迹、传统村落、传统技艺等历史文化遗产的保护和利用，发掘所蕴含的爱国主义精神，推进文化和旅游深度融合发展，引导公民在游览观光中领略壮美河山，感受悠久历史和灿烂文化，激发爱国热情。

第二十六条　爱国主义教育基地应当加强内容建设，丰富展览展示方式，打造精品陈列，为国家机关、企业事业单位、社会组织、公民开展爱国主义教育活动和参观学习提供便利服务，发挥爱国主义教育功能。

各类博物馆、纪念馆、图书馆、科技馆、文化馆、美术馆、新时代文明实践中心等，应当充分利用自身资源和优势，通过宣传展示、体验实践等方式，开展爱国主义教育活动。

第二十七条　国家通过功勋荣誉表彰制度，褒奖在强国建设、民族复兴中做出突出贡献的人士，弘扬以爱国主义为核心的民族精神和以改革创新为核心的时代精神。

第二十八条　在中国人民抗日战争胜利纪念日、烈士纪念日、南京大屠杀死难者国家公祭日和其他重要纪念日，县级以上人民政府应当组织开展纪念活动，举行敬献花篮、瞻仰纪念设施、祭扫烈士墓、公祭等纪念仪式。

考试笔记

第二十九条 在春节、元宵节、清明节、端午节、中秋节和元旦、国际妇女节、国际劳动节、青年节、国际儿童节、中国农民丰收节及其他重要节日，组织开展各具特色的民俗文化活动、纪念庆祝活动，增进家国情怀。

第三十条 组织举办重大庆祝、纪念活动和大型文化体育活动、展览会，应当依法举行庄严、隆重的升挂国旗、奏唱国歌仪式。

依法公开举行宪法宣誓、军人和预备役人员服役宣誓等仪式时，应当在宣誓场所悬挂国旗、奏唱国歌，誓词应当体现爱国主义精神。

第三十一条 广播电台、电视台、报刊出版单位等应当创新宣传报道方式，通过制作、播放、刊登爱国主义题材的优秀作品，开设专题专栏，加强新闻报道，发布公益广告等方式，生动讲好爱国故事，弘扬爱国主义精神。

第三十二条 网络信息服务提供者应当加强网络爱国主义教育内容建设，制作、传播体现爱国主义精神的网络信息和作品，开发、运用新平台新技术新产品，生动开展网上爱国主义教育活动。

考点3

爱国主义教育的禁止行为

第三十七条 任何公民和组织都应当弘扬爱国主义精神，自觉维护国家安全、荣誉和利益，不得有下列行为：

（一）侮辱国旗、国歌、国徽或者其他有损国旗、国歌、国徽尊严的行为；

（二）歪曲、丑化、亵渎、否定英雄烈士事迹和精神；

（三）宣扬、美化、否认侵略战争、侵略行为和屠杀惨案；

（四）侵占、破坏、污损爱国主义教育设施；

（五）法律、行政法规禁止的其他行为。

考试笔记

第二节　英雄烈士保护法

考点1

关于烈士的历史功勋，弘扬传承英雄烈士精神的规定

第二条　国家和人民永远尊崇、铭记英雄烈士为国家、人民和民族作出的牺牲和贡献。

近代以来，为了争取民族独立和人民解放，实现国家富强和人民幸福，促进世界和平和人类进步而毕生奋斗、英勇献身的英雄烈士，功勋彪炳史册，精神永垂不朽。

第三条　英雄烈士事迹和精神是中华民族的共同历史记忆和社会主义核心价值观的重要体现。

国家保护英雄烈士，对英雄烈士予以褒扬、纪念，加强对英雄烈士事迹和精神的宣传、教育，维护英雄烈士尊严和合法权益。

全社会都应当崇尚、学习、捍卫英雄烈士。

考点2

关于英雄烈士名誉荣誉法律保护的规定

第二十二条　禁止歪曲、丑化、亵渎、否定英雄烈士事迹和精神。

英雄烈士的姓名、肖像、名誉、荣誉受法律保护。任何组织和个人不得在公共场所、互联网或者利用广播电视、电影、出版物等，以侮辱、诽谤或者其他方式侵害英雄烈士的姓名、肖像、名誉、荣誉。任何组织和个人不得将英雄烈士的姓名、肖像用于或者变相用于商标、商业广告，损害英雄烈士的名誉、荣誉。

公安、文化、新闻出版、广播电视、电影、网信、市场监督管

理、负责英雄烈士保护工作的部门发现前款规定行为的，应当依法及时处理。

第二十三条 网信和电信、公安等有关部门在对网络信息进行依法监督管理工作中，发现发布或者传输以侮辱、诽谤或者其他方式侵害英雄烈士的姓名、肖像、名誉、荣誉的信息的，应当要求网络运营者停止传输，采取消除等处置措施和其他必要措施；对来源于中华人民共和国境外的上述信息，应当通知有关机构采取技术措施和其他必要措施阻断传播。

网络运营者发现其用户发布前款规定的信息的，应当立即停止传输该信息，采取消除等处置措施，防止信息扩散，保存有关记录，并向有关主管部门报告。网络运营者未采取停止传输、消除等处置措施的，依照《中华人民共和国网络安全法》的规定处罚。

第二十四条 任何组织和个人有权对侵害英雄烈士合法权益和其他违反本法规定的行为，向负责英雄烈士保护工作的部门、网信、公安等有关部门举报，接到举报的部门应当依法及时处理。

第二十五条 对侵害英雄烈士的姓名、肖像、名誉、荣誉的行为，英雄烈士的近亲属可以依法向人民法院提起诉讼。

英雄烈士没有近亲属或者近亲属不提起诉讼的，检察机关依法对侵害英雄烈士的姓名、肖像、名誉、荣誉，损害社会公共利益的行为向人民法院提起诉讼。

负责英雄烈士保护工作的部门和其他有关部门在履行职责过程中发现第一款规定的行为，需要检察机关提起诉讼的，应当向检察机关报告。

英雄烈士近亲属依照第一款规定提起诉讼的，法律援助机构应当依法提供法律援助服务。

第二十六条 以侮辱、诽谤或者其他方式侵害英雄烈士的姓名、肖像、名誉、荣誉，损害社会公共利益的，依法承担民事责任；构成违反治安管理行为的，由公安机关依法给予治安管理处罚；构成犯罪的，依法追究刑事责任。

第二十七条 在英雄烈士纪念设施保护范围内从事有损纪念英雄烈士环境和氛围的活动的，纪念设施保护单位应当及时劝阻；不听劝

考试笔记

阻的，由县级以上地方人民政府负责英雄烈士保护工作的部门、文物主管部门按照职责规定给予批评教育，责令改正；构成违反治安管理行为的，由公安机关依法给予治安管理处罚。

亵渎、否定英雄烈士事迹和精神，宣扬、美化侵略战争和侵略行为，寻衅滋事，扰乱公共秩序，构成违反治安管理行为的，由公安机关依法给予治安管理处罚；构成犯罪的，依法追究刑事责任。

第三节　广告法

考点 1

关于禁止虚假广告和广告主对广告内容的真实性负责，广告表述应当准确、清楚、明白的规定

第三条　广告应当真实、合法，以健康的表现形式表达广告内容，符合社会主义精神文明建设和弘扬中华民族优秀传统文化的要求。

第四条　广告不得含有虚假或者引人误解的内容，不得欺骗、误导消费者。

广告主应当对广告内容的真实性负责。

第五条　广告主、广告经营者、广告发布者从事广告活动，应当遵守法律、法规，诚实信用，公平竞争。

第八条　广告中对商品的性能、功能、产地、用途、质量、成分、价格、生产者、有效期限、允诺等或者对服务的内容、提供者、形式、质量、价格、允诺等有表示的，应当准确、清楚、明白。

广告中表明推销的商品或者服务附带赠送的，应当明示所附带赠送商品或者服务的品种、规格、数量、期限和方式。

法律、行政法规规定广告中应当明示的内容，应当显著、清晰表示。

第二十八条　广告以虚假或者引人误解的内容欺骗、误导消费者

的，构成虚假广告。

广告有下列情形之一的，为虚假广告：

（一）商品或者服务不存在的；

（二）商品的性能、功能、产地、用途、质量、规格、成分、价格、生产者、有效期限、销售状况、曾获荣誉等信息，或者服务的内容、提供者、形式、质量、价格、销售状况、曾获荣誉等信息，以及与商品或者服务有关的允诺等信息与实际情况不符，对购买行为有实质性影响的；

（三）使用虚构、伪造或者无法验证的科研成果、统计资料、调查结果、文摘、引用语等信息作证明材料的；

（四）虚构使用商品或者接受服务的效果的；

（五）以虚假或者引人误解的内容欺骗、误导消费者的其他情形。

第三十八条　广告代言人在广告中对商品、服务作推荐、证明，应当依据事实，符合本法和有关法律、行政法规规定，并不得为其未使用过的商品或者未接受过的服务作推荐、证明。

不得利用不满十周岁的未成年人作为广告代言人。

对在虚假广告中作推荐、证明受到行政处罚未满三年的自然人、法人或者其他组织，不得利用其作为广告代言人。

第三十九条　不得在中小学校、幼儿园内开展广告活动，不得利用中小学生和幼儿的教材、教辅材料、练习册、文具、教具、校服、校车等发布或者变相发布广告，但公益广告除外。

第四十条　在针对未成年人的大众传播媒介上不得发布医疗、药品、保健食品、医疗器械、化妆品、酒类、美容广告，以及不利于未成年人身心健康的网络游戏广告。

针对不满十四周岁的未成年人的商品或者服务的广告不得含有下列内容：

（一）劝诱其要求家长购买广告商品或者服务；

（二）可能引发其模仿不安全行为。

第五十五条　违反本法规定，发布虚假广告的，由市场监督管理部门责令停止发布广告，责令广告主在相应范围内消除影响，处广告费用三倍以上五倍以下的罚款，广告费用无法计算或者明显偏低的，

考试笔记

处二十万元以上一百万元以下的罚款；两年内有三次以上违法行为或者有其他严重情节的，处广告费用五倍以上十倍以下的罚款，广告费用无法计算或者明显偏低的，处一百万元以上二百万元以下的罚款，可以吊销营业执照，并由广告审查机关撤销广告审查批准文件、一年内不受理其广告审查申请。

医疗机构有前款规定违法行为，情节严重的，除由市场监督管理部门依照本法处罚外，卫生行政部门可以吊销诊疗科目或者吊销医疗机构执业许可证。

广告经营者、广告发布者明知或者应知广告虚假仍设计、制作、代理、发布的，由市场监督管理部门没收广告费用，并处广告费用三倍以上五倍以下的罚款，广告费用无法计算或者明显偏低的，处二十万元以上一百万元以下的罚款；两年内有三次以上违法行为或者有其他严重情节的，处广告费用五倍以上十倍以下的罚款，广告费用无法计算或者明显偏低的，处一百万元以上二百万元以下的罚款，并可以由有关部门暂停广告发布业务、吊销营业执照。

广告主、广告经营者、广告发布者有本条第一款、第三款规定行为，构成犯罪的，依法追究刑事责任。

第五十六条　违反本法规定，发布虚假广告，欺骗、误导消费者，使购买商品或者接受服务的消费者的合法权益受到损害的，由广告主依法承担民事责任。广告经营者、广告发布者不能提供广告主的真实名称、地址和有效联系方式的，消费者可以要求广告经营者、广告发布者先行赔偿。

关系消费者生命健康的商品或者服务的虚假广告，造成消费者损害的，其广告经营者、广告发布者、广告代言人应当与广告主承担连带责任。

前款规定以外的商品或者服务的虚假广告，造成消费者损害的，其广告经营者、广告发布者、广告代言人，明知或者应知广告虚假仍设计、制作、代理、发布或者作推荐、证明的，应当与广告主承担连带责任。

考点2

考试笔记

广告内容的禁止性情形

第九条　广告不得有下列情形：

（一）使用或者变相使用中华人民共和国的国旗、国歌、国徽，军旗、军歌、军徽；

（二）使用或者变相使用国家机关、国家机关工作人员的名义或者形象；

（三）使用“国家级”“最高级”“最佳”等用语；

（四）损害国家的尊严或者利益，泄露国家秘密；

（五）妨碍社会安定，损害社会公共利益；

（六）危害人身、财产安全，泄露个人隐私；

（七）妨碍社会公共秩序或者违背社会良好风尚；

（八）含有淫秽、色情、赌博、迷信、恐怖、暴力的内容；

（九）含有民族、种族、宗教、性别歧视的内容；

（十）妨碍环境、自然资源或者文化遗产保护；

（十一）法律、行政法规规定禁止的其他情形。

第十条　广告不得损害未成年人和残疾人的身心健康。

第十一条　广告内容涉及的事项需要取得行政许可的，应当与许可的内容相符合。

广告使用数据、统计资料、调查结果、文摘、引用语等引证内容的，应当真实、准确，并表明出处。引证内容有适用范围和有效期限的，应当明确表示。

第二十二条　禁止在大众传播媒介或者公共场所、公共交通工具、户外发布烟草广告。禁止向未成年人发送任何形式的烟草广告。

禁止利用其他商品或者服务的广告、公益广告，宣传烟草制品名称、商标、包装、装潢以及类似内容。

烟草制品生产者或者销售者发布的迁址、更名、招聘等启事中，不得含有烟草制品名称、商标、包装、装潢以及类似内容。

考试笔记

考点3

关于广告在未成年人和残疾人保护方面的特殊要求的规定

第五十七条　有下列行为之一的，由市场监督管理部门责令停止发布广告，对广告主处二十万元以上一百万元以下的罚款，情节严重的，并可以吊销营业执照，由广告审查机关撤销广告审查批准文件、一年内不受理其广告审查申请；对广告经营者、广告发布者，由市场监督管理部门没收广告费用，处二十万元以上一百万元以下的罚款，情节严重的，并可以吊销营业执照：

（一）发布有本法第九条、第十条规定的禁止情形的广告的；

（二）违反本法第十五条规定发布处方药广告、药品类易制毒化学品广告、戒毒治疗的医疗器械和治疗方法广告的；

（三）违反本法第二十条规定，发布声称全部或者部分替代母乳的婴儿乳制品、饮料和其他食品广告的；

（四）违反本法第二十二条规定发布烟草广告的；

（五）违反本法第三十七条规定，利用广告推销禁止生产、销售的产品或者提供的服务，或者禁止发布广告的商品或者服务的；

（六）违反本法第四十条第一款规定，在针对未成年人的大众传播媒介上发布医疗、药品、保健食品、医疗器械、化妆品、酒类、美容广告，以及不利于未成年人身心健康的网络游戏广告的。

第五十八条　有下列行为之一的，由市场监督管理部门责令停止发布广告，责令广告主在相应范围内消除影响，处广告费用一倍以上三倍以下的罚款，广告费用无法计算或者明显偏低的，处十万元以上二十万元以下的罚款；情节严重的，处广告费用三倍以上五倍以下的罚款，广告费用无法计算或者明显偏低的，处二十万元以上一百万元以下的罚款，可以吊销营业执照，并由广告审查机关撤销广告审查批准文件、一年内不受理其广告审查申请：

（一）违反本法第十六条规定发布医疗、药品、医疗器械广告的；

（二）违反本法第十七条规定，在广告中涉及疾病治疗功能，以及使用医疗用语或者易使推销的商品与药品、医疗器械相混淆的用语的；

（三）违反本法第十八条规定发布保健食品广告的；

（四）违反本法第二十一条规定发布农药、兽药、饲料和饲料添加剂广告的；

（五）违反本法第二十三条规定发布酒类广告的；

（六）违反本法第二十四条规定发布教育、培训广告的；

（七）违反本法第二十五条规定发布招商等有投资回报预期的商品或者服务广告的；

（八）违反本法第二十六条规定发布房地产广告的；

（九）违反本法第二十七条规定发布农作物种子、林木种子、草种子、种畜禽、水产苗种和种养殖广告的；

（十）违反本法第三十八条第二款规定，利用不满十周岁的未成年人作为广告代言人的；

（十一）违反本法第三十八条第三款规定，利用自然人、法人或者其他组织作为广告代言人的；

（十二）违反本法第三十九条规定，在中小学校、幼儿园内或者利用与中小学生、幼儿有关的物品发布广告的；

（十三）违反本法第四十条第二款规定，发布针对不满十四周岁的未成年人的商品或者服务的广告的；

（十四）违反本法第四十六条规定，未经审查发布广告的。

医疗机构有前款规定违法行为，情节严重的，除由市场监督管理部门依照本法处罚外，卫生行政部门可以吊销诊疗科目或者吊销医疗机构执业许可证。

广告经营者、广告发布者明知或者应知有本条第一款规定违法行为仍设计、制作、代理、发布的，由市场监督管理部门没收广告费用，并处广告费用一倍以上三倍以下的罚款，广告费用无法计算或者明显偏低的，处十万元以上二十万元以下的罚款；情节严重的，处广告费用三倍以上五倍以下的罚款，广告费用无法计算或者明显偏低的，处二十万元以上一百万元以下的罚款，并可以由有关部门暂停广告发布业务、吊销营业执照。

第六十八条　广告主、广告经营者、广告发布者违反本法规定，

考试笔记

考试笔记

有下列侵权行为之一的，依法承担民事责任：

（一）在广告中损害未成年人或者残疾人的身心健康的；

（二）假冒他人专利的；

（三）贬低其他生产经营者的商品、服务的；

（四）在广告中未经同意使用他人名义或者形象的；

（五）其他侵犯他人合法民事权益的。

第四节　消费者权益保护法

考点1

经营者与消费者交易遵循的原则

第四条　经营者与消费者进行交易，应当遵循自愿、平等、公平、诚实信用的原则。

考点2

经营者的义务

第十六条　经营者向消费者提供商品或者服务，应当依照本法和其他有关法律、法规的规定履行义务。

经营者和消费者有约定的，应当按照约定履行义务，但双方的约定不得违背法律、法规的规定。

经营者向消费者提供商品或者服务，应当恪守社会公德，诚信经营，保障消费者的合法权益；不得设定不公平、不合理的交易条件，不得强制交易。

第十七条　经营者应当听取消费者对其提供的商品或者服务的意

考试笔记

见，接受消费者的监督。

第十八条 经营者应当保证其提供的商品或者服务符合保障人身、财产安全的要求。对可能危及人身、财产安全的商品和服务，应当向消费者作出真实的说明和明确的警示，并说明和标明正确使用商品或者接受服务的方法以及防止危害发生的方法。

宾馆、商场、餐馆、银行、机场、车站、港口、影剧院等经营场所的经营者，应当对消费者尽到安全保障义务。

第十九条 经营者发现其提供的商品或者服务存在缺陷，有危及人身、财产安全危险的，应当立即向有关行政部门报告和告知消费者，并采取停止销售、警示、召回、无害化处理、销毁、停止生产或者服务等措施。采取召回措施的，经营者应当承担消费者因商品被召回支出的必要费用。

第二十条 经营者向消费者提供有关商品或者服务的质量、性能、用途、有效期限等信息，应当真实、全面，不得作虚假或者引人误解的宣传。

经营者对消费者就其提供的商品或者服务的质量和使用方法等问题提出的询问，应当作出真实、明确的答复。

经营者提供商品或者服务应当明码标价。

第二十一条 经营者应当标明其真实名称和标记。

租赁他人柜台或者场地的经营者，应当标明其真实名称和标记。

第二十二条 经营者提供商品或者服务，应当按照国家有关规定或者商业惯例向消费者出具发票等购货凭证或者服务单据；消费者索要发票等购货凭证或者服务单据的，经营者必须出具。

第二十三条 经营者应当保证在正常使用商品或者接受服务的情况下其提供的商品或者服务应当具有的质量、性能、用途和有效期限；但消费者在购买该商品或者接受该服务前已经知道其存在瑕疵，且存在该瑕疵不违反法律强制性规定的除外。

经营者以广告、产品说明、实物样品或者其他方式表明商品或者服务的质量状况的，应当保证其提供的商品或者服务的实际质量与表明的质量状况相符。

经营者提供的机动车、计算机、电视机、电冰箱、空调器、洗衣

考试笔记

经营者不得以格式条款、通知、声明、店堂告示等方式，作出排除或者限制消费者权利、减轻或者免除经营者责任、加重消费者责任等对消费者不公平、不合理的规定，不得利用格式条款并借助技术手段强制交易。

格式条款、通知、声明、店堂告示等含有前款所列内容的，其内容无效。

第五节　宗教事务条例

考点

关于不得利用宗教损害国家利益、社会公共利益和公民合法权益等的规定

第四条　国家依法保护正常的宗教活动，积极引导宗教与社会主义社会相适应，维护宗教团体、宗教院校、宗教活动场所和信教公民的合法权益。

宗教团体、宗教院校、宗教活动场所和信教公民应当遵守宪法、法律、法规和规章，践行社会主义核心价值观，维护国家统一、民族团结、宗教和睦与社会稳定。

任何组织或者个人不得利用宗教进行危害国家安全、破坏社会秩序、损害公民身体健康、妨碍国家教育制度，以及其他损害国家利益、社会公共利益和公民合法权益等违法活动。

任何组织或者个人不得在不同宗教之间、同一宗教内部以及信教公民与不信教公民之间制造矛盾与冲突，不得宣扬、支持、资助宗教极端主义，不得利用宗教破坏民族团结、分裂国家和进行恐怖活动。

第六十三条　宣扬、支持、资助宗教极端主义，或者利用宗教进行危害国家安全、公共安全，破坏民族团结、分裂国家和恐怖活动，侵犯公民人身权利、民主权利，妨害社会管理秩序，侵犯公私财产等